# 新能源车辆
# 燃料电池-
# 动力系统
## 设计与控制

李永 宋健 编著

U0314371

FUEL CELL-DYNAMIC SYSTEM DESIGN
& CONTROL FOR NEW ENERGY VEHICLE

化学工业出版社
·北京·

## 内容简介

本书系统而全面地阐述了新能源车辆燃料电池与动力系统新理论及这些理论在新能源车辆工业中的应用，是新能源车辆燃料电池与动力系统方面的一部学术著作。全书共8章，前4章完整地介绍了新能源车辆燃料电池-动力系统理论体系，包括设计、分析、匹配；后4章介绍了新能源车辆动力解耦与动力系统控制策略、实验方法及工程应用等，以新能源车辆燃料电池与动力系统为主线，重点围绕匹配问题，阐述燃料电池与动力系统理论在新能源车辆动力学中的应用。本书可以为新能源车辆动力学的仿真和实验提供理论及方法。

本书适合车辆、交通、力学、机电、航空航天等专业的科研、设计人员及工程技术人员阅读参考，并可兼作高等院校相关方向的教师、博士研究生、硕士研究生教学用书，也可作为相关专业本科生的教材、学习参考书和工具书。

图书在版编目（CIP）数据

新能源车辆燃料电池-动力系统设计与控制/李永，宋健编著.—北京：化学工业出版社，2023.4

ISBN 978-7-122-42924-7

Ⅰ.①新… Ⅱ.①李…②宋… Ⅲ.①新能源-汽车-燃料电池-研究②新能源-汽车-动力系统-研究 Ⅳ.①U469.7

中国国家版本馆 CIP 数据核字（2023）第 022001 号

责任编辑：陈景薇　　　　　　　　　　文字编辑：冯国庆
责任校对：刘 一　　　　　　　　　　装帧设计：张 辉
出版发行：化学工业出版社（北京市东城区青年湖南街13号　邮政编码100011）
印　　装：北京瑞禾彩色印刷有限公司
710mm×1000mm　1/16　印张18¾　字数356千字　2023年7月北京第1版第1次印刷
购书咨询：010-64518888　　　　　　售后服务：010-64518899
网　　址：http://www.cip.com.cn
凡购买本书，如有缺损质量问题，本社销售中心负责调换。
定　　价：128.00元　　　　　　　　　　　　　版权所有　违者必究

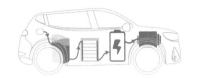

# 前 言

新能源车辆燃料电池-动力系统是当今世界汽车行业发展的动力引擎，发展新能源车辆燃料电池-动力系统关键技术极为迫切。燃料电池系统和高效能量系统是新能源车辆替代传统车辆的重要标志。燃料电池与动力系统技术是新能源车辆的核心技术之一，高效的燃料电池技术与安全的动力系统技术构成新能源车辆发展的双引擎。

2019年诺贝尔化学奖授予锂离子电池领域的3位科学家，使新能源领域的科技工作者受到鼓舞。随着智能网联车辆能量安全、电池、电制动、电驱动、电转向与电控等技术的迅猛发展，新能源车辆的推广与普及率得到显著提升。为适应新技术、新产业、新设计、新应用的发展需求，特编写此书。本书是根据笔者近年在新能源车辆燃料电池与能源技术方面的积累，系统凝练和归纳而撰写成的学术著作。书中不仅有新能源车辆燃料电池与动力系统的新理论、新方法、新技术和新思路等，还充分融入国内外该领域研究的亮点成果。本书主要内容包括新能源车辆燃料电池理论、动力系统设计方法、燃料电池-动力系统仿真技术和智能网联应用技术等。本书在介绍新能源车辆燃料电池系统的基础上，充分阐述了燃料电池与动力系统的设计理论、仿真方法和应用技术。在内容上突出工业背景、实用性、新思路、新设计和新颖性，力求对读者有所启迪和帮助。

本书由北京理工大学李永和清华大学宋健编著。书中研究的内容得到了汽车安全与节能国家重点实验室开放基金和北京理工大学科研项目（202020141344A，GZ2017015105，201720141052，201720141103，201720141104，20160141090）的资助，在此表示感谢。

本书中引用的文献、报告等尽可能列在参考文献中，但由于工作量大及作者不详，在此对没有说明的文献作者表示歉意和感谢。

由于笔者水平有限，书中难免有疏漏之处，欢迎读者不吝指正。

编著者

**2023 年谷雨于北京理工大学良乡校区北湖之畔**

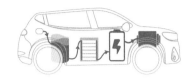

# 目　录

## 第 1 章　绪论

## 第 2 章　新能源车辆氢燃料电池宏细观理论

## 第3章 新能源车辆动力电池梯度结构设计

## 第4章 新能源车辆动力电池纳米结构设计

## 第5章 新能源车辆动力稳定-变速系统解耦控制策略

# 第1章
# 绪论

## 1.1 能源科学与新能源技术的发展沿革

能源科学是研究能源在勘探、开采、输运、转化、存储和利用中的基本规律及其应用的科学；能源技术是根据能源科学研究结果，为能源工程提供设计方法和手段，确保工程目标实现的技术。由于能量合理、高效、洁净的使用过程与基本规律相关联，因此，建立在科学基础上的新能源技术也是能源科学与研发的重要内容，能源可持续性与人类进步发展息息相关。随着经济建设和科技水平的发展，不断依托宏观和微观的科学规律及方法，建立能源合理发展规律、高效转换理论和方法、与环境友好密切关联的能源科学。能源科学高度融合，学科交叉，涉及的相关学科广泛，包括数学、材料、物理、电化学、化工等。由于能源科学发展的技术路线和能源消费行为等与宏观导向密切相关，该学科在一定意义上也包括管理学、经济学和社会科学的内涵。因此，能源科学应从学科交叉、耦合、渗透的角度出发，研究能源中的共性科学问题，揭示能源利用过程中的一般规律。能源短缺和与能源相关的环境污染问题日益突出，已经成为制约经济可持续发展的两大问题。能源是当前实现可持续发展面临的巨大挑战，也是迫切需要解决的问题。能源是能量的源泉，能源既包括自然界广泛存在的化石能、核聚变能、可再生能等，也包括由此转化而来的电能和氢能等，碳达峰与碳中和的双碳战略将氢能推向风口，氢能迎来发展前景。能源科技的总体框架如图1.1所示。能源技术新变革建立了交通电动化和氢能化。

交通工业是国民经济的支柱产业，它与人们的生活息息相关，已成为现代社会必不可少的组成部分，交通工业能源应用的总体框架如图1.2所示。随着资源与环境双重压力的持续增大，发展新能源车辆已成为未来车辆工业发展的方向。发展新

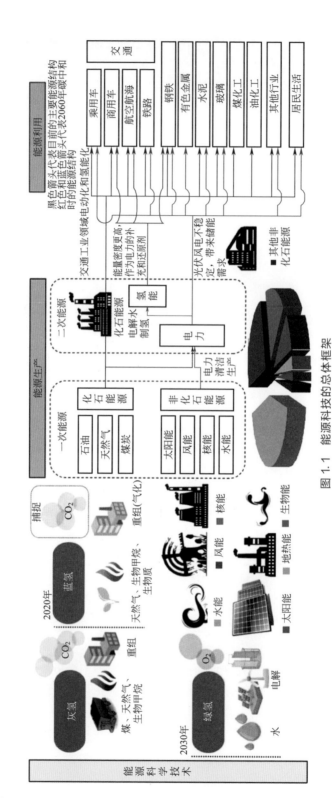

图 1.1　能源科技的总体框架

能源车辆是减少对国外石油依赖、解决快速增长的能源需求与石油资源终将枯竭的矛盾的必由之路。

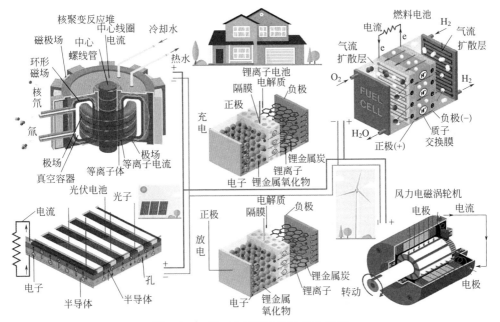

图 1.2　交通工业能源应用的总体框架

　　新能源车辆代表了车辆产业的发展方向，是未来车辆产业的制高点，是世界各国共同的战略选择。全世界各车企停售燃油车的时间节点在 2035～2040 年，从战略高度，发展新能源车辆是新经济增长点的突破口和实现交通能源转型的途径。目前新能源车辆仍处于起步阶段，尚有许多问题亟待解决，燃料电池、电机与电控等关键零部件效率低、可靠性差。从科研、设计到制造的比较完备的产业体系建设，有待进一步加强，特别是消费者所需的加氢站等配套基础设施建设滞后。新能源车辆有关测试和实验的技术规范不健全，产品认证体系亟待加强，标准化工作滞后，阻碍新能源车辆产业的健康发展。如何充分发挥市场配置资源的作用，有效整合发展新能源车辆的要素和资源，在生产者和消费者之间建立起对新能源车辆的预期，是发展新能源车辆需要解决的任务。近年来，电动化、核电池、燃料电池技术的发展，使氢能技术发展迅猛，并成为热点，氢与氢能利用的总体框架如图 1.3 所示。氢能总体产业链如图 1.4 所示。氢燃料电池仍是燃料电池车辆的瓶颈，在燃料电池技术没有重要突破之前，燃料电池车辆局限在固定线路、固定场所交通中使用。

　　交通运输工业是经济的命脉，也是经济发展的基础和先导产业，交通运输工业发展须具有超前性，这对于保证人民生活质量、生态环境及合理控制资源消耗都具

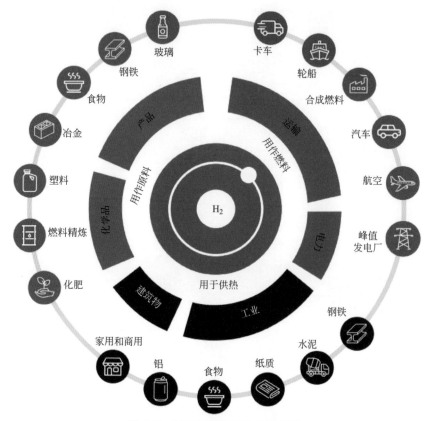

图 1.3 氢与氢能利用的总体框架

有举足轻重的作用。能源的研发和开采包括能源高效转化、清洁利用、零排放、高效储能及模拟分析技术等，包含传热、流动、燃烧、热力学、能源利用与可再生能源等学科领域。随着航天技术迅速发展，核电池开始应用，旅行者 1 号和 2 号探测器，均使用了核电池，已经用了 45 年以上。火星车及核电池如图 1.5 所示。核电池与燃料电池的核壳结构如图 1.6 所示。

　　近年来，全球各地极端天气频发，为了实现控制全球温度和环境的目标，人们努力推动化石能源体系向能源低碳化、无碳化发展。尤其是在当前全世界将重塑可再生能源与新能源的生产与消费版图，新能源时代将加快到来。能源生产与消费的被重视程度将提升并重新布局，新能源技术革命与产业化将备受重视并提速发展。氢能作为可再生的、清洁高效的能源，具有资源丰富、来源广泛、燃烧热值高、清洁无污染、利用形式多样、可作为储能介质及安全性好等诸多优点，是实现能源转型与碳中和的重要能源。氢能技术不断成熟，逐渐走向产业化，同时伴随着世界气候变化和自然环境压力，氢能得到世界范围的重点关注，已成为许多国家能源转型的战略选择。我国将氢能纳入"十四五"规划及 2035 年愿景，助力我国"碳达峰、

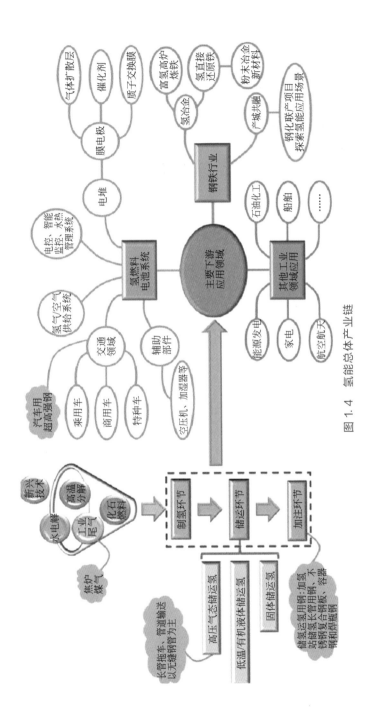

图 1.4 氢能总体产业链

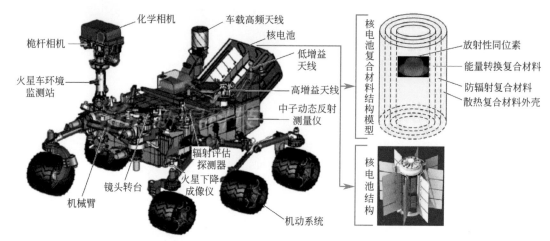

图 1.5　火星车及核电池

碳中和"战略目标（以下简称"双碳"目标）的实现。尤其是我国幅员辽阔，具有丰富的太阳能、风能、潮汐能等可再生能源资源，在清洁低碳的氢能供给上具有很大潜力，已开启氢能产业设计与氢能布局，氢能技术链逐步齐全完善，氢能产业链也正在逐渐形成，给氢能相关产业发展和能源加速转型提供技术支持。

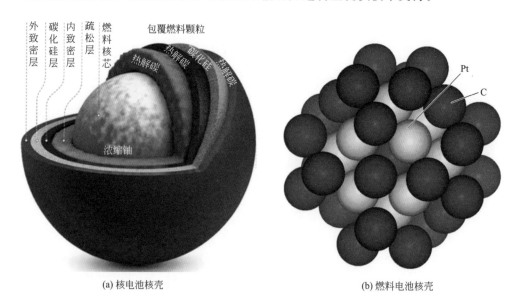

(a) 核电池核壳　　　　　　　　　　　(b) 燃料电池核壳

图 1.6　核电池及燃料电池的核壳结构

氢能是前景广阔的洁净能源，氢气是工业气体中的重要品种，在化工、石化、电子、冶金、宇航、能源等诸多领域都有广泛应用。氢能研究已有多年历史，但近年来，随燃料电池的发展和推广，氢能作为燃料进入高速发展阶段。从不同能源的燃油热值与发电建设成本方面考虑，氢能源均具优势。从燃料热值角度看，氢能高于天然气、汽油、煤和乙醇等其他能源。工业典型能源载体的能量密度如图 1.7 所示。

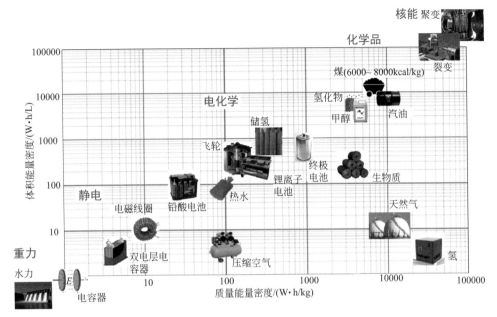

图 1.7　工业典型能源载体的能量密度

1kcal＝4.18kJ

# 1.2　氢能产业链

氢能产业链导入期布局提速，未来空间广阔，近年来国内外处于提速状态。但相比于锂动力电池车辆产业链，处于相对滞后的水平，尤其是上游的氢气的制备、储运、加注等关键技术与加氢站建设，以及中游燃料电池系统的多个细分领域仍处于相对滞后的水平，对其进行深入行业研究与分析具有重要意义。氢燃料电池车辆产业链较长，包括上游制氢、中游储运氢及氢燃料电池系统、下游氢燃料电池车辆等多个环节，每个环节对产业的推广应用都起着重要作用。氢能技术架构如图 1.8 所示。

氢能的开发利用是更快实现碳中和目标、保障国家能源安全、实现低碳转型的重要途径之一。氢能目前主要应用在能源、钢铁冶金、石油化工等领域，随着顶层政策设计和氢能产业技术的快速发展，氢能的应用领域将呈现多元化拓展，在储

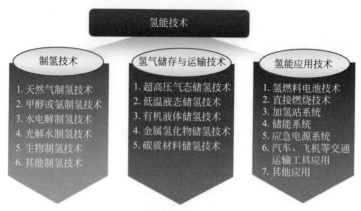

图 1.8　氢能技术架构

能、燃料、化工、钢铁冶金等领域应用必将越来越广泛。在可再生能源资源丰富的地区,应大力开发风能、太阳能光伏发电,实现可再生能源到氢能的转化。但风电和光伏发电的间歇性和随机性,影响了其并网供电的连续性和稳定性,同时也削弱了电力系统的调峰力度。随着氢能技术及产业链的发展和完善,氢储能系统的加入可提高可再生能源发电的安全性和稳定性。利用风电和光伏发电制取绿氢,不仅可有效利用弃风、弃光,而且可降低制氢成本,既提高了电网灵活性,又促进了可再生能源消纳。此外,氢能可作为能源互联网的枢纽,将可再生能源与电网、气网、热网、交通网连为一体,加速能源转型进程。氢能产业链的技术架构如图 1.9 所示。可再生能源制氢、储运及应用产业链的技术架构如图 1.10 所示。燃料电池系统制氢及车辆应用产业链的技术架构如图 1.11 所示。

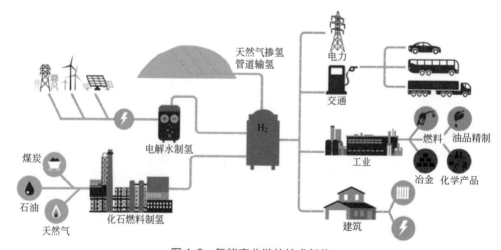

图 1.9　氢能产业链的技术架构

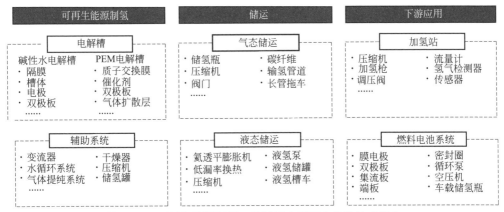

| 可再生能源制氢 | 储运 | 下游应用 |
|---|---|---|

**电解槽**

碱性水电解槽　　　PEM电解槽
- 隔膜　　　　　　・质子交换膜
- 槽体　　　　　　・催化剂
- 电极　　　　　　・双极板
- 双极板　　　　　・气体扩散层
- ……　　　　　　・……

**辅助系统**
- 变流器　　　　　・干燥器
- 水循环系统　　　・压缩机
- 气体提纯系统　　・储氢罐
- ……

**气态储运**
- 储氢瓶　　　　　・碳纤维
- 压缩机　　　　　・输氢管道
- 阀门　　　　　　・长管拖车
- ……

**液态储运**
- 氢透平膨胀机　　・液氢泵
- 低漏率换热　　　・液氢储罐
- 压缩机　　　　　・液氢槽车
- ……

**加氢站**
- 压缩机　　　　　・流量计
- 加氢枪　　　　　・氢气检测器
- 调压阀　　　　　・传感器
- ……

**燃料电池系统**
- 膜电极　　　　　・密封圈
- 双极板　　　　　・循环泵
- 集流板　　　　　・空压机
- 端板　　　　　　・车载储氢瓶

图 1.10　可再生能源制氢、储运及应用产业链的技术架构

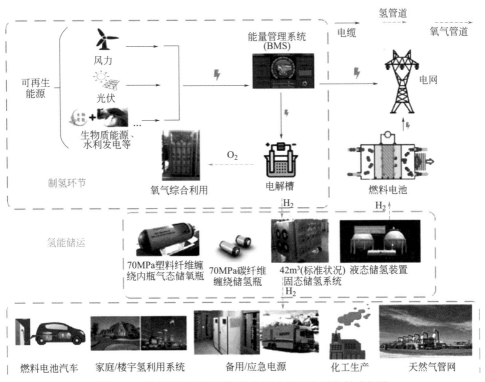

图 1.11　燃料电池系统制氢及车辆应用产业链的技术架构

# 1.3 制氢技术

## 1.3.1 制氢技术比较

氢能产业链可分为制氢、储氢、运氢、加氢及用氢等环节。其中，制氢包括化石能源、电解水、工业副产氢和可再生能源等制氢。化石能源制氢是指利用煤炭、石油和天然气等化石燃料，通过化学热解或气化生成氢气。化石能源制氢技术路线成熟，成本相对低廉，是目前氢气的主要来源方式，但在氢气生产过程中也会产生并排放大量二氧化碳，所得氢气产品被称为灰氢。借助碳封存技术，有效降低该制氢方式的碳排放量，将灰氢转变为蓝氢，以实现未来能源的可持续发展。化石燃料制氢将在一定时期内占据市场的主要份额，其发展重点在于新技术减少碳排放量，实现由灰氢向蓝氢的转变。工业副产氢资源丰富，可发展空间大，核心在于气体分离纯化技术的发展与配套设施的完善。电解水与可再生能源发电耦合制氢技术，是未来绿氢规模制取的主要方式，重点在于降低可再生能源电价及提升电解水制氢效率、降低产氢成本。光催化、光电催化等新型制氢技术还未达到规模工业化应用的需求，需要加强基础研究与示范应用推广。氢气是氢能产业的基础，氢工业能否规模化发展取决于制氢成本。当前，化石能源制氢依然在成本上有着难以比拟的优势，结合新技术后成本有所上升，但仍旧具有成本优势；工业副产氢与微生物发酵制氢的成本与化石能源制氢大致持平，但规模有限；电解水制氢成本为化石能源制氢的2～3倍，差距较大，需降低电力成本和系统造价成本及提升电解水容量。氢能的来源及应用如图1.12所示。综合考虑技术、碳排放和成本这三个方面的因素，稳步推进从灰氢到蓝氢再到绿氢的转变，支撑起氢能产业链的发展。

氢气制备的几种主要方式：化石燃料制氢（石油裂解、天然气、水煤气法等）、工业副产氢（氯碱、焦炉气、丙烷脱氢等）、化工原料高温裂解制氢（甲醇裂解、液氨裂解等）、电解水制氢（光能、风能、水电、核能等）和新型制氢方法（生物质、光催化等）。在上述方式的基础上，选取几种典型制氢技术的综合性能进行分析，如表1.1所示。目前氢气的工业应用大多采用高压气态形式作为燃料或原料，上游供氢体系尚处于萌芽探索阶段，几种制氢路线的经济性尚处验证之中。例如，投资较大的化石燃料制氢（煤制氢和天然气重整制氢）作为定向的供氢路线，其可行性获得认可之前难以规模化推广，但可考虑与核能合作共赢。

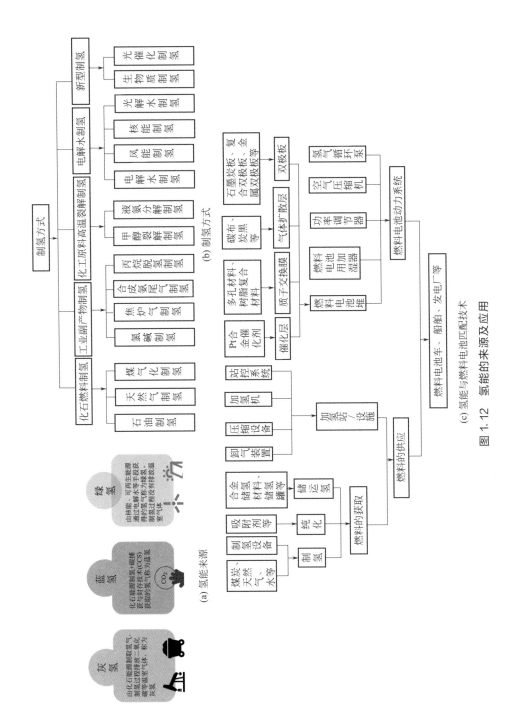

图 1.12　氢能的来源及应用

表 1.1　几种典型制氢技术的综合性能分析

| 制氢方式 | | 优点 | 缺点 | 能源效率/% | 氢气成本(标准状况)/(元/m³) |
|---|---|---|---|---|---|
| 化石燃料制氢 | 天然气制氢 | 产量高,成本低 | 排放温室气体 | 83 | 0.6~1.2 |
| | 煤气化制氢 | 产量高,成本低,商业化技术成熟 | 排放温室气体 | 63 | 1~1.2 |
| 工业副产物制氢 | 焦炉气制氢 | 利用副产物,成本低 | 焦炉气具有污染性,建设地点受制于原料供应 | — | 1.2 |
| | 氯碱制氢 | 产品纯度高,原料丰富 | 建设地点受制于原料供应 | — | 1.3~1.5 |
| 电解水制氢 | | 环保,产品纯度高 | 耗电量大,成本高 | 45~55 | 3~5 |
| 光解水制氢 | | 无污染,零排放 | 技术不成熟,转化率低 | 10~14 | — |
| 生物质制氢 | | 环保,产量高 | 技术不成熟,产品纯度低 | 40~50 | — |

## 1.3.2　典型制氢技术

在图 1.12(b) 中,选取几种典型制氢技术进行深入分析如下。

(1) 光解水制氢技术　用 $TiO_2$ 单晶电极光催化分解水从而产生氢气这一现象,揭示利用太阳能直接分解水制氢的可能性,开辟利用太阳能光解水制氢的研究道路。工业副产氢总量较大,主要来自氯碱工业副产气、煤化工焦炉煤气、丙烷脱氢、合成氨产生的尾气、炼油厂副产尾气等。规模化的提纯成本,具有较高的成本优势。以煤、石油及天然气等为原料制取氢气是当今制取氢气的主要方法。该方法在我国具有成熟的工艺,并建有工业生产装置。煤制氢:煤炭经过气化、一氧化碳变换、酸性气体脱除、氢气提纯等关键环节,可以得到不同纯度的氢气。煤制氢的优点是技术成熟、成本较低;缺点是排放量高,气体杂质多。天然气制氢的原理:在一定压力、一定高温及催化剂作用下,将甲烷和水蒸气转化为一氧化碳和氢气等,余热回收后,在变换塔中将一氧化碳变换成二氧化碳和氢气的过程。

(2) 光催化制氢技术　利用光合成技术驱动化学反应,从水或有机物中制取氢气,目前具有前景的是光解水制氢技术。其实质是利用半导体材料作为催化剂驱动水的分解。根据固体材料的能带理论,当入射光子的能量大于半导体光催化剂的带隙时,分别产生光生空穴和电子对,光生空穴将水中的 $OH^-$ 氧化得到 $O_2$,电子将水中的 $H^+$ 还原生成 $H_2$。光解水制氢的关键在于光催化剂的开发设计,其需同时兼具高光吸收效率、快载流子分离、高表面催化活性及长效光化学稳定性。光电催化是指在光照射下，半导体光阳极吸收光子产生电子-空穴对，其中空穴直接在光阳极将 $OH^-$ 氧化得到 $O_2$，而光生电子则在外加偏压下流经导线到达金属对电极，并在对电极上还原 $H^+$ 产生 $H_2$。该技术可有效减少电子-空穴对的复合，从而提高产氢效率。光电催化制氢技术的关键在于寻求具有适宜禁带宽度、灵敏光响应、高表面活性的半导体光电极催化材料。另外，借助于对光化学电池结构的设计与改进、电解液配方的优化、助催化剂的引入等途径，也是提高光电催化制氢效率的主要研究方向。与光催化制氢一样，光电催化制氢仍停留在实验室阶段。微生物制氢工艺流程简单、原料丰富，是具有潜力的产氢技术。根据能量来源不同，微生物制氢方法可分为光合法与发酵法两类。微生物光合法制氢的能量来源是太阳能，一些藻类以及光合菌类能够在厌氧条件下，利用光合作用分解底物获得 $H_2$；对于一些光合自养细菌，在厌氧有光状态下可发生光发酵反应，将有机酸分解为 $H_2$ 和 $CO_2$。

（3）焦炉气副产氢　焦炉气是炼焦工业中的副产品，成分为氢气、甲烷和少量 $CO$、$CO_2$ 等。焦炉气是副产氢的来源之一。在炼焦工业中湿法熄焦方法较常用，即通过用水喷淋高温焦炭的方式对其实现降温，该过程会变换生成大量的氢气。这部分氢气的产生不需额外流程，可直接净化、分离和提纯。目前炼焦厂采用变压吸附技术从焦炉煤气中分离获取高纯度氢气。规模焦炉气制氢则采取深冷分离与变压吸附相结合的方法来实现氢气分离。金属膜分离技术的耗能更少且能够连续操作，有望应用于规模化从焦炉气中分离氢气。焦炉气分离出氢气后的主要组分为甲烷，可将其进行提纯，进一步实现焦炉气中氢能资源的提取。当前焦炉气制氢技术已具有相当的规模，焦炉气直接分离氢气成本相对较低，利用焦炉气转化的甲烷制氢亦能实现有效利用，焦炉气副产氢比天然气和煤炭制氢等方式更具经济优势。焦炉气制氢应用发展的关键在于氢气提纯技术的发展和炼焦行业下游综合配套设施的健全。

（4）天然气制氢　甲烷（$CH_4$）作为天然气的主要成分，在碳氢化合物中具有高氢元素占比。以天然气为原料的甲烷制氢具有高制氢效率、低碳排放、适用于规模产氢等优点。天然气制氢技术包括：①蒸汽重整法，是在高温和高压条件下，使用催化剂，将甲烷和蒸汽催化转化为氢气及碳氧化合物，该工艺包括重整气或合成气的生成，水煤气变换和气体净化等步骤，技术成熟；②部分氧化法，是将蒸汽、氧气和甲烷转化为氢气和碳氧化合物，根据与氧气或蒸汽的反应分为催化与非催化重整，在催化过程中，热量由受控燃烧提供；③自热重整法，是将放热的反应与吸热的反应联用，通过反应体系自供热来增加氢气产量，降低成本；④在催化裂解法反应中，氢气的来源便是甲烷本身，无须另外引入蒸汽和氧气，不会产生碳排放且能耗更低。借助高活性催化剂研发、反应装置改进等方面的技术突破，体现效率与经济性的综合优势，是天然气制氢技术的发展趋势。天然气制氢工艺思路如图 1.13 所示。

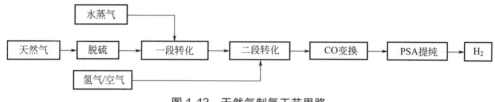

图 1.13　天然气制氢工艺思路

（5）煤气化制氢工艺　煤气化制氢工艺是将煤与氧气或蒸汽混合，在高温下转化为以 $H_2$ 和 CO 为主的混合气，然后经水煤气变换、脱除酸气、氢气提纯等流程，获得具有高纯度的氢气产品。在煤气化制氢的变换步骤中，不仅需要催化剂具有可靠的活性和寿命，而且由于煤中含有硫元素，对催化剂的抗硫能力亦提出了额外的要求。采用的催化剂应具有抗硫能力。经变换后，气体产物通过低能耗低温甲醇清洗，实现对 $CO_2$ 和含硫气体的脱除。煤制氢技术成熟，是目前经济规模制氢技术，适合于化石能源结构分布不均、多煤炭而少油气的国家。煤炭资源的丰富储量和低成本使得煤气化制氢工艺具有更好的经济优势，但该技术所需设备投资随煤制氢规模扩大而上升。煤气化制氢工艺思路如图 1.14 所示。

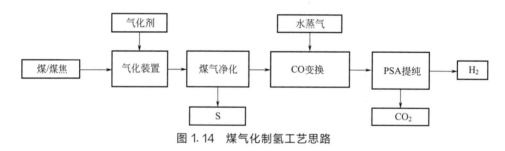

图 1.14　煤气化制氢工艺思路

（6）甲醇裂解制氢　甲醇作为重要化工原料，用于生产甲醛、二甲醚、丙烯、乙烯和汽油等，市场需求大。甲醇具有高氢含量和高能量密度，是重要的液态燃料和氢能载体，既可转化回氢气和一氧化碳用于质子交换膜燃料电池，也可直接用于甲醇燃料电池，还可直接用作燃料电池的燃料。采用氢气合成甲醇、甲烷或碳氢化合物，可有效地破解氢能产业"制、储、运"过程中的安全性和成本难题。考虑氢还原剂的选择：若在钢铁冶炼过程中，用焦炭作为铁矿的还原剂，则会产生碳排放及有害气体。钢铁冶炼亟待发展深度脱碳工艺。用氢气代替焦炭作为还原剂，反应产物为水，可降低碳排放量，促进清洁型冶金转型。在实际生产中，适合炼钢的是绿氢，若绿氢生产成本降低，则可加快绿色冶金推进，所获得的环保效益会覆盖其额外成本。甲醇裂解制氢与天然气/煤炭相比，以甲醇为代表的二次石化能源产品来源丰富且更易储输。甲醇裂解制氢具有反应温度低、氢气易分离等显著优势，近年来一直备受关注。蒸汽重整法是目前使用广泛的甲醇裂解制氢技术，甲醇蒸汽重整全流程需要吸收大量的热量，须保证外部热源平稳供热。适用于该技术的催化剂种类丰富，有镍系、钯系、铜系等，如 Cu-Zn-Al、Cu-Ni-Al 等。对于氢气产物，可通过变压吸附、CO 甲烷化等方式除去其中的 CO 进行纯化。当前，甲醇裂解制氢技术具有原料丰富且易储运、反应温度低、技术成熟、氢气产率高、分离简单等优势，已可满足氢气生产的技术需求，适合中小规模的现场制氢。但其所需原料甲醇属于二次能源产品，较之天然气和煤炭成本较高，不具有经济优势，另外 CO 的充分清除也是挑战。未来该技术重点将集中在催化剂与反应器开发上。开展基础研发与应用示范，促进蓝氢成本的下降。如果为化石能源制氢所产生的大量碳找到应用市场，在碳捕集封存技术的基础上对其利用，蓝氢价格将降低。近年来，随着国内甲醇生产规模的扩大，甲醇蒸汽转化制氢工艺发展迅速。目前以甲醇为原料，采用甲醇重整生产氢气的技术已广泛应用于电子、冶金、食品以及小型石化行业中。甲醇重整制氢技术与大规模的天然气、轻油、水煤气等转化制氢相比，具有流程短、投资省、能耗低、无环境污染等特点。甲醇裂解制氢工艺思路如图 1.15 所示。

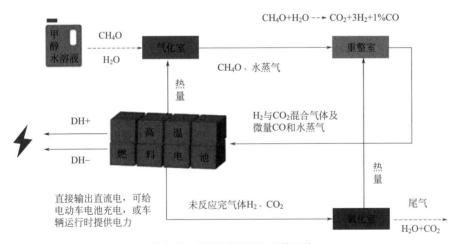

图 1.15　甲醇裂解制氢工艺思路

（7）液氨分解制氢　液氨可方便安全运输，到达目的地后进行氨分解制氢。液氨有完善的运输和处理的基础设施，便于氨的规模利用。合成燃料氢气同样可通过与二氧化碳反应合成简单的含碳化合物，如甲醇、甲烷、甲酸或甲醛等。这些化合物液化后存储可方便运输，能量密度高，为除输电之外的可再生能源储存和运输模式。液氨分解制氢工艺思路如图 1.16 所示。

（8）氯碱工业副产氢　在氯碱工业中，通过电解饱和 NaCl 溶液的方法制取烧碱（氢氧化钠）和氯气，同时得到副产品氢气。氯碱产氢反应的化学原理和生产过程与电解水制氢类似，其中杂质为反应过程中混入的氯气、氧气、氯化氢、氮气及

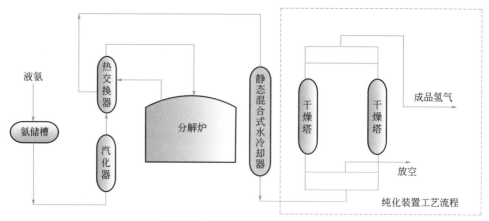

图 1.16　液氨分解制氢工艺思路

水蒸气等，进行纯化分离获得高纯度氢气。氯碱工业副产氢具有产品纯度高、原料丰富、技术成熟、减排效益高及潜力大等优势。发展对这类工业副产氢的纯化与利用，可使氯碱企业加入氢能发展中，走上从耗能到造能的转变之路。氯碱工业副产氢工艺思路如图 1.17 所示。

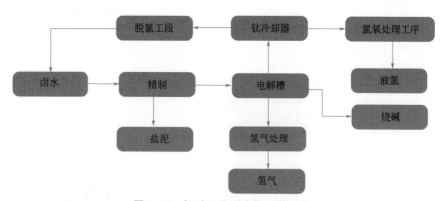

图 1.17　氯碱工业副产氢工艺思路

石化副产氢包括炼油重整、丙烷脱氢、乙烯生产等副产氢。丙烷脱氢生产丙烯技术是指在高温催化条件下，丙烷分子上相邻两个 C 原子的 C—H 键发生断裂，脱除一个氢气分子得到丙烯的过程。该过程原料来源广泛、反应选择性高、产物易分离，副产气体中的氢气占比高、杂质含量少，具有收集利用价值，越来越受到人们的青睐。丙烷脱氢工艺在固定床反应器中进行，只需配套相应的膜分离装置，即可得高纯度氢气，随丙烷脱氢工艺的持续发展和成本的逐步降低，该技术在丙烯合成工业上的占比也将日益加大。随乙烷高温裂解脱氢合成乙烯等石化副产氢工艺的发展，协同各类新型气体分离与纯化技术，这类工业副产氢的利用将越发有价值。

（9）电解水制氢 电解水制氢是在直流电作用下将水进行分解进而产生氢气和氧气的一项技术，其中阴极反应为析氢反应（Hydrogen Evolution Reaction，HER），阳极反应为析氧反应（Oxygen Evolution Reaction，OER）。该技术采用可再生能源，不产生 $CO_2$ 和其他有毒有害物质的排放，获得绿氢。电解水制氢技术分为碱性、质子交换膜、高温固体氧化物电解水以及其他电解水技术。碱性电解水（Alkaline Water Electrolysis，ALK）制氢技术已有应用经验，在碱性电解槽中，由镍合金组成的正、负极浸没在氢氧化钾碱性电解质中，正、负电极间被石棉（或尼龙、涤纶布等多孔材料）隔膜分隔。

## 1.3.3 不同电解水制氢技术原理对比

目前比较主流的电解水制氢有以下三种方式。

（1）碱性阴离子交换膜（Anion Exchange Membrane，AEM）电解水技术 AEM与 PEM 的根本区别在于将膜的交换离子由质子换为氢氧根离子。AEM 的优势是不存在金属阳离子，不会产生碳酸盐沉淀堵塞制氢系统。AEM 中使用的电极和催化剂是镍、钴、铁等非贵金属材料，且产氢纯度高、气密性好、系统响应快速，与目前可再生能源发电的特性匹配。不过 AEM 目前仍存在以下不足：①膜的氢氧根离子导通率较低；②膜的机械稳定性不高；③AEM 中电极结构和催化剂动力学需要优化。碱性阴离子交换膜制氢技术处于实验室研发阶段，商品化的阴离子膜不多。氯碱工业、煤焦化工业等生产过程中都会产生大量工业副产氢，但这类资源尚未被充分开发利用，原因是副产氢气纯度不高、提纯工艺对设备与资金要求高及下游市场对氢气的需求量还较少。随着氢能行业的蓬勃发展和氢气提纯技术及相关工业技术的进步，工业副产氢将逐渐具备经济性上的竞争力。碱性水电解制氢基本原理如图 1.18 所示。

（2）固体氧化物（Solid Oxide Cell，SOC）电解水制氢技术 目前处于研发阶段，包含质子-固体氧化物、氧离子-固体氧化物及二氧化碳联合电解等方式。固体氧化物制氢技术的动力学性能优秀，使用催化剂不依赖于贵重金属。但该技术缺陷包括：①电极的力学性能在高温下不稳定；②高温会导致电解槽中玻璃-陶瓷密封材料寿命缩短；③在与波动性高、输出不稳定的可再生能源电力匹配方面，高温反应条件的升温速率亟待突破。质子-固体氧化物技术使用质子导通型钙钛矿作为阳极、镍-陶瓷作为阴极，较之于氧离子-固体氧化物，前者产氢不需额外的干燥过程。这可简化系统并节约成本，使耐用性得以提高，减少由腐蚀和污染引起的材料退化等。氧离子-固体氧化物技术常见的阳极材料有掺锶亚锰酸镧、钇稳定氧化锆等；阴极可采用镍-钇稳定氧化锆。该技术具有稳定性差和存在层间扩散等不足。二氧化碳联合电解可将水蒸气和二氧化碳直接以电化学的方式转化为氢气、一氧化

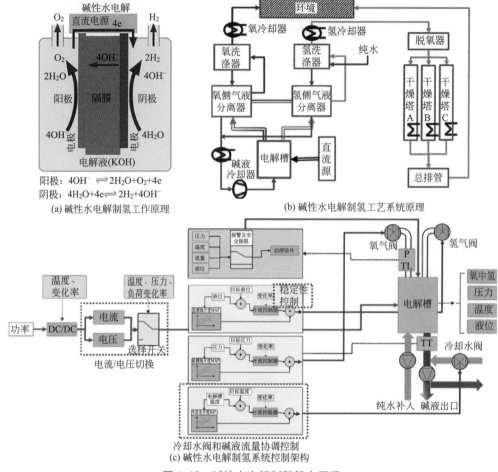

阳极：$4OH^- \rightleftharpoons 2H_2O+O_2+4e$
阴极：$4H_2O+4e \rightleftharpoons 2H_2+4OH^-$

(a) 碱性水电解制氢工作原理

(b) 碱性水电解制氢工艺系统原理

(c) 碱性水电解制氢系统控制架构

图 1.18　碱性水电解制氢基本原理

碳或氢气加一氧化碳的合成气。该技术可捕获水蒸气和二氧化碳，再循环合成化工产品，如汽油、甲醇和氨。该技术在反应中有可能形成碳化物沉积，影响电极微观结构，使电解槽性能退化。固体氧化物电解水制氢原理如图 1.19 所示。

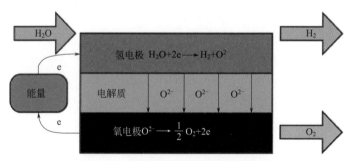

图 1.19　固体氧化物电解水制氢原理

（3）质子交换膜（Proton Exchange Membrane，PEM）电解水制氢　质子交换膜近年来发展迅速，其制氢原理与碱性电解水制氢原理相同，但使用固态聚合物阳离子交换膜代替石棉隔膜，通过此交换膜分隔阴阳两极并传导导电氢离子。质子交换膜电解水制氢原理如图 1.20 所示。质子交换膜内亲水相与疏水相的微相分离结构引起亲水团簇的聚集，从而形成质子传输通道。质子交换膜制氢技术无污染，运行电流密度高，转换效率高，所产氢气压力高，便于氢的传输，可毫秒级启动，适应可再生能源发电的波动性特征，易于与可再生能源消纳相结合，是目前电解水制氢的理想方案。但是 PEM 需要使用含贵金属（铂、铱）的电催化剂和特殊膜材料，成本较高，使用寿命也不如碱性电解水制氢技术。而水电解路线虽然可以实现分散式供氢，但其经济性取决于电力成本，随着光伏发电和风电成本的降低，清洁能源发电，如电解水制氢的可提升空间更为广阔。质子交换膜电解水制氢关键设备系统逻辑架构如图 1.21 所示。

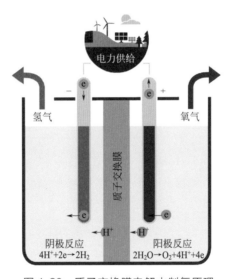

图 1.20　质子交换膜电解水制氢原理

　　PEM 电解水制氢，即在质子交换膜两侧连接电极，在通电时，膜电极两侧会分别产生氢气与氧气。PEM 电解池主要由阴、阳电极和聚合物电解质膜组成。当质子交换膜水解池工作时，水通过阳极室循环，并在阳极发生电化学反应分解产生氧气、氢离子和电子，氢离子穿过质子交换膜在阴极室内与电子发生电化学反应重组产生氢气。质子交换膜电解水制氢，经过换热、冷凝、汽水分离，利用关键设备和程序控制，将气体依次通过质子交换膜电解水设备、关键设备系统、装有特定吸附剂的吸附塔等，由变压吸附提纯氢气。比较分析各种制氢方式、能源价格以及制氢成本等多因素，成本低、氢气产物纯度较高的氯碱工业副产氢的路线，可满足下

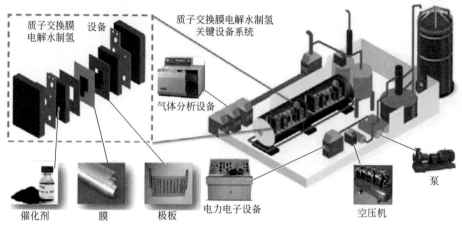

图 1.21　质子交换膜电解水制氢关键设备系统逻辑架构

游燃料电池车辆运营的氢气需求；在氢能产业链发展得比较完善的情况下，可再生能源电解水制氢将可能成为终极解决方案。

## 1.3.4　不同电解水制氢技术对比

电解槽通电后，水分子在阴极得电子产生氢气和氢氧根离子，隔膜只允许氢氧根离子穿过，随后氢氧根离子在阳极失电子被还原生成氧气。较之于其他制氢技术，碱性电解水制氢可采用非贵金属催化剂，具有成本上的优势和竞争力。但该技术使用的电解质是强碱，具有腐蚀性，且启动速度及调节制氢速度都较慢，因而与可再生能源发电的适配性有待提升。不同制氢技术成熟度、可行性及结构原理比较如图 1.22 所示。不同制氢技术综合性能分析比较见表 1.2。

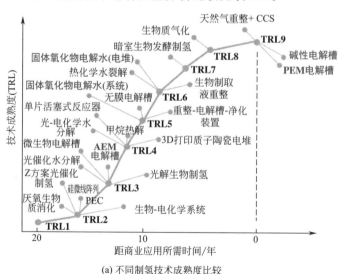

(a) 不同制氢技术成熟度比较

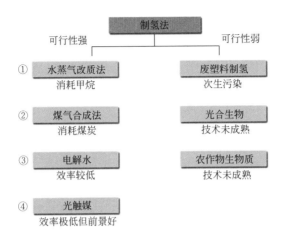

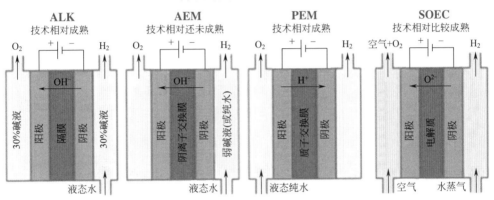

(b) 不同制氢技术可行性比较

(c) 不同制氢技术结构原理比较

图 1.22　不同制氢技术成熟度、可行性与结构原理比较

表 1.2　不同制氢技术综合性能分析比较

| 指标 | 碱性水电解池 | 质子交换膜水电解池 | 固体氧化物水电解池 |
|---|---|---|---|
| 能量效率/% | 60~75 | 70~90 | 85~100 |
| 工作温度/℃ | 70~90 | 70~80 | 700~1000 |
| 电流密度/(A/cm$^2$) | 0.2~0.4 | 1~2 | 1~10 |
| 能耗(标准状况)/(kW·h/m$^3$) | 4.5~5.5 | 3.8~5.0 | 2.6~3.6 |
| 电解质 | 20%~30% KOH,液体 | PEM(Nafion),固体 | Y$_2$O$_3$/ZrO$_2$,固体 |
| 系统维护费用 | 高 | 低 | 高 |
| 电堆寿命/h | 12000 | 10000 | 10000 |
| 电解槽成本/(元/kW) | 2800~4200 | 14000 | 7000~10500 |
| 技术进展 | 技术成熟,商业化程度高 | 示范化阶段 | 实验室阶段 |

# 1.4 氢气输送技术

目前，数量过少的加氢站是制约氢燃料电池车辆推广应用的主要障碍之一。加氢站作为向氢燃料电池车辆提供氢气的基础设施，是氢燃料电池车辆产业中极其关键的环节，产业的发展和商业化离不开加氢站等基础设施的建设。因为设备与技术要求，加氢站的建设运营成本远高于加油站和充电站，氢能源大规模使用也要以加氢站覆盖为基础，目前加氢站的数量还不足以完全满足商业化应用的需求。加氢站是燃料电池车辆发展的重要配套设施，也是各个国家的规划建设重点。放眼未来，未来加氢站的类型逐渐多样化，也将趋向于更加专业化和标准化，央企、国企成为加氢站的主要建设者，加氢站分布更加合理，形成更加完备的产业配套。氢燃料电池车辆加氢站设计逻辑架构如图 1.23 所示。

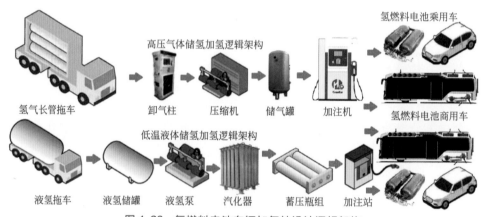

图 1.23　氢燃料电池车辆加氢站设计逻辑架构

氢燃料电池车辆加氢站建设的痛点如下。

（1）氢燃料电池车辆发展水平制约加氢站规模化进程　氢燃料电池车辆产业着力发展大型客车、运输车及专用车等商用车，尚无量产的乘用车。商用车行驶路线基本固定且车辆集中，只需在车辆使用附近地区有加氢站即可满足需求，从而造成加氢站行业的商业化进程停滞。

（2）建设和运行成本高制约加氢站　我国加氢站核心设备的技术储备不足，加氢站核心设备的研发、应用技术落后于发达国家，如 70MPa 高压储氢技术、加氢站材料、氢气压缩机、氢气加注机等核心技术。加氢站核心技术的不足，造成加氢站建设所需设备主要依赖进口，提高了建设运行成本。

（3）选址困难影响加氢站发展规模　鉴于加氢站的商用服务属性，加氢站选址应首选城市城区，确保加氢服务的便利性。但是中心城市人口密集，城市建设用地紧张，寻找适合建设加氢站的用地很困难。

（4）行业管理职能不明确影响加氢站建设进度　氢能应用没有明确对应的主管部门，加氢站规划、立项、审批、运营监管等方面的制度尚不健全，制约了基础设施建设的进度。

液态储氢在航天领域已得到应用，虽前景诱人，但它缺点为：多级压缩冷却过程使其耗能严重，导致液态储氢制备成本过高，液态储氢对低温储罐的绝热性能要求苛刻，因此，对低温储氢罐的设计制造及材料选择的成本高昂。目前，氢气输送方式有高压气态输送、液氢输送，有机液体氢气运输、固态氢气运输。由于目前技术、成本等条件制约，尚未进入广泛应用阶段，主要为管道输送、长管拖车输送和氢气钢瓶输送。管道输送一般用于输送量大的场合；氢气钢瓶输送则用于用量小、用户比较分散的场合。液氢输送一般采用罐车和船，可长距离输送。尽管氢气运输方式很多，但从发展趋势来看，在今后相当长一段时期内加氢站氢气主要通过长管拖车、槽车和氢气管道进行运输。

# 1.5　储运氢技术

储运氢技术可分为物理储运氢和化学储运氢等，其分类及原理如图 1.24 所示。其中前者包括高压气态、低温液化、管道、物理吸附等。后者包括无机储运氢材料和有机储运氢材料，无机储运氢材料包括金属氢化物、络合氢化物、复合氢化物和化学氢化物；有机储运氢材料包括环烷烃、氮杂环、液氨、甲酸和甲醇等。储运氢技术综合性能比较见表 1.3。

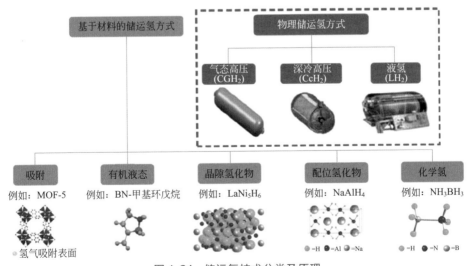

图 1.24　储运氢技术分类及原理

表 1.3　储运氢技术综合性能比较

| 性能 | 高压气氢 | 低温液氢 | 金属储氢 | 有机储氢 | 管道运输氢 |
|---|---|---|---|---|---|
| 储氢密度/(kg/m$^3$) | 14.5 | 64 | 50 | 40~50 | 3.2 |
| 制备电耗/(kW·h/kg) | 2 | 12~17 | 放热 | 放热 | <1 |
| 脱氢温度/℃ | — | — | 室温~350 | 180~310 | — |
| 反应能耗/(kJ/mol) | — | — | 25~75 | 54~65 | — |
| 运输设备 | 长管车 | 液氢槽车 | 金属罐车 | 液体罐车 | 管道 |
| 单车运输量/kg | 300~400 | 3000 | 300~400 | 2000 | 连续 |
| 运输温度/℃ | 常温 | −252 | 常温 | 常温 | 常温 |
| 压力/MPa | 20 | 0.13 | 0.4~10 | 常压 | 1.0~4.0 |
| 储运能效/% | >90 | 75 | 85 | 85 | 95 |
| 适用距离/km | <300 | >200 | <150 | >300 | >500 |

# 1.5.1　物理储运氢

气态氢高压储运：由于气态储氢是简单直接储存方式，因此将氢气压缩后储存在高压瓶中，储存压力为 35~75MPa。该方式具有充放氢速度快、技术相对成熟、常温操作及成本低等优点，但缺点是能量密度低，较之于储存相同重量的汽柴油，前者所占体积庞大。为避免氢气泄漏和容器破裂，高压储氢都需耐压、厚重的容器。车载储氢瓶使用由碳纤维外层和铝/塑料内胆构成的新型轻质耐压储氢容器。70MPa 碳纤维缠绕Ⅳ型瓶已被使用，采用铝合金内胆和碳纤维/树脂基体复合增强外层。固定式高压气态储氢使用大直径储氢长管和钢带错绕式储氢罐。

低温液化储氢是指将氢气在低温、高压条件下，基于高压氢气绝热膨胀原理，液化后储存在容器中的储氢方式。低温液化储氢具有质量密度高、储存容器体积小等优点，适用于重型公路运输、海上运输和部分航空领域。为了保证液氢湿度，防止储存过程中因温度升高导致的气化现象，需要液氢储存容器必须达到苛刻的绝热条件，生产技术变得更加复杂，储氢成本增加。因此，如何降低液化与储存成本是低温液态储氢产业化的发展方向。

管道储运氢气分为纯氢管道运输和用现有天然气管道掺氢运输两种模式。低压纯氢管道适合大规模、长距离的运氢方式。由于氢气需在低压状态（工作压力为 1~4MPa）下运输，因此较之于高压运氢，管道输氢能耗更低，但管道建设初始投资较大。基于现有基础设施的优势，将氢气掺混入天然气管道网络被视为可行氢气运输方案。在氢混合比例较低的情况下，可与现有管道大部分兼容，但更高混合比例是否可行，取决于每条管道的具体情况，以及其终端设备应对气体特性变化的适应能力。

## 1.5.2　化学储运氢

固态金属氢化物储运氢是利用储氢合金在一定温度和压力条件下的可逆吸/放氢反应来实现氢气储运的。氢在储氢合金表面分解为氢原子，扩散进入合金内部与其发生反应生成金属氢化物，氢即以原子态储存在金属内的四面体与八面体间隙位置。金属氢化物具有储氢体积密度大、安全、氢气纯度高、操作容易、运输方便、成本较低等优势。固态金属储氢的商业应用主要为核电站、发电站、加氢站、便携式测试设备等，国内金属氢化物储氢应用还较少，正处于研发与示范阶段，提高金属氢化物的储氢量、降低材料成本、提高金属氢化物的可循环性等将是未来重点。液态有机化合物储运氢，有机储氢材料为液态，因而也被称为液态有机储氢载体（Liquid Organic Hydrogen Carrier，LOHC）。LOHC 是利用液态有机化合物可逆的加氢与脱氢反应来实现氢气的存储与释放的，储存、运输、维护、保养安全方便，便于利用现有储油和运输设备，同时还具有多次循环使用等优点。代表性的物质有甲苯、乙基咔唑、二苄基甲苯等。这类储氢材料不仅可用于氢燃料电池车，而且在规模储能、长距离氢运输方面也具有显著优势，但还存在着脱氢能耗大、高效低成本脱氢催化剂技术等瓶颈有待突破。液氨储运氢，氨作为富氢分子，用它作为能量载体，是氢气运输的另一种方式。在常规氨运输中，选择冷却和加压存储组合。液氨的氢体积密度是液化氢的 1.5 倍。较之液氢，同体积氨可输送更多的氢。海上运输或管道进行工业级的氨运输已成熟。氨用作氢载体时，其总转化效率比其他技术路线要低，因为氢须首先经化学转换为氨，并在使用地点重新转化为氢。

固体储氢技术比较如图 1.25 所示。自然界中某些金属具有很强的捕捉氢的能力，在一定的温度和较低的压力条件下，这些金属能吸附大量氢气，反应生成金属

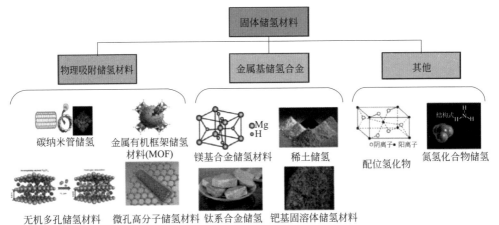

图 1.25　固体储氢技术比较

氢化物,同时放出热量。想要把氢气重新释放出来,只需将这些金属氢化物加热即可。这些吸附氢气的金属,称为储氢合金。常用的储氢合金有钛锰系、镧镍系、钛铁系、镁系。固态合金储氢的优点是加氢站无须高压设备,简化加氢站的建设,减少前期投入,对阀体等部件要求降低,降低成本和故障率。金属氢化物储氢目前存在的问题为:①由于金属氢化物自身重量大而导致质量储氢密度较低;②很多金属氢化物吸脱氢气温度高,吸脱速率慢;③某些金属合金其自身成本过高,难以普及。

## 1.5.3 氢能产业趋势

物理运输气态氢是简单氢储运形式,将氢气混入现有天然气管道中,或用专用的氢气管道,或用加压容器运输氢气是现实的氢储运技术路线。不过,由于气态氢的体积能量密度低,加上运输距离有限,其他形式的氢运输需求不可避免地会相应增加。氢气低温液化后,可以冷液形式进行运输。化学存储形式,如转化为氨或使用液态有机氢载体(LOHC),也构成了其他具有高发展潜力的氢存储和氢物流技术。目前制约氢能储运发展的因素之一是储运成本,并且随着运输距离的增加,成本也必然随之增加。高压气态运输氢气是高成本运输方式,而管道长距离、大输量运输氢气则是低成本运输方式;液态有机化合物储氢管道、液氨与液氢储氢成本均相当,但液态有机储氢载体和液氨在终端转化为气态氢还需消耗成本。未来随氢气需求量增加、技术突破和基础设施完善,氢气储运成本才可能降低。目前氢气主要自产自用,如在靠近炼油、化肥厂等用氢地方生产氢气。未来以可再生能源为基础的氢能产业将依赖于规模的氢能储运技术,因为制氢项目不一定在使用地点,解决氢储运的问题将会变得更加重要,氢气的高效输送和储存难度较大,低成本、高密度、安全的储运技术将是助推氢能产业化的关键。油气行业拥有成熟的能源安全管理经验、完善的网络站点体系,拥有资源规划、炼化生产、油气储运及零售终端建设、运维等多方面的技术基础与整合能力,可利用已有的经验和基础设施等优势,快速进入并规模化发展氢能储运产业。在长距离运输方面,可利用已有管道运输及维护经验,进行不同比例的掺氢输送示范与评估,并随着氢气需求量的增加着手建设纯氢管道;陆地中短距离方面,利用已有储运经验,根据具体距离、经济性、氢气纯度等需求来决定不同储运方式,如液氢、液氨、有机化合物储氢载体、固态储氢、高压气态氢等;在沿海城市可考虑用液氨、液氢、液态有机化合物储氢等进行船运。

## 1.5.4 氢气储运技术分析

氢气储运,短期为气态技术,中远期为液态技术。储氢技术是氢能源推广环节中的一项关键技术。然而,由于氢气的特殊性质,氢气储存成为现今阻碍氢能推广应用的瓶颈。为了解决该难题,科学家研发多种技术,目前使用比较广泛的储氢方式主要有高压储氢、液态储氢、金属氧化物储氢、碳基材料储氢以及化学储氢等。在氢燃料电池车辆领域，目前技术发展成熟且应用广泛的是高压气态储氢。高压气态氢储存装置包含固定储氢罐、长管气瓶及长管管束、钢瓶和钢瓶组、车载储氢气瓶等。在固定储氢罐研发上已取得成果。在攻克关键技术的基础上，利用自有技术已研制出具有缺陷分散、运行状态可监测的多功能多层高压储氢罐。目前压力等级可达到70MPa，相关技术指标达到要求。低温液化储氢指的是将纯氢气降温，使之液化，而后将其装到低温储罐中。液态氢的质量密度和体积密度都高于高压储氢，对于交通用氢内燃机和燃料电池，应用前景诱人。将氢气压缩，再经交换器冷却，低温高压的氢气经节流阀进行冷却，制得冷却氢，如图1.26所示。

固定式储氢罐主要用于加氢站、制氢站，按近期出台的氢能规划政策，固定式储氢罐市场需求较大，但竞争对手较少，市场前景广阔。根据氢气加注压力，加氢站分为35MPa和70MPa两类，多数在用或在建的为35MPa加氢站。为适应燃料电池车辆供氢系统压力逐渐从35MPa增加到70MPa的需求，加氢站加注压力也需要满足提高到70MPa的需求。随氢能产业发展，加氢站、制氢站的建设增多，储罐需求也将增加，高压、高容量的储罐需求将逐步释放。容器体积越大，进行结构设计时壳体壁厚越大，受压元件结构设计更复杂，组装的要求更严，无损检测要严格控制，高压大容量的储罐壁垒较高。将资源禀赋与能源战略相结合，提高氢能在能源领域的战略地位，引导传统能源企业进场，保障安全、廉价、稳定的氢能源供应，才能为产业发展打消后顾之忧。对于生产和制造环节，氢能产业应坚持研究开发自主可控的核心技术体系，加速推进关键零部件的降本增效。氢能商业化归根结底还得靠提高氢能自身在技术、市场等方面的竞争力，找到合适的突破口，推进氢能与燃料电池的真正市场化、产业化和商业化。

# 1.5.5 储氢复合材料

氢气储运在交通领域的主流方式：在氢燃料电池车辆领域，技术发展较成熟且应用广泛的是高压气态储氢。高压气态氢储存装置有固定储氢罐、长管气瓶及长管管束、车载储氢气瓶等。储氢装置是加氢站中的重要装置，一种是用具有较大容积的气瓶，该类气瓶的单个容积为600～1500L，为无缝锻造压力容器；另一种是采用小容积的气瓶，单个气瓶的容积为45～80L。储运气瓶与车载气瓶的差别在于压力不同，储运气瓶的压力高于车载气瓶。当为燃料电池车辆加注氢气时，以站内储氢瓶和车载氢瓶之间的压差为驱动力。大直径储氢长管：应用于大规模氢气运输，强度高，具有良好的综合能力。车用高压储氢瓶：目前车用高压储氢瓶的国际主流技术是以复合材料作为内胆，外层则用碳纤维进行包覆，提升氢瓶的结构强度

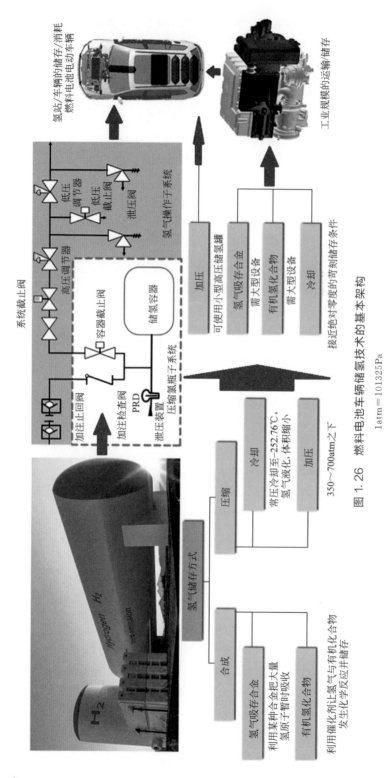

图 1.26 燃料电池车辆储氢技术的基本架构

1atm=101325Pa

新能源车辆燃料电池-动力系统设计与控制

并尽可能减轻整体重量。运输用高压储氢瓶：高压氢气的运输设备主要用于将氢气从产地运输到使用地或加氢站。车用储氢瓶成本中碳纤维占比高，但成本有望逐步下降。新能源车辆储氢罐结构分析如图1.27所示。

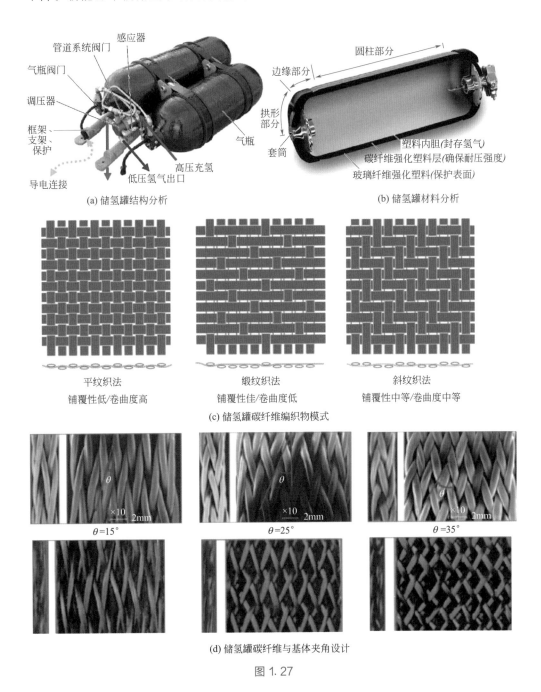

(a) 储氢罐结构分析

(b) 储氢罐材料分析

(c) 储氢罐碳纤维编织物模式

(d) 储氢罐碳纤维与基体夹角设计

图1.27

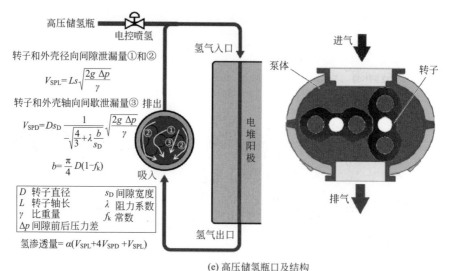

图 1.27　新能源车辆储氢罐结构分析

# 1.6　氢能运用技术

车辆行业是国家交通运输能力的重要保障。车辆也是保障能源安全和能源转型的重要途径。我国石油对外依存度高，其中近一半石油用于道路交通消耗。因此，这些因素倒逼整个车辆行业也需要转型，包括供应链、产业链的调整重构。氢燃料电池车辆已经完成了整车的技术、性能研发工作，整车性能已能接近传统车辆水平，部分领先车企产品的成熟度已接近产业化阶段。氢燃料电池车辆工作原理：燃料电池发出的电能，经 DC/DC 升压，利用电机转化为机械能，驱动车辆行驶。为了弥补燃料电池动力输出缺陷，配备了储能电池，采用"电电混合"工作模式，燃料电池车辆整车能量结构如图 1.28 所示。燃料电池商用车技术指标低于乘用车。与国外成熟车型对比分析：燃料电池乘用车朝着高动力、长续航和系统高度集成化目标发展，续航 500km，储氢压力 70MPa，燃料电池功率为 50kW 级别，同时配备高功率电池，燃料电池发动机高度集成，但整体技术不完善且处于样品状态。燃料电池商用车技术指标低于乘用车。目前氢燃料电池系统等产品价格根据客户订单数量而呈现梯度报价，单台燃料电池商用车价格为 150 万～300 万元。随着燃料电池产业链完善与产品逐步应用，氢燃料电池系统价格下降将有效推动行业前进。燃料电池车以商用车和专用车主导，一方面，燃料电池堆的技术水平还达不到乘用车的水准；另一方面，燃料电池车的推广离不开加氢站的建设。加氢站配套的不足直接导致下游需求的弱化。在燃料电池全产业链核心技术方面，研发基础弱，技术积累时间短。整车车辆企业参与者主要以客车为主，专用车为辅。在新能源车辆高速发展的大背景下，车辆企业积极参与前瞻部署。基于燃料电池应用特点及新能源车辆产业发展形势，商用车将成为燃料电池车的主流车型，因此保有量占比也将远高于乘用车。

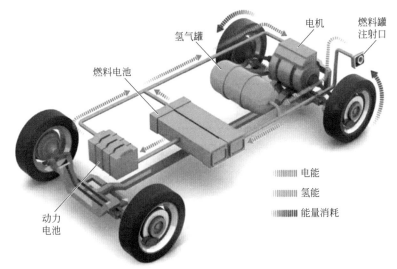

图 1.28　燃料电池车辆整车能量结构

　　就整车技术特点而言，目前动力电池电动车辆适用于乘用车，而燃料电池车辆更适用于长途重载的商用车。但两者是互补的关系：一方面动力电池有长足的进步，业界普遍认同，动力电池电动车辆可作为乘用车转型升级的主要方向；另一方面燃料电池电动车辆也有长足进步，正在被明确为商用车转型升级的主要方向。新能源车辆研发与产业布局如图 1.29 所示。新能源车辆与传统车辆的综合性能比较如表 1.4 所示。

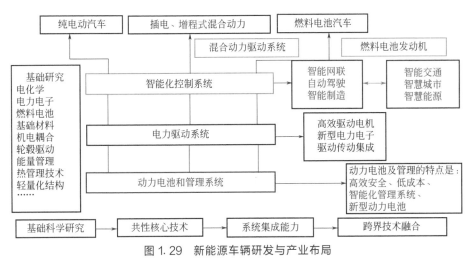

图 1.29　新能源车辆研发与产业布局

表 1.4  新能源车辆与传统车辆的综合性能比较

| 相关参数 | 电动商用车（锂离子电池） | 动力电池乘用车（锂离子电池） | 氢燃料电池商用车 | 氢燃料电池乘用车 | 燃油商用车 | 燃油乘用车 |
|---|---|---|---|---|---|---|
| 百公里整车电耗、氢耗、油耗 | 110kW·h | 15kW·h | 5kg | 1kg | 22L | 8L |
| 百公里用能成本 | 220 元 | 30 元 | 200 元 | 40 元 | 165 元 | 60 元 |
| 百公里电耗折算（从发电端-电解水制氢计算） | 150kW·h | 15kW·h | 385kW·h | 55kW·h | — | — |
| 续航里程 | <300km | 200～400km | >500km | >500km | >550km | >550km |
| 燃料加注时间 | >2h | >30min | <15min | <5min | <15min | <5min |
| 使用寿命 | 2000 次充放电 | 2000 次充放电 | 5000～8000h | 5000～8000h | 8～10 年 | 8～10 年 |
| 显性/隐性环境成本 | 一般 | 一般 | 较低 | 较低 | 较高 | 较高 |
| 技术进步/成本下降潜力 | 一般 | 一般 | 较高 | 较高 | 较低 | 较低 |
| 设施使用便利性 | 较高 | 较高 | 一般 | 一般 | 便捷 | 便捷 |

大型商用车作为燃料电池车辆的主要发展方向，当前对于动力电池电动车辆的发展规划目标是明确的，各车辆企业已做出全面电动化转型的规划，有些国家和地区提出了禁售燃油车的时间目标。但是这些规划和实践目标中不包括商用车，特别是用于高速公路长途运输的重载货车。目前燃料电池车辆发展多集中于商用车领域，基于燃料电池已取得技术进步，以及满足节能减排的目标要求，把重型载货车辆作为燃料电池车辆的主要发展方向。

（1）节能减排与能源紧缺的形势严峻　一方面，控制二氧化碳排放，大幅度降低车辆碳排放。而动力电池电动车辆的推广，仅可以大幅度降低乘用车领域的碳排放。燃料电池车辆大型商用车系统结构如图 1.30 所示。另一方面，石油进口依存

图 1.30  燃料电池车辆大型商用车系统结构

度大，能源安全形势严峻。要解决这一问题，须有明显降低商用车，特别是中重型商用车对汽柴油依赖的措施。燃料电池车辆大型商用车系统结构分析如图 1.31 所示，新能源车辆燃料电池发动机结构布局如图 1.32 所示。

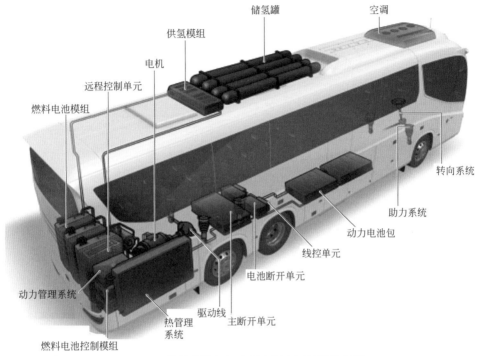

图 1.31　燃料电池车辆大型商用车系统结构分析

（2）技术发展已成熟　基于当前技术路线，如果能够规模产业化，燃料电池动力系统的成本可与柴油机相当，而氢气的产、输、供成本可与柴油相当。因此制定较大规模电池车辆产业化的规划基础已形成。

（3）具有发展燃料电池车辆独到优势　与动力电池电动车辆可使用现有的供电网络不同，发展燃料电池车辆需要重新建立氢的供应系统。与发达的国家不同，我国还处于大规模的基础设施建设阶段，因此在可用于建设基础设施的财力和物力方面具有优势。另外，风电、光伏发电发展迅速，有大量的碎片化能源需要消纳，可用于制氢。规模大的化学工业体系，每年产生大量的工业副产氢。同时，作为世界最大的商用车辆生产国和最大的市场，无论是市场规模还是企业实力，都足以支撑发展燃料电池车辆。因此要合理处理产品开发和基础设施建设的关系，合理处理生产与应用的关系。

燃料电池用于重载货车，需要补充和完善技术路线，至少有两点需要重视。一是需要重视液氢思路。因为重载货车需 800～1000km 续驶里程，采用压缩氢气路

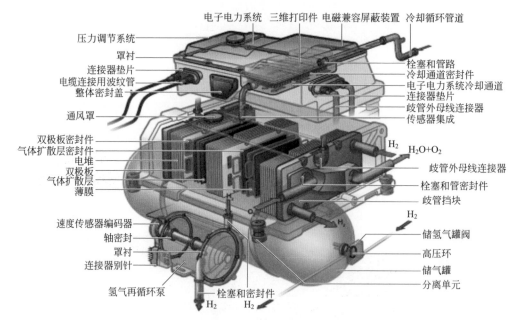

图 1.32　新能源车辆燃料电池发动机结构布局

线不能满足需要。业内目前已逐渐达成共识，如果大规模应用，压缩氢气成本太高，需要液氢思路。因此如确定以重型载货车辆为突破方向，就需更重视液氢思路，缩短压缩氢气过渡过程，提前谋划液氢系统车辆产品设计和基础设施建设。二是需要考虑高速公路长途行驶工况。燃料电池技术如果用于乘用车和物流车，行驶工况复杂，储备功率大，可采取适当缩小电堆、加大电池容量的技术路线；而燃料电池用于重型载货车辆，则需更多考虑高速公路长途行驶工况，合理设置燃料电池电堆的功率额度，以及燃料电池-动力电池混合的程度，合理设定规划数量目标。产业化推广阶段与先前的技术准备、少量试点阶段不同，需要规模市场来支撑。如果氢能系统跟不上，则会适当推迟目标实现的时间和数量。关于燃料电池车辆发展的重点车型，同时考虑长途客车与重型载货车辆，长途客车也是不适合使用动力电池的车型，而且长途客车线路相对稳定，管理相对集中，适合发展燃料电池车型。

在燃料电池车辆发展中，车辆行业（包括燃料电池车辆及部件制造企业）、能源行业及交通行业等各有分工，各司其职。车辆行业应聚焦燃料电池车辆研发制造；能源行业可聚焦氢燃料的储存、运输、供应系统；交通行业聚焦智能化车流系统。燃料电池乘用车能源系统结构如图 1.33 所示，燃料电池乘用车系统结构分析如图 1.34 所示。

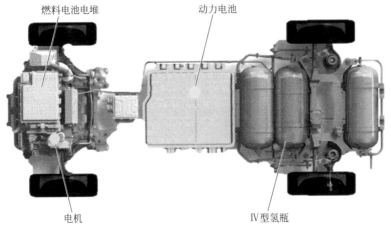

图 1.33　燃料电池乘用车能源系统结构

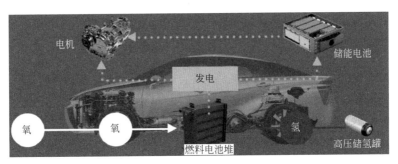

图 1.34　燃料电池乘用车系统结构分析

# 1.7　燃料电池技术具体应用

燃料电池车辆稀释处理不仅应用于排水阀关闭不全的这类情形，而且在排水阀正常开启进行吹扫杂质和液态水、降低阴极气体供给的加热过程等阶段，同样需增加除电堆正常电化学反应外的稀释空气流量。分流阀（亦称旁通阀）是稀释处理的重要执行器。稀释处理过程中，控制器主要通过空压机转速、分流阀开度和调压阀（或称背压阀）开度来对流经电堆的空气流量和旁通稀释空气流量进行分配。在温度传感器监测到 0℃ 以下低温环境温度后，控制器执行低温启动处理程序。首先，在启动阶段（亦称开机）执行阳极吹扫操作，即对氢气循环管路中的杂质气体进行吹扫处理。此时排水阀处于开启状态，控制器对氢气喷射器发送用于实现阳极吹扫操作所需的氢气流量信号，对空气压缩机发送用于降低排水阀排出的混合气中氢气浓度的空气流量信号，并对分流阀和调压阀发送控制信号。由于排水阀处于开启状态，因此氢气压力传感器监测的氢气压力根据氢喷射器的工作反复增减变动。当预先确定的启动吹扫结束时，控制器对排水阀发出闭合信号，并执行加热前处理操作（氢气流量提升），燃料电池环境感知供给系统如图 1.35 所示。加热前处理主要用于使燃料电池堆内氢气浓度上升，以在随后的加热处理时电化学反应的发热量增大，促使燃料电池堆温度上升的操作（低温启动加热过程中采用降低阴极空气流量的方法增加产热）。此时，控制器对氢喷射器发送用于实现加热前处理所需的氢气流量的信号，并对空气侧调压阀发送开阀比例增大的信号。在执行加热前处理期间，同时也执行稀释处理，即当启动吹扫结束后执行稀释处理程序。当排水阀因结冰引起阀芯工作不良而无法完全闭阀时，氢气压力传感器监测的氢气压力反复增减，压力变动量较大（监测到的压力变化量与基准压力变化量比值变大，开口率增大）。此时，控制器基于压力变化量情况来判断排水阀是否处于不能闭阀状态。当启动处理（包括启动吹扫和加热前处理）完成后，控制器开始执行加热处理程序。此时，控制器以实现加热处理所需的目标氢气压力对氢喷射器发送控制信号，并决

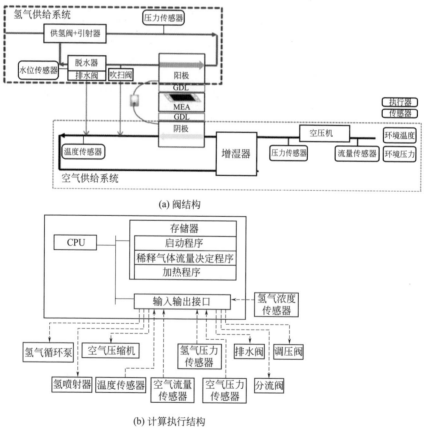

(a) 阀结构

(b) 计算执行结构

图 1.35　燃料电池环境感知供给系统

定与目标氢气压力对应的空气气体流量。控制器对加热处理程序计算的空气流量和稀释处理程序计算的稀释空气流量求和后对空气压缩机发送控制信号。同样，稀释处理过程中，控制器也通过分流阀开度和调压阀开度来对经过电堆空气流量和旁通稀释空气流量进行分配。

作为连接电堆和外部流体管路的中间体，进气端板是燃料电池堆的重要组成部分。针对燃料电池堆，高度集成化进气端板（或称前端板）功能主要有：①提供法向组装力以降低接触电阻，承受法向载荷以保护大加速度载荷下堆叠体的运动；②与集流板和密封圈形成密封总成以密封高压反应气及冷却剂；③承接和集成系统零部件以节省空间，氢气循环泵、氢喷射器和各类阀直接集成在进气端板上；④为氢气、空气和冷却剂进出提供内部复杂流路，并连接外部管路；⑤电隔离高压堆叠体（集流板）。电堆模块前端板的内侧与电堆壳体和阳极集流板直接连接装配。在燃料电池堆模块装配过程中，在依次将后端板（或称压力板）、绝缘板、阴极集流板、防腐蚀板、发电堆叠体、阳极集流板放入电堆壳体后，采用螺栓将进气端板与壳体开口连接，并用紧固螺杆穿过进气端板和后端板进行紧固。另外，氢气循环泵、汽水分离器、氢喷射器、相关阀类和管路等与前端板的外侧集成装配。综合功能和结构来看，对前端板提出的设计要求主要有高强度、强绝缘和安全密封等。电堆进气端板通过在高强铝上注射成型而成。树脂材料涵盖了氢气、空气和冷却剂的整个流动区域，这些流动区域皆位于 50mm 厚的进气端板内。为防止树脂材料与铝板分离，树脂材料被锚定在铝板表面。此外，由于进气端板内含复杂的流体导流形状，局部会产生较大应力。与此同时，膜电极和极板等温度变化带来的热应力也会引发电堆法向装配载荷发生变化。再者，树脂材料吸水后，绝缘性能也会下降。因此，电堆用进气端板树脂材料对断裂伸长率、热膨胀系数、疲劳极限和玻璃化转变温度等物理参数提出要求。电堆电磁能量系统分析如图 1.36 所示。进气端板结构如图 1.37 所示。

电堆的进气端板外侧具有空气出入口、冷却剂出入口等，如图 1.37 所示。其中，空气入口由三个供给口组成，以流线型逐渐扩大并蜿蜒至进气端板内侧，空气出口与空气入口构造相似。氢气自系统的中压管道从图 1.37 中氢气入口进入氢喷射器，并从氢气出口进入进气端板内侧流路，经压力传感器安置口，引出管路与氢循环泵出口连接。电堆排出的氢气出口（汽水分离器入口）进入汽水分离器，从汽水分离器出口进入进气端板内的氢循环流路，并从氢循环泵入口进入氢循环泵，从图 1.37 中氢循环泵出口（氢气入口）进入电堆。

氢能源车辆采用氢气作为动力能源，在燃料电池系统内与氧气发生化学反应产生电能，经过 DC/DC（Direct Current/Direct Current，直流电升压转换器）电压处理之后，三相高压电驱动电机驱动车辆行驶。氢气与氧气发生化学反应的产物有

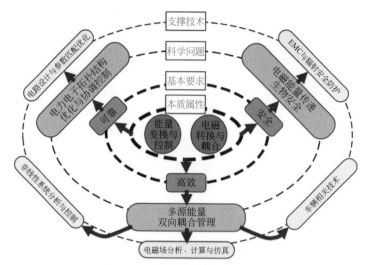

图 1.36 电堆电磁能量系统分析

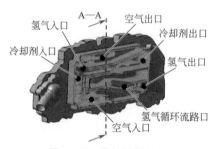

图 1.37 进气端板结构

热量、水和电能，无碳化物，实现了零排放。氢能源车辆动力系统具有以下优势：①加氢时间短，加满所有氢瓶需 3～5min；②续航里程可控，乘用车续航一般可以达到 500km 以上，可以消除用户的"续航焦虑症"，续航里程与车载氢瓶数量直接相关，增大氢瓶容积可以增加续航里程，在考虑整车成本的情况下，可根据车辆续航要求调整氢瓶容积；③地域局限性小，氢能源车辆目前可实现-20℃环境下冷启动，因此在北方也可以使用氢能源车辆，随着技术的发展，已有厂家试验-40℃低温环境下冷启动，如果试验成功，则高寒地区也可运行氢能源车辆；④氢气来源较广，可通过热化学制氢、电解水制氢、等离子体制氢、化石能源制氢、太阳能制氢、生物质制氢、核能制氢、含氢载体制氢、副产氢回收等多种方式制取氢气。

下面介绍燃料电池系统中涉及的关键零部件。

（1）高压氢瓶　目前国内市场上主要有Ⅲ型瓶供车辆高压供氢系统使用。Ⅲ型瓶工作压力为 30～70MPa，使用寿命为 15～20 年。研制Ⅳ型瓶，已按氢瓶标准通过了实验验证。

（2）空压机　空压机为系统提供满足压力要求的空气。燃料电池系统用空压机可分为两类，即容积式和速度式（透平式）。容积式分为回转式（包括螺杆式、滑片式、罗茨式）和往复式（包括活塞式、隔膜式）。速度式包括离心式、轴流式、喷射式、混流式。目前在氢能源车辆上使用的空压机主要以下几种。

① 双螺杆压缩机。双螺杆压缩机具有转速高、重量轻，体积小、占地面积小以及排气脉动低等一系列优点。但其转子、机体等部件加工精度要求高，装配要求比较严格；油路系统及辅助设备比较复杂；转速高，噪声比较大。

② 涡旋压缩机。涡旋压缩机属于容积式机械，在容积式流体机械中容积效率较高，且压力与气量连续可调，在宽的工况下都可以达到较高的效率。涡旋机械可设计成压缩机-电机-膨胀机共轴的一体化结构，但与离心压缩机相比尺寸和重量较大。

③ 罗茨压缩机。用两个叶形转子在气缸内做相对运动来压缩和输送气体的回转压缩机，这种压缩机靠转子轴端的同步齿轮使两转子保持啮合。

④ 离心压缩机。这是一种速度式压缩机，有诸多优点，如排气量大、排气均匀、气流无脉冲、转速高、体积小、效率高、噪声小，机内不需要润滑，密封效果好、泄漏现象少，有平坦的性能曲线，操作范围较广，易于实现自动化和大型化，易损件少、维修少、运转周期长。缺点是负荷变化大，气流速度大，流道内的零部件有较大的摩擦损失，有喘振现象。

（3）增湿器　气体在进入电堆之前需要加湿处理，确保质子交换膜有合适的湿度。电堆内部的空气湿度与电导率有密切关系，如果电堆内过于干燥会导致电导率大幅下降；如果湿度过大，电堆内有液态水流动，会阻碍氢气、氧气接触到催化剂发生化学反应产生电流，因此需要对电堆采取适当的增湿措施。增湿措施包括内增湿和外增湿。

（4）散热器　散热器由高温散热和低温散热两部分组成，其中高温散热只供电堆使用。电堆对冷却介质性能要求较高，比如具有电导率极低、无污染性、热容量高、凝固点低等特性，一般采用纯水或者纯水与乙二醇的混合物。低温散热采用两条回路，空压机、空压机控制器为一条回路，电机、电机控制器、分电器、直流升压转换器为另一条回路。

（5）去离子器　去离子器在冷却介质循环过程中不断将介质去离子化，保证介质的高纯度，达到冷却需求。一旦系统监测到介质纯度不满足冷却要求，则提醒更换新的冷却介质。

储氢瓶的技术发展水平与燃料电池车辆续航里程、车辆经济性和安全等密切相关。除提升加注性能外，降低重量、体积和成本是车载高压储氢瓶的技术瓶颈。储氢技术主要有高压气态储氢、低温液态储氢和固态储氢。新Ⅳ型储氢瓶，结合低成本，以及加注性能提升技术，将使得车载的储氢系统更加轻量化、小型化。燃料电池储氢瓶的大小和形状既要保证足够的车辆内部空间，也要满足储氢容量要求。储氢瓶结构的碳纤维轻量化，目前高压气态储氢瓶在车载储氢系统中所占比例较大，因此车载储氢系统轻量化的首选是使用高压储氢瓶。高压气态储氢瓶复合材料采用三层结构，即树脂内胆、碳纤维增强树脂中层和玻璃纤维增强树脂外层。其中，树脂内胆用于密封氢气，中层确保高耐压强度，外层保护氢瓶外表面。树脂内胆两侧为金属接口，其中一侧金属接口用于阀安装。储氢瓶通过强化树脂层和复合材料轻量化设计与使用，降低瓶体重量。高压储氢瓶结构采用三种类型缠绕组合方法：环形缠绕增强氢瓶圆柱罐身、低角度螺旋缠绕增强弧顶部分（沿轴向）、高角度螺旋缠绕增强过渡部分（或边界区域）。必要时，增强过渡部分的高角度螺旋缠绕也可缠绕在中间区域。由于高角度螺旋缠绕以 70°角缠绕在储氢瓶圆柱罐身，增强效率会降低。车载储氢系统架构，通过轻量化设计瓶碳纤维层合结构和采用高强度、低成本碳纤维，减轻了车载储氢系统的气瓶重量。通过优化阀门结构减少高压阀体积，并对传统汽油车用高压传感器进行改进以适用于高压氢气环境。针对储氢瓶中间区域（圆柱罐身）的高角度螺旋缠绕，储氢瓶采用新层压方法，该方法可在不使用高角度螺旋缠绕的情况下增强边界区域（过渡部分）。传统层压和新层压方法对比如图 1.38 所示。具体来说，对层压方法进行了以下改变：①树脂衬里截面形状平坦化，允许边界区域环向缠绕；②优化环向缠绕的端部位置，在维持上一代衬里形状的同时增强边界区域；③环形缠绕集中在内部。

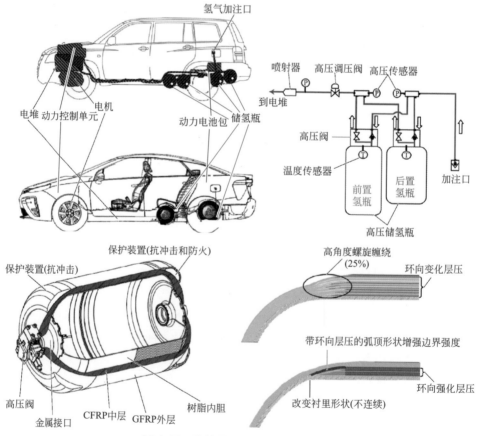

图 1.38　传统层压和新层压方法对比

上述层压方法的改进主要有以下两个效果。首先，取消了占总层压结构约25％的高角度螺旋缠绕。其次，环向缠绕使高应力区域集中在内部，是增强储氢瓶中间区域和有效利用碳纤维强度的有效方法。与传统层压方法相比，上述双重作用使CFRP降低了20％（质量分数），如图1.39所示。为减少CFRP使用量，对储氢瓶的金属接口形状进行了优化。通过增加法兰直径和减小开口直径降低施加在CFRP上的金属接口法兰表面压力，这样可以减少螺旋缠绕层中CFRP的使用量。图1.39显示储氢瓶金属接口的差异对内部CFRP表面压力的影响，将螺旋缠绕层的体积减少了约5％。

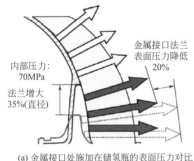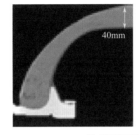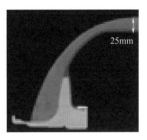

(a) 金属接口处施加在储氢瓶的表面压力对比　　　　(b) 储氢瓶层压方法横截面对比

图 1.39　储氢瓶特性对比

轻量化层压结构和金属接口可减少过渡区域（通过取消高角度螺旋缠绕）和弧顶区域（减少螺旋缠绕）的CFRP使用量。结合其他轻量化设计，将CFRP使用量减少了约40％，实现储氢罐储氢密度高达5.7％（质量分数）。除高压储氢瓶外，对高压部件进行小型化和降成本改进。高压阀主要包括手控阀、单向阀、热熔栓和电动截止阀等。通常，为防止产生氢脆，绝大多数高压部件与氢气直接接触的部位采用铝合金或不锈钢材料，部件数量得到明显降低，如图1.40所示。

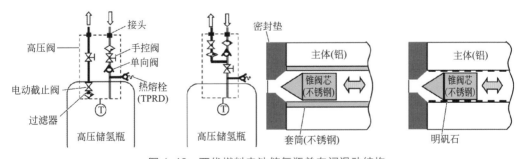

图 1.40　两代燃料电池储氢瓶单向阀滑动结构

通过轻量化储氢瓶阀门系统结构和修改电动截止阀布局，简化了阀内部的气体流动路径。此外，也对电动截止阀的内部结构进行优化，降低其尺寸。为保证耐久性，单向阀等滑动部件被集成到不锈钢套筒中。工程师取消了该套筒以减少部件数量和阀门尺寸，并比较了轻量化前后系统中单向阀滑动构造，发现在与不锈钢结合使用时，铝合金硬度低，引起人们关注。因此储氢瓶单向阀的开发，旨在用新表面处理方式代替不锈钢套筒。

图 1.41 显示了研究中使用的球盘磨损测试方法和设备轮廓，通过开发新测试仪器来测试真实氢气环境中的磨损情况。开发测试中改变材料类型和表面处理方式，将球体作为不锈钢阀芯，将圆盘作为阀主体滑动面。考虑到球体和圆盘的耐久性，该测试主要用总滑动距离来间接表征磨损情况。测试结果表明，对铝质阀体进行明矾石表面处理可保证在氢气环境中滑动特性的稳定。通过上述改进措施，有/无表面处理的滑动表面对比储氢瓶高压阀重量减少了约 25％，部件数量减少了约 35％，从而降低了尺寸和成本。高压阀结构分析如图 1.42 所示。

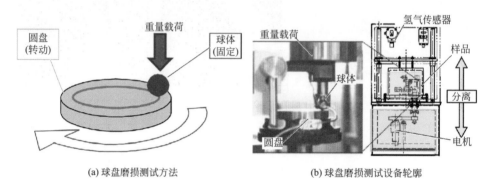

(a) 球盘磨损测试方法　　　　　　　(b) 球盘磨损测试设备轮廓

图 1.41　球盘磨损测试

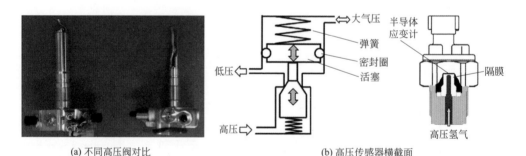

(a) 不同高压阀对比　　　　　　　(b) 高压传感器横截面

图 1.42　高压阀结构分析

氢气喷射器的作用是对调压阀调节压力的瞬态控制，氢气喷射如图 1.43 所示。如果瞬态压力变化太大，则喷射量波动较大，对燃料经济性会产生不利影响。调压阀由高压侧的阀芯和低压侧的活塞、弹簧及其他部件组成。当供应燃料时，调压阀的瞬时流量会与下游氢气喷射器的运行同步变化，从而在活塞、阀芯和其他组件中产生较小的冲程动作（Stroke Action）。由该动作引起的不稳定性，例如活塞滑动

新能源车辆燃料电池-动力系统设计与控制

部分摩擦系数的较大变化，将会引起瞬态压力特性变化。对活塞滑动密封采用低成本材料，并通过创新密封材料形状保证了稳定的滑动特性。同时，对活塞形状也进行了优化的调压阀以更低的成本获得了更佳的瞬态压力特性。人们采用高压接头以降低成本，高压接头的密封结构也进行设计和改变。由于长时间消耗氢气后高压接头的温度会降低，高压接头的 O 形圈密封结构需要使用昂贵的特种材料。为减少部件数量，采用新的金属密封结构。高压传感器经过对现有汽油发动机中使用的高压传感器进行改进，图 1.43 显示了高压传感器的横截面。高压传感器的工作过程是使用半导体应变计识别施加高压引起的隔膜微小变形。但如果高压传感器在氢气环境中长时间使用，少量氢气会溶解进隔膜，导致变形并影响传感器精度。图 1.43 展示了由于氢脆引起的隔膜膨胀和变形测量结果。车载储氢系统高压传感器历经多项研究，包括改变隔膜材料和形状。在隔膜的内表面添加了一层防护膜来抑制氢渗透。该层防护膜可使用现有的表面处理技术，有助于降低成本，使隔膜氢脆的渗氢量减少，即使在高压氢气环境下长期使用，渗氢量也不会对传感器精度产生不利影响。

氢渗影响隔膜变形后，提升了加注性能，冷氢气的加氢站只能将氢气温度降低到零下，加氢时间约需 10min。由于加氢站和车辆之间的通信标准不兼容，储氢瓶氢气加注量被限制在 90% 左右。加氢时间已减少到与汽油车大致相同的水平。另外，通过保证通信协议兼容性，已提高了储氢瓶氢气加注量。针对各种不同形状储氢瓶的车载储氢系统，压力损失（氢气入口与氢瓶）和储氢瓶比热容会有差异，加氢过程中的温升特性有所不同。与液体燃料不同，气瓶内气体燃料通常需要在加注期间对压力和温度进行校正。因此，如果两个储氢瓶间或储氢瓶内温度差较大，则检测平均温度至关重要。测试对象还包括车载储氢系统其他部件，如单氢循环泵及单引射器，它们的整体测试情况如图 1.44 所示。为应对局部防火，将耐火材料添加到传统的碰撞能量吸收保护装置中，满足了抗冲击性和耐火性要求，并且没有增加外部储氢瓶体积。

储氢瓶保护装置包括单向阀和调压阀等，保证储氢系统具有足够高的储氢密度且不占据内部空间。通过改进储氢瓶的 CFRP 层压结构，减轻氢瓶重量，降低成本。燃料电池电堆出口氢气再循环的目的是提高氢气利用率和改善水平衡。从系统功率需求、零部件性能和效率等因素考虑，车载燃料电池系统的氢气再循环方案可做出变动。受传质阻力和反应效率限制，燃料电池电堆阴阳极侧通入的反应气体通常不能完全参与电化学反应。在阳极侧，将电堆出口处未参与电化学反应的残余氢气直接排放到外界环境（氢气直排法），不仅带来氢安全问题，还会降低氢气利用率和氢燃料经济性。此外，阳极出口处通常携带大量水分，氢气直排法可能造成电堆干燥和水分失衡（尤其对于自增湿电堆）。同样，阳极回路完全封闭更不可取。

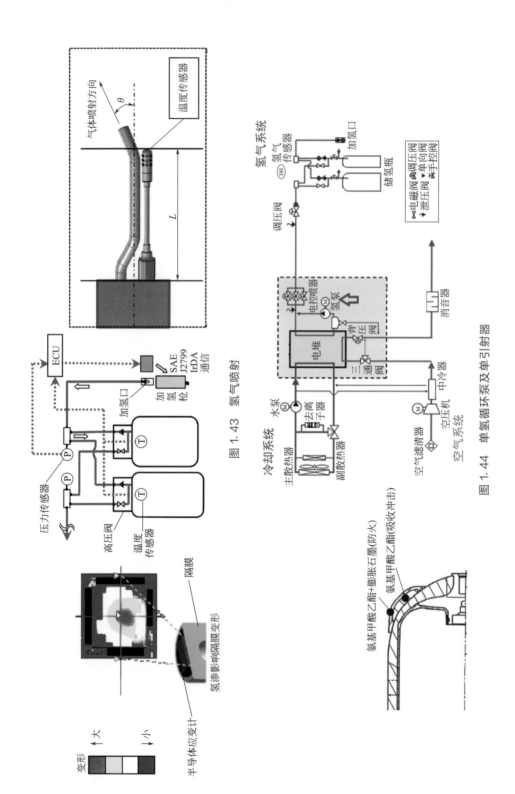

图 1.43　氢气喷射

图 1.44　单氢循环泵及单引射器

燃料电池发动机正常运行过程中，阴极侧氮气和惰性气体在压差或浓度梯度作用下反扩散至阳极聚集。此外，阴极侧扩散至阳极的液态水也会造成阳极水淹。因此，定期排水和排气亦同样重要。为提高氢气利用率、氢安全性和改善电堆水平衡，合理的氢气再循环方案对于车载燃料电池系统至关重要。目前，车载燃料电池系统的阳极子系统主要有间隔排氢和氢气再循环两种方案。间隔排氢方案通过周期性启闭阳极出口电磁阀控制排氢间隔和排氢时间，虽然比氢气直排方案减少了氢气浪费，但无法实现较大的氢气计量比。间隔排氢在出口端易引起堵水和电压脉冲。氢气再循环方案通常有氢气循环泵和引射器两种技术途径，两种方法各有优缺点。相比氢循环泵，引射器结构简单、运行可靠、无移动部件、噪声低、无额外功耗。相比引射器，氢循环泵在全工况范围内具有良好的循环效果，且主动可调节。单引射器方案的典型为精确估算和控制燃料电池阳极子系统内氢气浓度，基于单引射器的回氢方案开发了阳极氢气浓度估算器和吹扫控制器。根据氢气循环泵和引射器的使用情况，氢气再循环方案又演变出喷射器旁通引射器、引射器与氢循环泵并联、多级引射器并联等方案。鉴于引射器工作范围较窄和吹扫等因素考虑，在传统喷射器和引射器基础上添加喷射器旁通路成为一种车载实用做法。图1.45展示了典型中型燃料电池车的阳极子系统示意，在双堆系统中，为每个电堆配备了喷射器旁通引射器的氢气再循环方案。

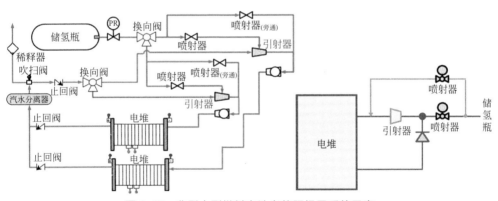

图1.45　典型中型燃料电池车的阳极子系统示意

为精确控制阳极压力和气体流量，转向喷射器旁通固定喷嘴引射器的供氢-回氢总成方案，性能和体积同步提升，如图1.46所示。

为弥补引射器工作区间窄的劣势，可使用多级引射器并联方案，即将大、小流量（或高压、低压）两个引射器分别在高、低负荷时工作，如图1.47所示。在多级引射器并联方案中布置有换向阀（分流阀），通过换向阀控制大、小回路引射方案。为简化阳极氢循环系统和实现大、小回路引射，使用单个可变喷嘴或喉口引射

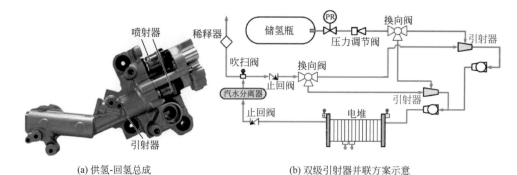

(a) 供氢-回氢总成　　　　(b) 双级引射器并联方案示意

图 1.46　引射子系统结构

器亦可实现多级引射并联目标，如使用电磁阀控制探针位置改变喉口横截面积实现可变氢气循环量，使用压缩气体控制膜片位移带动针阀移动来实现喉口面积可控，使用多孔道喷嘴实现可变再循环量。这些方案通过电磁阀驱动探针、压差驱动探针和改变喷嘴流通孔道实现流体流经喉口面积大小变化，实现在不同负荷下氢气流量再循环。

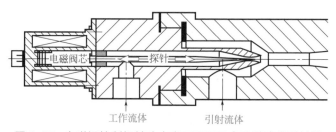

图 1.47　电磁阀控制探针改变喉口面积及多孔道喷嘴引射器

　　氢气再循环系统主要由减压阀（减压）、调节阀（压力调节）和两级可变喷嘴引射器（电磁阀驱动）组成。在引射器工作能力受限的低流量工作区域，也可引入氢气循环泵协同合作，即引射器和氢气循环泵并联方案，如图 1.48 所示。在燃料电池系统高载荷区间采用引射器回流，低负荷区间氢循环泵介入。该方案不仅可以实现燃料电池系统全工况区间较高的引射比，还可节省氢气循环泵的耗能需求。

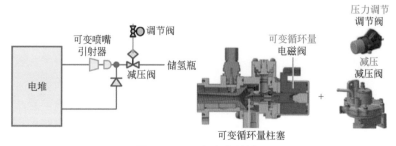

图 1.48　可变喷嘴引射器

完善的加氢设施是发展新能源车辆产业的重要保障。要科学规划，加强技术开发，探索有效的商业运营模式，积极推进加氢设施建设，适应新能源车辆产业化发展的需要。在产业发展初期，重点在试点城市建设加氢设施。试点城市应按集约化利用土地、标准化施工建设、满足消费者需求的原则，将加氢设施纳入城市综合交通运输体系规划和城市建设相关行业规划，科学确定建设规模和选址分布，通过总结试点经验，确定符合区域实际和新能源车辆特点的加氢设施发展方向。加快制定加氢设施设计、建设、运行管理规范及相关技术标准，研究开发加氢设施接网、监控、计量、计费设备和技术，开展车网融合技术研究和应用，探索新能源车辆作为移动式储能单元与电网实现能量和信息双向互动的机制。燃料电池系统的物质与能量传输机理如图 1.49 所示。燃料电池电堆的循环传质机理如图 1.50 所示。

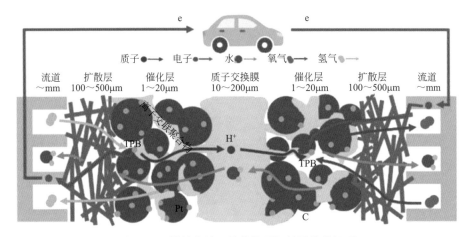

图 1.49　燃料电池系统的物质与能量传输机理

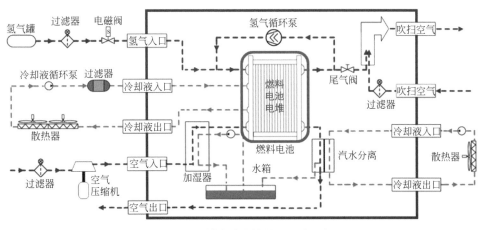

图 1.50　燃料电池电堆的循环传质机理

若燃料电池能使用 25000h，就与整车同寿命，能保证燃料电池发动机持续 100km/h 的散热能力，需 80kg 储氢成本 3 万元，这些技术得以突破，约在 2030 年就能够实现燃料电池车辆的产业化。高效燃料电池发动机，正常工作时的效率为 60%～65%，需提高发电效率、降低空压机能耗，电堆功率密度要保证。在整车散热方面，把整车的迎风面积和风阻系数降低，使电传动效率提高 10%。在高速路上，如果两辆车连着行驶，它们间距 0.5m、2m、4m 或 8m，当车和车的间距是 4m 时，第 1 辆车能够比单辆车行驶节省 19% 的风阻系数，第 2 辆车能够节省 75% 的风阻系数，两辆车综合下来平均节能超过 10%。通过智能化车队技术，能节省在长途高速工况下的重载车辆能耗，它的能耗仅是每辆车单独行驶的 75%，节能效率可达 25% 以上。通过这样的技术，从而解决整车散热的问题。储氢方面成本将取得突破。一个 80kg 的液氢储氢罐，在 5 万套量产情况下，成本约需 3 万元。通过这样的技术，能够降低整车成本，从而实现燃料电池车辆产业化。

# 第 2 章
# 新能源车辆氢燃料电池宏细观理论

## 2.1 氢燃料电池车辆发展契机

能源结构调整势在必行,锂动力电池与燃料电池车辆将长期共存发展。从技术路线而言,长时间将是多种技术并存发展,其中锂电动车辆、燃料电池车辆将逐步取代传统燃油车,趋势不可逆转。氢能可作为终端能源应用于电力行业,通过氢燃料电池(FC)将化学能转化成电能,或者通过燃气轮机将化学能转化为动能。氢燃料电池具有能量密度高、能量转化效率高、零碳排放等优点,包括质子交换膜燃料电池(Proton Exchange Membrane Fuel Cells,PEMFC)和固体氧化物燃料电池(SOFC)等。质子交换膜燃料电池由膜电极、双极板、电解质和外部电路等组成,具有工作温度低、启动快、功率范围宽、稳定性强等优势,在汽车动力电源领域发展迅速。作为燃料电池关键组件,质子交换膜需要具备质子传导电阻小、电流密度大、机械强度高等特点,其决定了 PEMFC 的效率和品质。此类膜的局限性在于其易发生化学降解,温度升高使质子传导性能变差,成本也较高。PEMFC 已应用于乘用车、商业车、叉车、列车等。锂电动车辆适合乘用车领域,燃料电池更适合长距离的重载和商用车领域,燃料电池车辆产业链逻辑结构如图 2.1 所示。

以氢气作为能源供给的氢燃料电池车辆具有其独特优势,未来前景广阔。燃料电池车辆虽处于萌芽时期,但目前正处于提速阶段。从车辆生命周期来看,目前传统车企在新能源车辆发展的倒逼下,加速转型;而锂动力电池车辆处于行业发展的成长期,前景广阔,产业链头部企业具有较好的长线投资机会;燃料电池车辆产业处于行业导入期,随着产业融入、更迭、技术升级以及政策扶持等因素

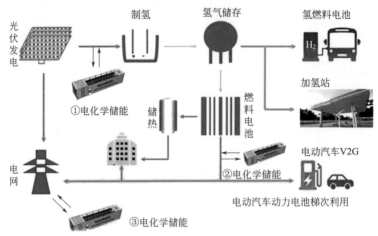

图 2.1　燃料电池车辆产业链逻辑结构

影响，燃料电池车辆产业链迎来了历史机遇，行业具有好的投资机会。氢燃料电池车辆产业明显提速，已初步完成整车技术、性能研发。燃料电池车辆与锂电池车辆比较如图 2.2 所示。新能源车辆的分类如图 2.3 所示。燃料电池车及燃料电池的逻辑结构如图 2.4 所示。新能源车辆燃料电池-动力系统逻辑结构分析如图 2.5 所示。

| 战略目标 | 纯电动及插电式汽车：<br>(1) 产业化取得重大进展；<br>(2) 产业竞争力显著提升；<br>(3) 配套能力明显增强；<br>(4) 逐步实现车辆信息化、智能化 | 燃料电池汽车：<br>(1) 关键材料、零部件逐步国产化；<br>(2) 燃料电池堆和整车性能逐步提升；<br>(3) 燃料电池汽车运行规模进一步扩大 |
|---|---|---|
| 重点领域 | 纯电动及插电式汽车：<br>(1) 研发一体化纯电动平台；<br>(2) 高性能插电式混合动力总成和增程器发动机；<br>(3) 下一代锂离子电动力电池和新体系动力电池，高功率密度、高可靠性电驱动系统的研发和产业化，构建自主可控的产业链 | 燃料电池汽车：<br>(1) 燃料电池催化剂、质子交换膜、碳纸、膜电极组件、双极板等关键材料批量生产能力建设和质量控制技术研究；<br>(2) 燃料电池堆系统可靠性提升和工程化水平的研究，汽车、备用电源、深海潜器等燃料电池通用化技术研究；<br>(3) 燃料电池汽车整车可靠性提升和成本控制技术 |

图 2.2　燃料电池车辆与锂电池车辆比较

从建设成本来讲，氢气发电成本相对于光伏、风能、天然气、生物能、石油等众多方式，建设成本低。以燃料电池为核心的新兴产业将使氢能的清洁利用得到发挥，在氢燃料电池车辆、分布式发电和应急电源产业化初现端倪。氢能产业政策与规划：全球氢能源发展加速，不断加大对氢能源研发、产业化的扶持推动力度，确

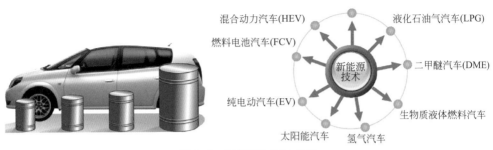

图 2.3　新能源车辆的分类

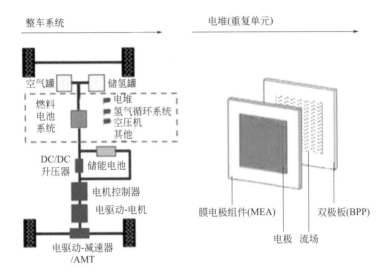

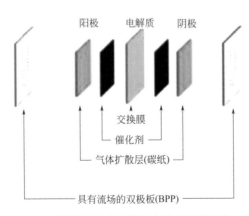

图 2.4　燃料电池车及燃料电池的逻辑结构

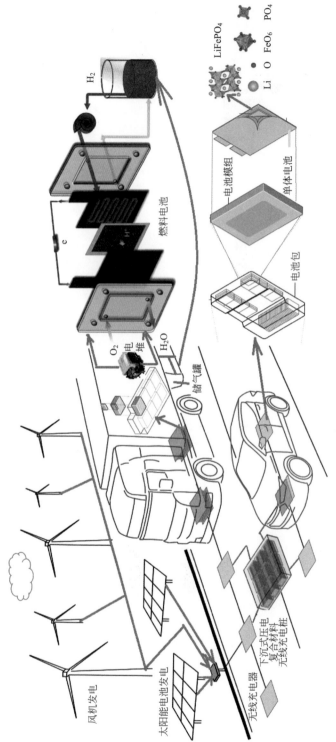

图 2.5  新能源车辆燃料电池-动力系统逻辑结构分析

定为未来重要的战略性产业。作为一种战略性高效清洁能源，氢能源产业目前正在受到国内外的广泛重视，处于产业导入快速发展的时段。交通领域逐渐成为氢燃料电池核心应用场景。氢燃料电池作为全球能源可持续发展和战略转型的重要技术路径，目前已明确为全球能源和交通领域发力的重要支撑。未来燃料电池有望在新能源车辆领域中占据重要地位。燃料电池研究者按照燃料电池的电解质分类。目前正在开发的商用燃料电池，依据电解质类型可分为五类：质子交换膜燃料电池、固体氧化物燃料电池。碱性燃料电池、磷酸燃料电池及熔融碳酸盐燃料电池，如表2.1所示。

表 2.1　燃料电池分类

| 电池种类 | 工作温度/℃ | 催化剂 | 氧化剂 | 燃料 | 电解质腐蚀性 | 发电效率/% |
|---|---|---|---|---|---|---|
| 质子交换膜燃料电池（PEMFC） | 30～100 | 铂系 | 空气 | $H_2$ | 无 | 40～60 |
| 固体氧化物燃料电池（SOFC） | 500～1000 | 无 | 空气 | $H_2$、CO | 无 | 50～65 |
| 碱性燃料电池（AFC） | 60～220 | 镍为主 | 纯氧 | $H_2$ | 中 | 60～90 |
| 磷酸燃料电池（PAFC） | 180～220 | 铂系 | 空气 | 氢气、天然气、液化石油气等 | 强 | 35～35 |
| 熔融碳酸盐燃料电池（MCFC） | 800～1000 | 非贵金属 | 空气 | 氢气、天然气、煤气等 | 强 | 45～60 |

# 2.2　燃料电池车辆发展趋势

对交通节能的现状概括为"节流"和"开源"，即一方面在传统车辆诞生后，虽然能量损失明显，但相当长的一段时间，石油仍是交通的主要能源之一，如图2.6所示；另一方面，国内外都在探索传统燃烧发动机的清洁替代燃料。同时，近年来以燃料电池为代表的新型动力系统活跃，是国内外研究热点，传统油车与燃料电池车输出转矩对比如图2.7所示。开发高性能、低成本、低污染燃料电池是能源领域的重点课题，燃料电池技术突破将会给能源问题带来变革，不同功率的

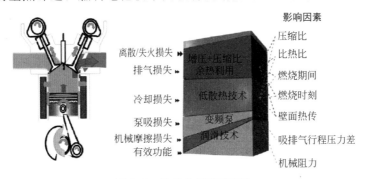

图 2.6　传统车辆能量损失

燃料电池应用领域如图 2.8 所示。从交通能源的长期发展趋势看，燃料电池仍是可能产生突破的车用动力系统。燃料电池发展趋势归纳为：更好环境耐受性的技术；以光催化与光电化学分解制氢技术为代表，用可再生能源制氢技术；开发新型燃料电池，减少贵金属催化剂或不用贵金属。氢能技术及应用思路架构如图 2.9 所示。

图 2.7　传统油车与燃料电池车输出转矩对比

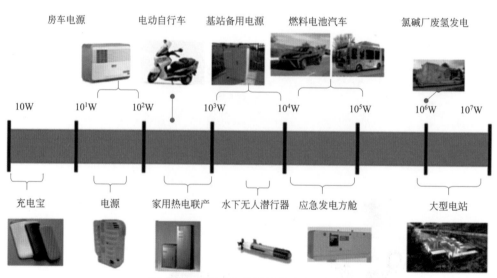

图 2.8　不同功率的燃料电池应用领域

随着新能源车辆推广到位、消费者环保意识普及，车辆的经济性主要有两种途径：提高车辆燃料经济性；推广新能源车辆。对车辆燃料经济性影响的因素主要有：发动机、传动装置、辅机系统、空调、轮胎与车重等。对这些因素的技术革新都将提高车辆的经济性。对于新能源车辆，当前主要的障碍在于新能源技术，其工艺成本较传统发动机车辆高，因此研发新能源技术、降低成本将是今后的发展方向。

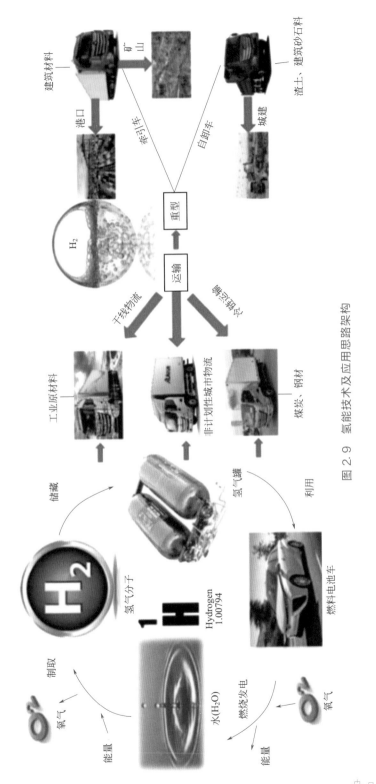

图 2.9 氢能技术及应用思路架构

燃料电池与纯电动车辆巡航里程和质量匹配对比示意如图 2.10(a) 所示。对新能源车辆支持体现在以下方面：为新能源车辆单独设置牌照；免征新能源车辆购置税；外地生产的车辆同样享受补贴；公务车设置新能源车辆比例。清洁燃料成为影响经济、社会可持续发展和环境保护的重要环节。以可再生能源优化能源结构、改善生态环境，建设资源节约型和环境友好型社会。积极寻找探索可再生能源转化与

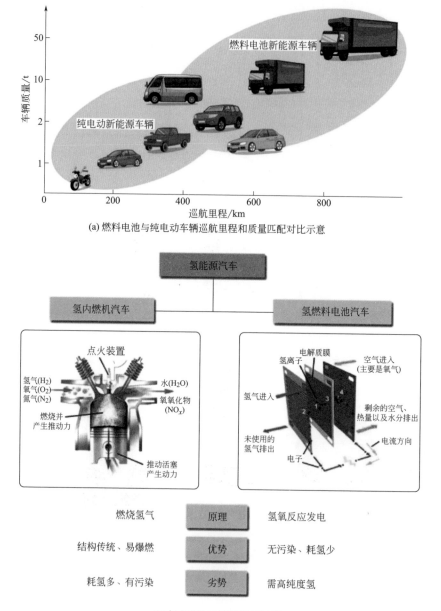

(a) 燃料电池与纯电动车辆巡航里程和质量匹配对比示意

(b) 氢内燃机与氢燃料电池对比

氧气从前进气格栅进入并到达
燃料电池内与氢气发生反应

负极　正极

储氢罐中的氢气进入
燃料电池与氧气反应

氢气和氧气在燃料
电池中发生化学反
应并生成水和电能

加氢站

生成的电能将供给
电动机用电

电机使用燃料电池里
生成的电力推动汽车

最后排出的唯一"尾气"
仅仅是燃料电池堆产生
的水

(c) 氢燃料电池车辆工作原理

图 2.10　氢燃料电池新能源车辆工作原理

利用的技术，在生产、人居环境和能源储运等方面开发及运用可再生能源与节能技术，是可再生能源与新能源领域的发展途径。可再生能源供能存在不稳定性，且电池容量有限，不能无限制地存储外部能量，难以预测并优化传输中对能量的使用，会出现能量枯竭使得传输中断。氢能目前利用方式有燃料电池和氢内燃机等，氢内燃机保留了传统内燃机的结构和系统，利用工业副产氢气，通过优化燃烧及增压系统有望达到与燃料电池相近的热效率，并具有低成本的优势。氢发动机高效燃烧技术具有重要性和时效性，是未来走向市场化的竞争力，有效拉动内燃机行业零碳化的进步与发展。因此，氢内燃机是推动传统内燃机各种应用领域升级转型、助力碳达峰和碳中和的技术方向，如图 2.10(b) 所示。而氢燃料电池虽技术难度大、成本高，对配套体系建设依赖强，但具有效率高、零排放等的优点。氢燃料电池车辆工作原理如图 2.10(c) 所示。燃料电池发动机结构分析如图 2.11 所示。

　　燃料电池车辆的电池、电机、电子和控制系统等关键技术取得进步，并初步实现产业化落地，形成了一定市场规模。但总体来说，新能源车辆整车和部分核心零部件关键技术尚未突破，产品成本高，社会配套体系不完善，产业化和市场化发展受到制约，燃料电池经济性与国际先进水平相比还有一定差距，市场占有率偏低。

以整车为龙头，带动动力电池、电机、电子、电控等产业链加快发展。氢燃料电池新能源车辆逻辑架构设计如图 2.12 所示。

(a) 氢气瓶与燃料电池发动机

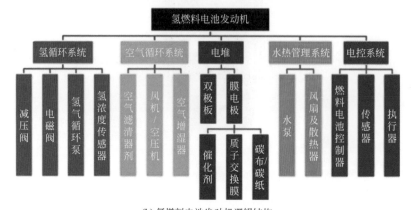

(b) 氢燃料电池发动机逻辑结构

图 2.11　燃料电池发动机结构分析

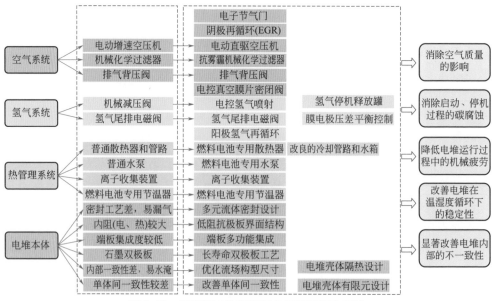

图 2.12　氢燃料电池新能源车辆逻辑架构设计

加快加氢设施建设，促进加氢设施与智能电网、新能源产业协调发展，做好市场营销、售后服务以及电池回收利用，形成完备的产业配套体系。增强技术能力是发展新能源车辆产业的中心环节，产学研用相结合的技术创新体系可提升竞争力。推进燃料电池技术，开展燃料电池系统安全性、可靠性和轻量化设计，加快研制燃料电池关键材料及生产、控制与检测等装备，开发新型动力电池及其与燃料电池组合系统，推进燃料电池及相关零配件、组合件的标准化和系列化；在燃料电池前沿技术领域超前部署，重点开展燃料电池新材料、新体系、新结构、新工艺等研究，集中力量突破一批支撑长远发展的关键共性技术。加强新能源车辆关键零部件研发，支持驱动、转向、制动线控系统等研发。氢燃料电池新能源车辆的动力系统设计如图 2.13 所示。提升燃料电池电堆的运行示范可靠性和耐久性，可带动氢的制备、储运和加注技术发展。氢燃料电池新能源车辆的电堆设计如图 2.14 所示。

图 2.13　氢燃料电池新能源车辆的动力系统设计

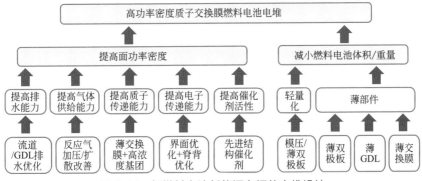

图 2.14　氢燃料电池新能源车辆的电堆设计

## 2.3 氢燃料电池工作原理

氢燃料电池与其他燃料电池相比，其工作温度低、响应速度快和体积小等特点完全适用于电动车辆的动力源，被认为是未来新能源车辆重要的发展方向之一。燃料电池系统分为燃料电池电堆和辅助系统两部分，其中，燃料电池电堆分为膜电极（MEA）、双极板及其他部件。

辅助系统包括供氢子系统、供气子系统、水管理系统、热管理系统、探测器及系统控制等部件。燃料电池实质上是电化学反应发生器，它的反应机理是将燃料中的化学能不经燃烧而直接转化为电能。燃料电池装置基本原理如图 2.15 所示，燃料电池基本结构如图 2.16 所示，氢燃料电池车辆工作原理如图 2.17 所示。

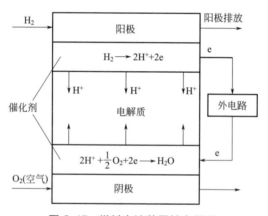

图 2.15　燃料电池装置基本原理

燃料电池是一种将存在于燃料与氧化剂中的化学能直接转化为电能的发电装置。燃料和空气分别送进燃料电池，电就被"生产"出来。它从外表上看有正负极和电解质等，像一个蓄电池，但实质上它不能"储电"，而是一个"发电厂"。和普通化学电池相比，燃料电池可以补充燃料，通常是补充氢气。一些燃料电池能使用甲烷和汽油作为燃料，但大多限制在电厂和叉车等领域使用。氢燃料电池基本原理大体上是电解水的逆反应，把氢和氧分别供给阳极和阴极，氢通过阳极向外扩散和电解质发生反应后，放出电子通过外部的负载到达阴极。氢燃料电池的工作原理：将氢气送到燃料电池的阳极板（负极），经过催化剂（铂）的作用，氢原子中的一个电子被分离出来，失去电子的氢离子（质子）穿过质子交换膜，到达

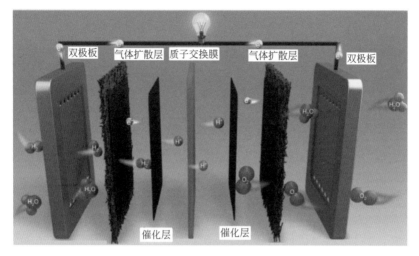

图 2.16　燃料电池基本结构

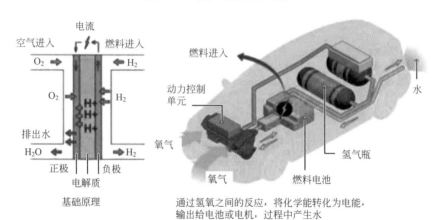

通过氢氧之间的反应，将化学能转化为电能，
输出给电池或电机，过程中产生水

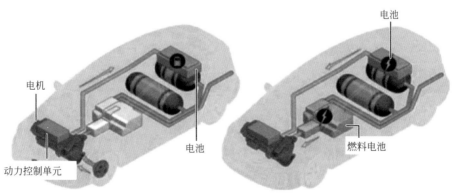

减速时：电池与电机之间配合，
实现能量回收

大功率需求时：燃料电池与电池一起
对外输出，满足功率需要

图 2.17　氢燃料电池车辆工作原理

燃料电池阴极板（正极），而电子是不能通过质子交换膜的，只能经外部电路，到达燃料电池阴极板，从而在外电路中产生电流。电子到达阴极板后，与氧原子和氢离子重新结合为水。由于供应给阴极板的氧可以从空气中获得，因此只要不断地给阳极板供应氢，给阴极板供应空气，并及时把水蒸气带走，就可以不断地提供电能。燃料电池发出的电，经逆变器、控制器等装置，给电机供电，再经传动系统、驱动桥等带动车轮转动，就可使车辆在路上行驶。与传统车辆相比，燃料电池车能量转化效率高达 $60\%\sim80\%$，为内燃机的 $2\sim3$ 倍。燃料电池的燃料是氢和氧，生成物是清洁的水，它本身工作不产生一氧化碳和二氧化碳，也没有硫和微粒排出。

质子交换膜燃料电池（PEMFC）的特点：效率高、结构紧凑、重量轻、比功率大、无腐蚀性、不受二氧化碳的影响、燃料来源比较广泛等。它的优势在于它的工作温度，其工作温度是 $80\sim90℃$，但在室温下也可正常工作，适合用作交通车辆的移动电源。正因为如此，PEMFC 有希望替代内燃机而成为车辆动力源。质子交换膜燃料电池反应原理如图 2.18 所示，质子交换膜燃料电池电堆的结构分析如图 2.19 所示。电池单体由膜电极、质子交换膜和集流板组成。其具体反应步骤为：经增湿后的 $H_2$ 和 $O_2$ 分别进入阳极室和阴极室，经电极扩散层扩散到达催化层和质子交换膜的界面，分别在催化剂作用下发生氧化和还原反应，即阳极 $H_2 \longrightarrow 2H^+ + 2e$；阴极 $\frac{1}{2}O_2 + 2H^+ + 2e \longrightarrow H_2O$；电池总反应 $H_2 + \frac{1}{2}O_2 \longrightarrow H_2O$。阳极反应生成的质子（$H^+$）通过质子交换膜传导到达阴极，阳极反应产生的电子通

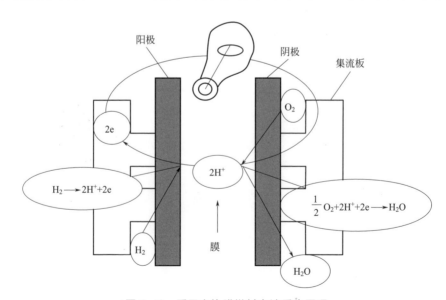

图 2.18　质子交换膜燃料电池反应原理

过外电路到达阴极。生成的水以水蒸气或冷凝水的形式随过剩的阴极反应气体从阴极室排出。

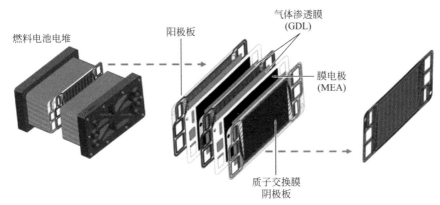

图 2.19　质子交换膜燃料电池电堆的结构分析

有序化膜电极是未来发展方向。膜电极是电化学反应的核心部件，由电催化剂、质子交换膜、气体扩散层组成。膜电极组件直接影响到燃料电池的成本，燃料电池大量使用贵金属铂作为催化剂的活性成分，成为燃料电池成本居高不下的重要因素。从技术上看，膜电极技术经历了几代革新，可分为热压法、有序化膜电极等。膜电极的材料、结构及操作条件等决定着其电化学性能。膜电极结构的有序化使得电子、质子气体传质高效通畅，对提高发电性能提供新方案。有序化膜电极是下一代膜电极制备技术的主攻方向。成本-规模效应与技术进步驱动成本下降：规模效应与技术进步是促进燃料电池成本逐步下降的重要驱动因素。燃料电池系统的成本结构如图 2.20 所示。

燃料电池的一大优势就是相较锂离子动力电池来说，它在低温环境中的性能下降较少，若操作得当，即使面对 −30℃ 以下的低温时也可以稳定运行。燃料电池车具有高效（一次能量转化）、环保（零排放、产物为水）、超长续航里程（功率密度远大于锂电）、加注时间短（3～5min）等优点：①氢气作为可再生能源，其来源广泛；②环保，产物为水，无有害物生成；③燃料电池的能源转换效率高，是内燃机的 2～3 倍；④加氢速度快，仅需 3～5min 可加满；⑤续航时间长，氢燃料电池的能量密度高，车载续航里程远。

从车辆技术路线而言，较长的时间内将是多种技术路线并存发展，其中锂动力电池车辆、燃料电池车辆将逐步取代传统燃油车，趋势不可逆转。锂动力电池比较适合乘用车领域，燃料电池比较适合长距离的重载和商用车领域，目前处于导入期的提速阶段。燃料电池车辆产业生态系统尚未完善。

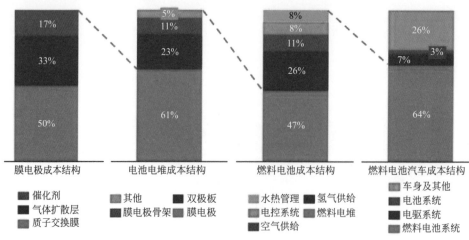

图 2.20　燃料电池系统的成本结构

① 燃料电池本身成本较高：尽管氢燃料电池车辆的市场前景和潜力巨大，但是要实现大规模的市场化推广和应用，还有许多技术障碍需要解决，特别是在关键基础材料、零部件、电池系统集成以及批量稳定制备能力等方面需要加强。

② 基础设施需加强：燃料电池车辆的应用对于基础设施的依赖相当严重，而加氢站的建设成本极为高昂，难以快速形成规模。

燃料电池车辆的基本器件结构如图 2.21 所示。

储氢系统

燃料电池系统

(a) 卡车

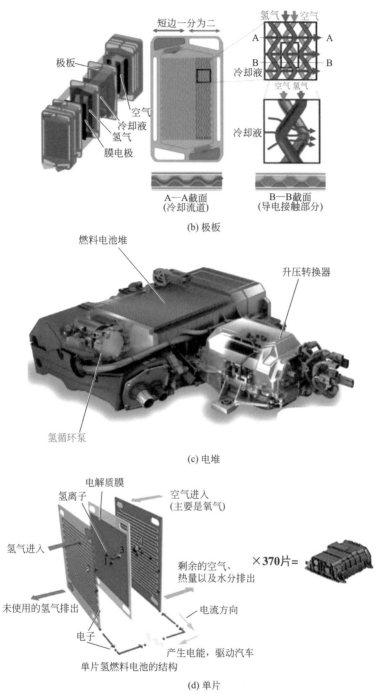

短边一分为二

氢气 空气

极板

A——A截面
(冷却流道)

A A

B B

冷却液

空气 氢气

冷却液

B——B截面
(导电接触部分)

空气

冷却液

氢气

膜电极

(b) 极板

燃料电池堆

升压转换器

氢循环泵

(c) 电堆

电解质膜

氢离子

空气进入
(主要是氧气)

氢气进入

剩余的空气、
热量以及水分排出

×370片=

未使用的氢气排出

电流方向

电子

产生电能，驱动汽车

单片氢燃料电池的结构

(d) 单片

图 2.21　燃料电池车辆的基本器件结构

# 2.4 燃料电池产学研融合发展

氢燃料电池动力系统，即使用氢燃料电池发动机代替了传统燃油发动机，使用储氢罐代替了油箱，通过燃料电池的氢氧电化学反应产生电能，通过电机驱动车辆行驶。动力系统包括氢燃料电池发动机和车载氢系统。氢燃料电池发动机包括燃料电池电堆、空压机、膜增湿器等，燃料电池电堆的功能是为燃料电池车辆提供动力来源。车载氢系统主要由高压储氢瓶和氢气调节系统等组成，功能是存储氢气，并为氢燃料电池发动机供应适当压力、足够流量的氢气。燃料电池大型商用车结构如图 2.22 所示。

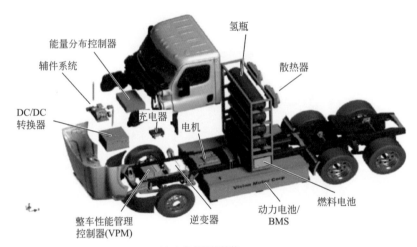

(a) 大卡车三维结构

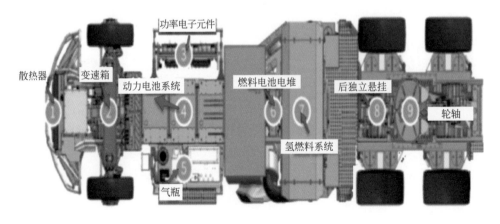

(b) 大卡车俯视图

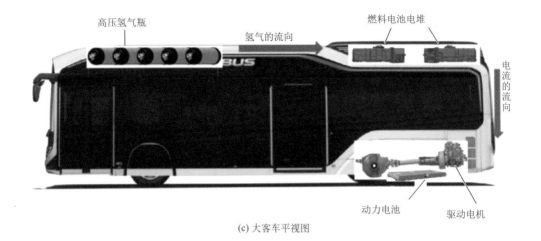

(c) 大客车平视图

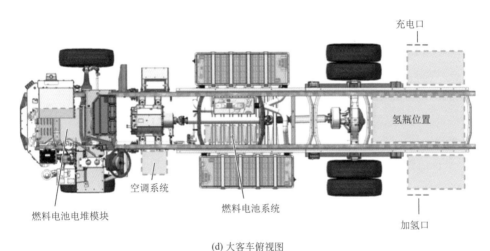

(d) 大客车俯视图

图 2.22　燃料电池大型商用车结构

　　燃料电池系统包括电堆和辅助系统（氢气系统、空气系统、热管理系统、控制系统），其性能不仅和电堆输出能力有直接关系，而且需要匹配相应高性能辅助部件、氢气循环装置、空压机和加湿器等。燃料电池辅助系统关键零部件包含空气压缩机、空气增湿器、氢气循环装置等。质子交换膜燃料电池（PEMFC）属于燃料电池的一种，和其他燃料电池相比，其工作温度低、响应速度快和体积小等特点完全适用于电动车辆的动力源，被认为是未来新能源车辆的发展方向之一。电池单体主要构成组件为电极、电解质隔膜与集电器等。燃料电池组成主要分两部分：膜电极组件（MEA）和双极板，除此外其他结构件包括密封件、端板和集流板等。而电堆是由多片单电池组成的结构，电堆及其监测单元、外部封装、流体歧管总成称为燃料电池模块。膜电极组件由气体扩散层、催化剂层、质子交换膜三部分组成，燃料电池车辆 PEMFC 传质结构如图 2.23 所示，它对燃料电池的输出功率、工作寿命有着决定性影响。质子交换膜是一种固态电解质膜，起隔离燃料和氧化剂以及传递质子的作用。在实际应用中，要求质子交换膜有良好的质子传导率和化学、机械稳定性。燃料电池的电极是燃料发生氧化反应与氧化剂发生还原反应的电化学反应场所，其性能的好坏关键在于催化剂的性能、电极的材料与电极的制程等。在发生电化学反应时，催化剂能降低活化能，提高反应速率。质子交换膜燃料电池最常用的催化剂是 Pt/C，或由过渡金属元素和铂的合金物组成的催化剂 Pt/M，以此增强催化剂稳定性、耐腐性，比如 Pt-Co/C、Pt-Fe/C、Pt-Ni/C。受催化剂材料技术和工艺等诸多因素的影响，以及受到成本和寿命限制，催化剂重点方向朝着低铂、无铂化和铂合金催化剂发展，催化剂龙头生产企业在产业链中具有竞争优势与稀缺性。

扩散层的作用在于支撑催化剂层、收集电流，并为电化学提供电子通道、气体通道和排水通道，其一般由多孔基层和微孔层组成。支撑层大多是经过憎水处理过的多孔碳纸或碳布，微孔层由导电炭黑和憎水剂组成。双极板是燃料电池中体积大、质量重的部件，其功能为分隔氧化剂与还原剂、收集电流、疏导反应气体，并有传导离子等功能，集电器的性能取决于其材料特性、流场设计及其加工技术。集电器采用金属、石墨及复合材料等。燃料电池采用了钛金属双极板技术，同时优化流体通道，通过提高气体扩散性减小浓度过电压。新能源车辆 PEMFC 电极结构如图 2.24 所示。

堆栈结构部件研究思路如图 2.24(b) 所示。第一步，设计，即按照电堆或燃料电池使用方提出的功率需求和空间要求，对双极板进行设计；第二步，仿真，对双极板进行流体力学仿真和热力学仿真，目的是使反应气和冷却液在均匀的前提下，还能保证电堆组装力的均匀性；第三步，验证，这里以对力学仿真验证为例，采用压敏纸等进行验证；第四步，制造，针对双极板的加工技术进行优化，在保持机械强度和良好阻气作用的前提下，双极板厚度应尽可能地薄，以减少对电流和热的传导阻力。目前市场上，氢燃料电池的双极板材料主要有石墨、金属和复合材料三类。燃料电池的性能主要包括功率密度、寿命、成本等指标。在燃料电池车辆产业链中，燃料电池系统由电堆和辅助系统两部分组成，其中辅助系统还包括空压机、控制器、氢循环泵等，系统中核心部分是燃料电池电堆和空压机，其在燃料电池系统中的占比高。燃料电池电堆和空压机的研发，可降低燃料电池的整车成本，电池成本持续下降将助推产业发展。燃料电池电堆及辅助系统结构分析如图 2.25 所示。

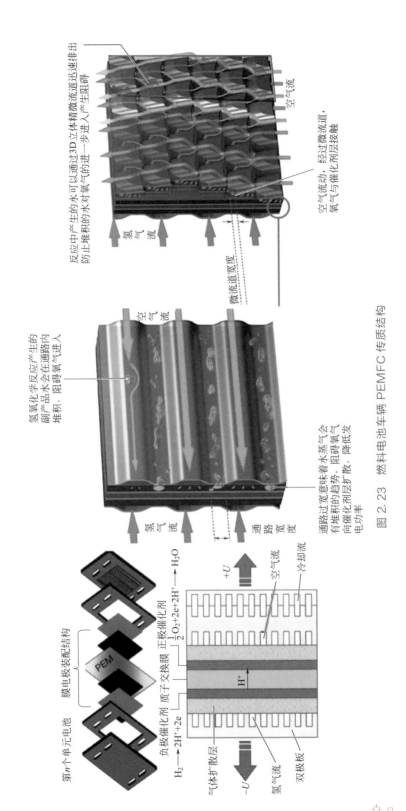

反应中产生的水可以通过3D立体精微流道迅速排出
防止堆积的水对氧气的进一步进入产生阻碍

空气流动，经过微流道，
氧气与催化剂接触

微流道宽度

氢氧化学反应产生的
副产品水会在通路内
堆积，阻碍氧气进入

空气流

氢气流

通路过宽意味着水蒸气会
有堆积的趋势，阻碍氧气
向催化剂层扩散，降低发
电功率

通路宽度

图 2.23　燃料电池车辆 PEMFC 传质结构

第 $n$ 个单元电池

膜电极装配结构

PEM

$+U$

空气流

冷却流

负极催化剂　质子交换膜　正极催化剂

$\frac{1}{2}O_2+2e+2H^+ \longrightarrow H_2O$

$H^+$

$H_2 \longrightarrow 2H^++2e$

气体扩散层

$-U$

氢气流

双极板

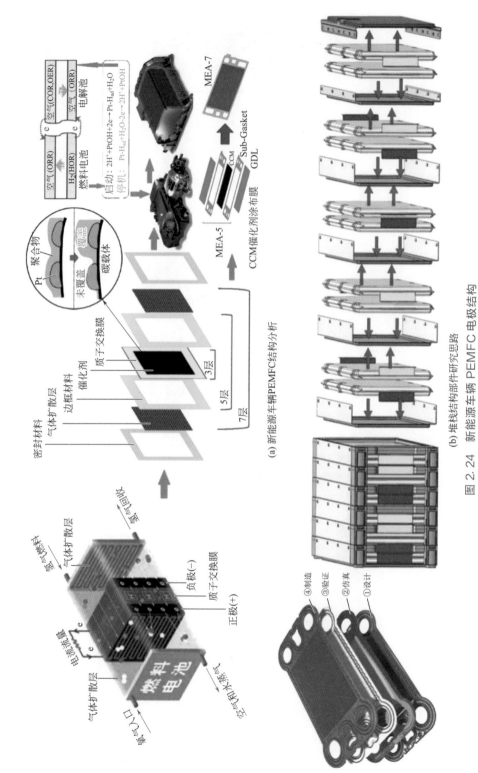

空气(COR.OER)　空气(ORR)
电解池

空气(ORR)　H₂(HOR)
燃料电池

电解池

启动：2H⁺+PtOH+2e⁻→Pt-H_ad+H₂O
停机：Pt-H_ad+H₂O-2e⁻→2H⁺+PtOH

聚合物
Pt
碳载体
未覆盖　覆盖

密封材料
气体扩散层
边框材料
催化剂
质子交换膜

3层
5层
7层

MEA-7
Sub-Gasket
GDL
CCM
MEA-5
CCM催化剂涂布膜

**(a) 新能源车辆PEMFC结构分析**

氢气燃料
气体扩散层
气体回收
负极(-)
质子交换膜
正极(+)
电流流量
气体扩散层
氧气入口
空气(和水)蒸气
燃料电池
e
e

④制造
③验证
②仿真
①设计

**(b) 堆栈结构部件研究思路**

图 2.24　新能源车辆 PEMFC 电极结构

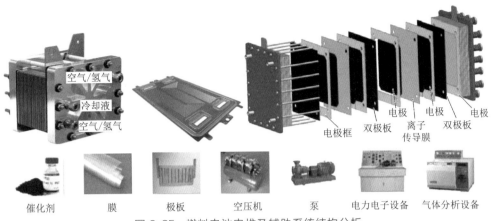

空气/氢气
冷却液
空气/氢气

电极框　双极板　离子传导膜　电极　电极　双极板　电极

催化剂　　　膜　　　极板　　空压机　　泵　　电力电子设备　气体分析设备

图 2.25　燃料电池电堆及辅助系统结构分析

# 2.5　燃料电池宏细观结构

　　燃料电池涉及热力学、能源、纳米与电化学等学科理论，其具有以下特点：发电能量转化效率高、环境污染少、安装灵活方便、体积小、建设周期短、负荷响应快及运行质量高等。燃料电池在短时间内就可从小功率变换到额定功率，它直接将燃料化学能转化为电能，中间不经燃烧过程，因而不受卡诺循环限制。燃料电池的燃料电能转换效率为 $45\%\sim60\%$，而火力发电和核电的效率为 $30\%\sim40\%$。由于燃料电池将燃料化学能直接转化为电能，避免中间转换损失，因此达到高发电效率。不管是满负荷还是部分负荷，不管装置规模大小，都能保持高发电效率，具有强负载能力，由燃料电池构成的发电系统对汽车工业具有非常大的吸引力。燃料电池具有散布性特质，它可摆脱集中发电站式的电力输配架构，其以氢为主要燃料，但其也可从碳氢化合物或醇类燃料中萃取氢元素进行使用，如图 2.26～图 2.28 所示。还可用太阳能及风力等可再生能源提供电力，然后将水电解产生氢气，再供给燃料电池。

　　围绕移动电源对高比能的重大应用需求，针对燃料电池在能量转换效率、功率密度、成本和寿命等方面存在的问题开展研究。

　　（1）原子和分子水平　利用密度泛函理论的量化计算与分子动力学模拟以及各种谱学技术，开展低铂纳米电催化剂和新型离子交换膜的结构设计与分子水平的评估表征、关键材料及其集合体膜电极表/界面的演化过程、相关电化学过程的热力学和动力学等研究，阐明表/界面结构和物理化学性质及电极反应动力学规律，揭示关键材料的结构稳定性和膜电极界面演化机制，指导新材料和纳米新结构的设计

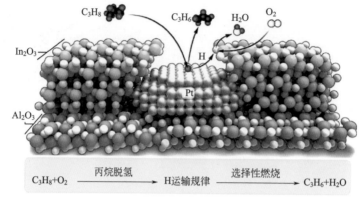

图 2.26 基于 Pt 催化剂的丙烷脱氢细观工作机理

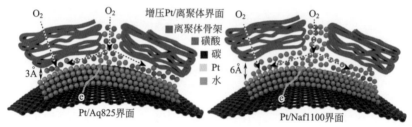

图 2.27 Pt/离聚体细观界面

1Å＝0.1nm

和开发。

(2) 纳米尺度层次 以原子、分子水平的研究为指导,借助分子动力学模拟、介观粒子耗散动力学模拟以及纳米合成、控制及组装技术,研究纳米电催化剂和新型离子交换膜的可控制备、有序化纳米结构膜电极可控构建过程中的基础科学问题。多层次研究电子转移和离子传输的特性和规律以及表/界面演化的机制,在纳米尺度上对关键纳米材料和膜电极的结构、组分、表/界面特性等进行表征和调控,实验上揭示影响纳米材料和纳米结构稳定性的关键因素,阐明界面结构与性能间的内在联系和规律,实现对关键材料和膜电极结构及性能的调控。

(3) 集成应用层面 通过高性能纳米电催化剂和离子交换膜在膜电极上集成应用的研究,探索关键材料之间的匹配和兼容性以及相互间作用机制。

开展高性价比关键材料和膜电极规模化制备过程及其科学基础研究,开展膜电极在燃料电池上的集成应用以及关键技术研究,通过系统集成的模拟与分析实现系统集成的优化。

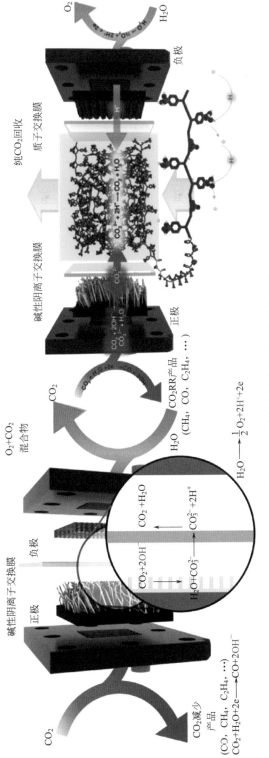

图 2.28 燃料电池交换膜细观工作原理

① 低成本、仅表层含铂纳米电催化剂的结构设计原理与可控制备方法。表层含铂、内核非铂的核壳结构催化剂是实现超低铂燃料电池催化剂的理想解决方案，然而此类纳米催化剂结构复杂，特别是甲醇电氧化催化剂，其壳层须为催化脱氢和加氧的双组分设计。如何选择合适的贵金属，使表面 Pt 原子在配体效应和应力效应作用下发生有利于甲醇氧化和氧还原催化的电子结构改变；如何保持这种近表面纳米层状结构的稳定性以及如何方便可控地获得这种结构，是催化剂研究的关键科学问题。运用计算指导此类多组分核壳结构催化剂的理论设计，从内核非贵金属对壳层贵金属的应力效应与配体效应、壳层双组分间的协同效应等方面研究催化剂结构、表面电子性质与催化行为三者之间的关系；以表面 Pt 原子的 d 电子特性、关键中间体（H、CO、O 等）的吸附能等为依据，建立催化剂活性的设计依据；以稳定化能（如合金形成能、表面能）和贵金属表面偏析能等热力学特性评估核壳结构的稳定性。在可控制备方面，将以理论计算为指导，采用自组装、表层取代、退火偏析、吸附诱导重构等方法可控地合成核壳结构纳米催化剂，并优选出适合规模制备的方法。

② 高效阻醇离子交换膜选择性纳米通道的形成机制与调控策略。离子交换膜主要起传输离子和隔离反应物的作用，但目前的离子交换膜很难完全隔离反应物分子（特别是甲醇分子）的渗透，导致"混合"电位效应，显著降低了燃料电池的能量转换效率。解决这一问题的关键是如何通过分子设计调控离子交换膜的纳米通道结构，形成可同时促进离子传输和降低甲醇透过的高选择性纳米通道。设计具有拓扑结构的多官能团单体、制备兼具纳米孔和孔道表面富集氢键受体基团的聚苯并咪唑或聚磺酰胺微孔有机离子交换膜材料，通过界面聚合方法，在膜表面形成超薄交联磺化聚磺酰胺阻醇层，实现离子传输及阻醇的协同优化。

③ 分子、离子和电子高效输运的有序纳米结构膜电极构筑规律。膜电极是燃料电池的核心部件，其微结构（孔结构、亲/憎水性结构、有序化结构等）直接影响传质、电化学反应、电池寿命和成本等诸因素。有序化纳米结构膜电极不仅可实现分子、离子和电子的高效输运，全面提升电池的性能，而且有助于提升催化剂和聚合物的利用率，降低燃料电池的成本。因此，膜电极纳米结构有序化的构筑规律及其界面演化机制是实现特定纳米结构膜电极可控构筑首先要解决的关键问题。实现膜电极纳米结构有序化构筑的途径包括膜电极纳米结构与性能之间关系的建立、聚集体内各物种相互作用本质的认识以及膜电极特定纳米结构制备的控制。在可控构筑方面，将以模型为指导，采用电泳沉积、自组装、模板技术等。

将通过计算与实验相结合的研究阐明纳米结构膜电极界面特性及其演化机制，为特定有序纳米结构膜电极的可控构建、电极性能的提高和寿命的显著延长提供科学的解决方案。沿着纳米电催化剂和离子交换膜的理论设计，表面、结构和界面演化的分子动力学模拟，以及关键材料的可控制备、有序纳米结构膜电极的有效构建、性能评估与表征、集成应用分析与评价这一主线，将关键材料的可控制备、有序纳米结构膜电极的构建以及集成应用有机地贯穿在一起，系统开展纳米材料与技术在燃料电池中的基础和应用基础研究，解决制约燃料电池实用化的关键问题。宏细观关键科学问题关系如图 2.29 所示。

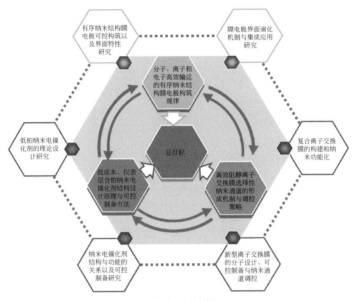

(a) 目标预测分析

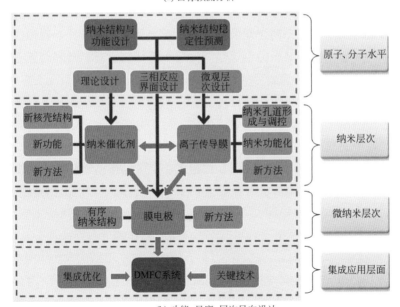

(b) 功能-尺度-层次导向设计

图 2.29　宏细观关键科学问题关系

① 低铂纳米电催化剂的理论设计研究。采用计算方法开展表层含铂、内核非铂的核壳结构电催化剂的设计研究，针对甲醇电氧化及氧电还原等电极反应过程，探讨核壳结构及表面合金等模型催化剂中内核非贵金属对壳层贵金属的应力效应与配体效应、壳层多组分间的协同效应等。从稳定化能和贵金属表面偏析能等方面评估纳米电催化剂的结构稳定性，预测纳米电催化剂"组成-结构-性质-功能"之间的关系，为抗毒化、长寿命纳米催化剂研发提供指导。

② 纳米电催化剂结构与功能的关系以及可控制备研究。采用自组装、表层取代、退火偏析、吸附诱导重构等方法可控地合成出结构稳定的系列低铂高效纳米电催化剂。研究影响纳米电催化剂表面和结构等演化的主要因素，结合理论计算和电化学原位谱学方法研究催化剂构效关系，尤其是结合阳极甲醇氧化的双功能作用机制和阴极氧气还原的吸附分解机制，阐明催化剂的高活性、高稳定性与高抗毒化性能的实现途径。在此基础上发展具有特定纳米结构的功能电催化剂的可控制备科学与规模化制备技术。

③ 新型离子交换膜的分子设计、可控制备与纳米通道调控。运用分子动力学等计算方法指导非氟芳香聚合物离子交换膜的分子与结构设计，从单体结构设计、聚集态结构调控、无机-有机杂化等多方面入手，发展可促进离子传输的纳米孔道的形成与调控方法。研究高比表面积、孔道表面富集氢键受体基团且孔道连通的纳米孔道有机离子交换膜的设计及制备方法，揭示纳米通道结构及分布对离子传输的影响规律。

④ 复合离子交换膜的构建和纳米功能化。在微孔有机离子交换膜的表面，构筑超薄、致密、交联的复合离子交换膜。研究复合膜的构筑方法，预测新型离子交换膜结构、离子电导率及结构的稳定性，揭示离子传输机制以及复合膜与催化剂的界面性质和结构稳定性。

⑤ 有序纳米结构膜电极的可控构筑以及界面特性研究。以催化剂粒子和单分子离子聚合物构建的聚集体为基本结构单元，运用分子动力学模拟和介观模拟研究聚集体结构与电子转移和离子传输行为的关系，构建有序化膜电极的理论模型，阐明膜电极纳米结构与性能之间的关系。构建多层、多级微纳米孔结构的膜电极，研究聚合物状态、催化剂和亲憎水性梯度分布的调控方法及对膜电极结构的影响规律，如图 2.30(a) 所示。开展电沉积、自组装、模板技术等构建有序化纳米结构膜电极，研究膜电极纳米结构、取向和排列方式等与传质、界面特性和性能的关系及对分子、电子和离子输运特性的影响及其机制，发展有序纳米膜电极结构与功能调控方法。

⑥ 膜电极界面演化机制与集成应用研究。综合利用电化学原位谱学、X 射线衍射和荧光分析、电子显微技术和能谱技术等，结合理论模拟研究膜电极纳米结构和界面的变化与电池性能的关系，揭示结构和界面变化的规律和本质，发展界面演化的

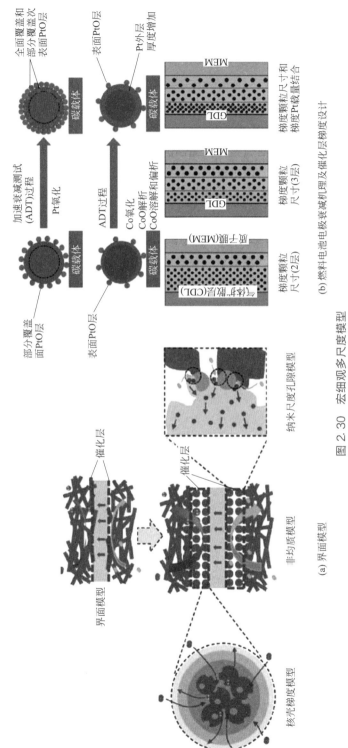

图 2.30　宏细观多尺度模型

诊断方法与技术。建立仅表层含 Pt 的纳米电催化剂活性和稳定性的设计原理及可控制备方法，揭示表层 Pt 原子结构和化学性质的调控规律，建立结构稳定性预测和评估方法，获得兼具高活性和高稳定性的"铂壳/非铂核"（超）低铂纳米电催化剂。建立聚合物离子交换膜选择性纳米通道的设计理论，发展选择性纳米通道的形成与调控方法，揭示纳米通道内离子传输机制，获得高离子电导率、高效阻醇的非氟芳香型离子交换膜。建立实现分子、离子和电子高效运输的有序纳米结构膜电极的模型和可控构筑方法，实现膜电极结构和功能的调控，显著提升功率密度，发展适用于有序纳米结构膜电极体系的电化学理论。揭示影响关键材料和膜电极结构与界面稳定性的科学规律，阐明关键材料性能衰减机理和膜电极界面演化机制，提出界面演化的诊断方法，如图 2.30(b) 所示，为特定纳米结构关键材料和膜电极规模化制备奠定科学基础。

对于高比能燃料电池，其实用化的关键指标包括能量转换效率、功率密度、成本与寿命等。同时，针对移动电子产品外观微小型化、功能多样化的发展趋势，还需要提升微小型燃料电池的比能量和比功率，这对其实用化提出了更高的挑战。电极材料和电解质材料是发展高性能化学电源之本，集成电极材料和电解质的膜电极则是提高电池性能的核心。只有从关键纳米电催化材料和高性能电解质膜，以及两者集成的纳米结构膜电极入手，才能协同解决制约燃料电池实用化的关键问题，以理论和材料的创新突破真正技术瓶颈。以理论模拟指导材料的创新设计，以关键材料的可控制备、有序纳米结构膜电极的可控构筑为重点，以理论和实验相互印证及促进发展，建立宏细观跨尺度模型。

（1）理论计算与模型预测　采用分子动力学等理论方法开展模型研究，指导新型纳米电催化剂、离子交换膜和纳米结构膜电极的设计与制备，在原子和分子水平上探察其微观反应机理，寻求对关键纳米材料优异性能和特性的理解。利用所构建的模型预测纳米催化剂、离子交换膜和膜电极的结构稳定性，以及表/界面相容性。从理论层面探索影响表/界面和结构变化的主要因素，揭示表/界面和结构变化对电池性能影响的规律和本质，为高性能关键材料的构建提供理论指导。

（2）关键纳米材料的制备　以理论计算作为指导，设计和筛选新型电极材料，采用相应的合成方法与工艺路线，实现高性能催化剂低成本可控制备。开展纳米材料的功能化研究（如抗毒化、高耐久性）及纳米电催化剂的研发。

（3）材料结构与功能的调控　通过界面聚合、无机-有机杂化、聚缩合反应等制备具有纳米通道结构的聚合物离子交换膜，探索具有选择性离子传输纳米通道的形成与调控方法。研究纳米孔聚合物的成膜方法以及孔结构和分布对离子传输的影响，通过膜材料微结构、介观聚集和宏观形貌以及动态演化过程与膜综合性能关系的研究，实现离子交换膜材料结构的精确设计和可控制备。通过自组装、静电吸附、层层组装等方法开展阻醇等功能的离子交换膜的制备，实现离子交换膜的纳米功能化。

（4）集成膜电极　开展电沉积、组装、模板技术等构建有序化膜电极，研究膜电极纳米结构、取向和排列方式等与传质、界面特性和电极性能的关系，探索纳米结构对膜电极界面电子和离子传输及转移动力学的影响，探讨有序纳米结构的形成、结构与性能的关系以及聚集体内各物种相互作用的本质，发展有序化膜电极结构与功能的调控方法。

（5）表征与分析　运用现代显微分析技术（SEM、TEM、HRTEM、STM、AFM等）、结构表征技术（XRD、EXAFS、XFS、SIMS等）、能谱分析技术（XPS、XRF、AES、EDX等）等手段研究催化剂和离子交换膜材料的各种结构参数与性能之间的关系，结合现场红外光谱、拉曼光谱电化学等原位或非原位谱学技术，研究膜电极界面、结构、形貌等的变化规律及其与性能之间的关联，揭示界面和结构变化的规律与本质，发展表/界面演化的诊断方法和技术。

燃料电池技术实现了初步突破。制约燃料电池汽车技术产业化落地的难题包括耐久性、低温工作和低成本化等。从技术角度看，燃料电池已经初步具备产业化的能力。具体来看，耐久性问题已初步解决；质子交换膜燃料电池寿命满足使用寿命的设计，低温工作已初步解决。目前减少燃料电池中催化剂用量，将双极板升级到超轻复合材料板；解决加氢、储氢装置安全性，掌握燃料电池所需高纯度氢气提纯技术；通过复合材料的轻量化设计，提高燃料电池的性能，实现燃料电池的规模市场化应用。随着能源需求的不断扩大，合理利用低碳新能源迫在眉睫。燃料电池催化剂的研发沿革如图 2.31 所示。催化剂核-壳模型的研发思路如图 2.32 所示。燃料电池催化剂的优势与挑战如表 2.2 所示。

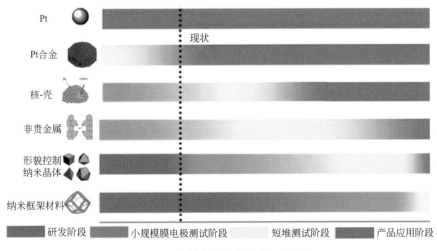

图 2.31　燃料电池催化剂的研发沿革

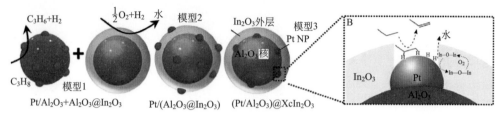

图 2.32　催化剂核-壳模型的研发思路

表 2.2　燃料电池催化剂的优势与挑战

| 催化剂种类 | 优势 | 面临的挑战 |
|---|---|---|
| 铂炭催化剂 | 成熟的生产工艺 | 未能满足功率要求，有待提升 |
| 铂合金催化剂 | • 成熟的生产工艺<br>• 比铂炭更好的催化性能<br>• 更好的 MEA 稳定性 | 仍未能满足车用负荷要求 |
| 核-壳结构催化剂 | • 比铂炭更好的催化性能<br>• 比铂炭更好的稳定性<br>• 拥有最大的电化学活性面积 | 在工况条件下核与壳结构难以留存 |
| 多面体催化剂 | • 巨大的质量活性<br>• 有批量化生产的可能 | 稳定性未得到证实 |
| 纳米笼/框架催化剂 | • 超高的质量活性<br>• 比铂炭更好的稳定性 | • 处于批量化生产的早期阶段<br>• 离聚体进入纳米笼比较困难<br>• 大电流下 MEA 性能有待提升 |
| 非铂催化剂 | • 潜在巨大成本优势<br>• 一定的抗毒化性能 | 车用催化性能未得到证实 |

# 2.6　介孔材料

　　由于介孔材料高的比表面积、大的孔体积、纳米尺度孔道和骨架结构等优异特性，在提高器件的能量和功率密度、使用寿命及稳定性等方面大有可为。燃料电池在能源转化与储存中的应用，总结电极催化剂在能源转化与储存器件中的应用进展，尤其聚焦在燃料电池动力系统等方面。探讨介孔材料作为电极催化剂的特性，以及调控该类材料的电子和纳米结构，提炼控制策略，展望低碳新能源领域的机遇和挑战。Pt 基电催化剂是目前通用的电催化剂，但是其储量较少，价格昂贵，导致其在燃料电池领域的规模应用受阻。目前燃料电池中每提供 1kW

能量约需 0.25g Pt 催化剂，即便将现有所有 Pt 用于燃料电池汽车，也只能供应全球少量燃料电池汽车的运行。因此，减少 Pt 的负载量，并提高 ORR 性能，是燃料电池可持续发展，新能源取代化石能源必由之路。Pt 和含氧的中间产物结合力强，为减少 Pt 用量，并提升其 ORR 性能，控制策略是：结合 Ni、Co、Fe 等廉价金属，制备合金催化剂或者核-壳结构催化剂，增加表面活性位的暴露和壳层的压缩应力，适当的压缩应力可减弱 Pt—O 键强度，也就是减弱对含氧中间产物的吸附，实现 ORR 活性的提高。燃料电池电极催化剂结构如图 2.33 所示。

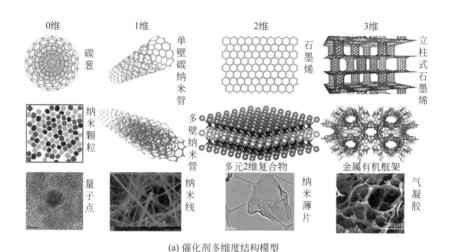

(a) 催化剂多维度结构模型

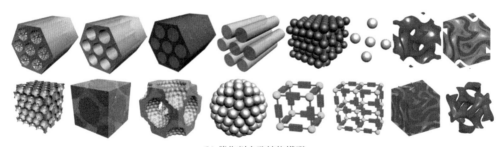

(b) 催化剂介孔结构模型

图 2.33　燃料电池电极催化剂结构

　　针对催化剂载体有序化，研究比较多的是碳纳米管，然而使用碳纳米管作为载体制备成本高、工艺复杂，且碳载体易腐蚀和氧化，制约了催化剂的耐久性，仍需改进。用含吡咯及 Nafion 的水溶液作为电解液，在扩散层表面电化学沉积聚吡咯支撑的 Nafion 纳米线阵列，使其具备电子和质子的良导体，且纳米线阵列之间的空隙，又为反应物和产物提供了优质的传质通道，如图 2.34 所示。

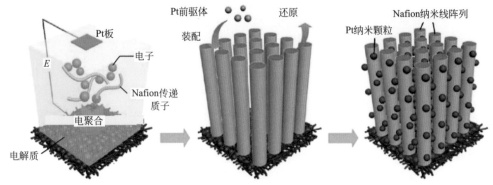

图 2.34 燃料电池 Nafion 纳米线阵列结构模型

# 2.7 核壳结构

基于 N-C-Si 的 PtPb@Pt 核-壳结构纳米片电催化剂，具有稳定而高效的性能，如图 2.35 所示。Pt 壳层使得催化剂稳定性很好，经受循环后活性没有发生衰退，催化剂结构和组成基本不变。Pb 原子比 Pt 原子大，理论上会产生拉应力，增强 Pt—O 键强度。这类催化剂对于燃料电池中的甲醇氧化和乙醇氧化反应同样具有优异的活性及稳定性。该研究从理论上指导了如何通过应力调控 Pt—O 键强度，有效解决模型催化中电化学界面的瓶颈问题，对于减少 Pt 的用量，促进燃料电池发展起到推动作用。由于燃料电池是将化学能直接转换为电能，科学家们若将这种方法扩展到燃料电池等领域，将催化剂加载到高电流密度下运行，由此借助新催化剂所表现出增长的活性和稳定性，将其转化为实际的装置，则整体效率可超过 50%；若再将电池排放的废热加以回收利用，则燃料能量的利用率可超 60%。

图 2.35 基于 N-C-Si 的 PtPb@Pt 核-壳结构

燃料电池运用能源的方式优于燃油动力机排放废气的方案，其排放物大部分是水。某些燃料电池虽然排放二氧化碳，但其含量低于汽油机排放量。燃料电池输入化学能，输出电能；锂电池输入电能，输出电能。因此，燃料电池是能量转换装置，而锂电池是储能（电能）装置。燃料电池和锂电池对外输出电能时不是热机过程，而是电化学过程，故效率高。对于能源结构调整的意义，燃料电池将大于锂电池的功效。如何提高从能源到消费终端有用功的效率，关键是能量转化装置的变革，而储能装置的作用是优化能量利用的效率。

燃料电池驱动比锂电池驱动更环保。化学反应一般需要氧化剂、还原剂（俗称燃料）和反应场所。燃料电池车需携带两样，即燃料和反应场所——燃料电池；而锂电池车则需三样（氧化剂、还原剂和隔膜），且锂电池中氧化剂和还原剂存放距离很近（当前是靠百微米厚的隔膜），即使不工作，也有自放电现象发生。锂电池为达成寿命循环，大多浅充浅放，即不能每个循环都像传统汽车那样将油用完、将油加满，故使用时，理论续驶里程还要少。这就是现在燃料电池汽车有效续驶里程约 500km，而锂电池汽车有效续驶里程约 100km 的原因。

近年来，碱性、磷酸、熔融碳酸盐、质子交换膜和固体氧化物等几种类型的燃料电池综合性能比较，如表 2.3 所示，燃料电池的研究和应用正快速发展。在燃料电池中，碱性燃料电池为航天装置提供动力。而质子交换膜燃料电池已广泛作为交通动力和电源来应用，其催化剂碳基负载结构如图 2.36 所示。磷酸燃料电池作为电源应用进入初步商业化阶段，熔融碳酸盐型燃料电池也已完成工业试验阶段，起步较晚的固态氧化物燃料电池作为发电领域有前景的燃料电池，是未来规模清洁发电站的对象。燃料电池发电迅猛进入工业规模应用阶段，将成为继火电、水电、核电后的新发电方式。燃料电池汽车初步解决了新能源汽车续驶里程、充电时间、温度和回收等痛点。在续驶里程方面，氢燃料电池汽车和传统燃油车接近，在充电时间上，燃料电池汽车加氢时间约几分钟，而锂电动汽车快充约需半个小时以上。对于燃料电池汽车，不用担心冬天充不上电，而锂电动汽车在寒冷天气"掉电"现象严重。燃料电池汽车类比天然气内燃机汽车，反应场所和燃料被物理隔离，燃料加注实际是物理过程，迅速而且方便。而锂电池汽车能量恢复是充电电解反应，需要控制，否则就会有副反应发生。燃料电池汽车的燃料加注速度，受到技术进展程度的制约。燃料电池发动机＋锂电池形成的电电混合动力驱动汽车，可提升效率、降低排放、保持寿命、减少成本，摆脱对汽油、柴油的依赖。

表 2.3　不同燃料电池综合性能比较

| 项目 | 燃料电池类型 | | | | |
|---|---|---|---|---|---|
| | 质子交换膜燃料电池 | 固体氧化物燃料电池 | 磷酸燃料电池 | 碱性燃料电池 | 熔融碳酸盐燃料电池 |
| 电解质 | 聚合物膜 | 陶瓷氧化物 | 磷酸燃料电池 | 钾碱 | 碱式碳酸盐 |
| 燃料 | 氢气 | 氢气、天然气、甲醇 | 氢气 | 氢气 | 氢气、天然气、石油气 |
| 催化剂 | 铂 | 钙钛矿 | 铂 | 铂 | 镍 |
| 工作温度/℃ | 50～90 | 600～1000 | 190～210 | 60～220 | 600～700 |

| 项目 | 燃料电池类型 | | | | |
| --- | --- | --- | --- | --- | --- |
| | 质子交换膜<br>燃料电池 | 固体氧化物<br>燃料电池 | 磷酸燃料<br>电池 | 碱性燃料<br>电池 | 熔融碳酸盐<br>燃料电池 |
| 优势 | • 功率密度大<br>• 重量轻、体积小<br>• 寿命长、成熟<br>• 温度低、启动快 | • 能量转换效率高<br>• 燃料相容性好<br>• 非贵金属催化剂 | • 技术非常成熟、最早引入商用<br>• 允许燃料存在一定杂质 | • 效率高<br>• 制造成本低<br>• 简易且技术成熟 | • 效率高<br>• 燃料相容性好 |
| 劣势 | • 工艺复杂<br>• 需要适用专用燃料 | • 温度高<br>• 易受腐蚀<br>• 启动慢、寿命短 | • 体积大、效率低<br>• 寿命短<br>• 需要贵金属催化 | • 体积大<br>• 需要纯氢纯氧<br>• 易受CO中毒 | • 高温＋电解质双重腐蚀性<br>• 启动慢、寿命短 |
| 核心应用场景 | 乘用车/商用车 | 储能/发电/建筑供能 | 储能/发电/建筑供能 | 储能/发电/建筑供能 | 储能/发电/建筑供能 |

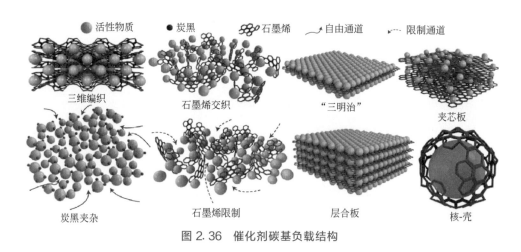

图2.36　催化剂碳基负载结构

如图2.37所示，科学家将贵金属盐和过渡金属氧化物包裹在 $SiO_2$ 模板之内，然后进行碳化处理，除掉 $SiO_2$ 模板，得到在过渡金属碳化物纳米颗粒表面进行单层 Pt 或者 PtRu 自组装的核-壳结构电催化剂。该方法提供了构建核-壳结构的新策略，可对纳米颗粒的尺寸、单层 Pt 负载量以及异质金属的组分进行控制。这种碳负载的 $Pt@Ti_{0.1}W_{0.9}C$ 和 $PtRu@Ti_{0.1}W_{0.9}C$ 催化剂具有超强的抗烧结及抗 CO 毒化性能，在电催化多循环试验中，该催化剂比商业催化剂比表面活性提高一个数量级。另外，人们还探索将这种方法扩展到 Au、PtAu、PtIr、PtRh 等其他贵金属催化剂体系的情况。这种核-壳结构材料为贵金属催化剂降低金属负载量、增强催化活性及提高稳定性提供了新的借鉴思路。

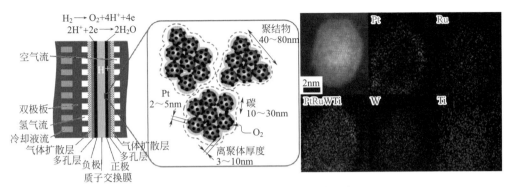

图 2.37　核-壳结构的模型及电镜确认表征

燃料电池将化学能直接转化为电能，相比于传统方法，其效率更高，更有益于环保。尽管目前许多材料都具有优异的离子传导性，但是往往受限于其屏弱的抑制电子泄漏的能力，尤其是当暴露在燃料界面的还原性环境中时。电子泄漏不仅降低了燃料电池的输出功率，而且会导致电解质膜灾难性的断裂。Pt/N 掺杂碳载体核-壳结构如图 2.38 所示，其具有优异的催化性能，但是高昂的价格使得工业界对之望而却步，阻碍了贵金属催化剂的实际应用。解决这个问题比较好的一个办法就是：在保证催化活性和稳定性的同时，降低贵金属的负载量，譬如将活性贵金属包裹在一些廉价材料表面。但是，这个办法存在一个问题，即在反应过程中易形成合金然后失去活性。

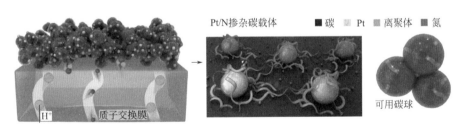

图 2.38　Pt/N 掺杂碳载体核-壳结构

科学家摒弃了依赖阳离子替换来维持离子传导的传统电解质设计原理，而是用高效离子和电子传导性的纳米通道，其稳定性好，离子传输性能好，如图 2.39 所示。由于许多氧化物的电子系统相互关联，人们通过连续的氢原子插入引起填充控制转变，从而抑制其导电性。研究者得到了高效微结构的低温燃料电池。在相同温度范围内，基于氧化物之间的相互作用，为设计高效固体电解质提供了新策略。原子级分散的贵金属催化剂由于其高原子利用效率而表现出更高的催化活性，有以下几种方法：①降低金属负载量；②提高金属-载体相互作用；③利用载体上的空位或缺陷。原子级分散催化剂存在挑战：①提高金属负载量，为了保证单原子不会团聚成纳米颗粒，目前原子级分散催化剂的金属负载量普遍较低，不适合实际工业催化应用；②机理研究，弄清楚原子级分散催化剂是否提供特殊的活性位点，是否和传统催化剂经历同样的催化路径。科学家报道了室温制备高含量的、高稳定性的原子级分散 $Pd_1/TiO_2$ 催化剂方法。利用催化沉积，在乙二醇保护的 $TiO_2$ 纳米片上成功实现了单原子 Pd 的稳定分散，这种单原子 $Pd_1/TiO_2$ 催化剂能够通过不同于传统异相催化剂的异裂分解新路径活化氢气，对 C＝C 和 C＝O 双键的氢化表现出很好的活性。另外，人们还发现，由于这种独特的活化氢气的路径，使得该单原子 $Pd_1/TiO_2$ 催化剂具有高活性。这项工作：①实现了高负载量、高稳定性原子级分散贵金属催化剂，为廉价而又高效的原子级分散贵金属催化剂走向实际工业应用做出重要贡献；②优化非均相催化剂的催化活性，行之有效的方法是调控其电子结构。通过有机修饰引起的界面电子效应可控制金属催化剂催化氢化的选择性。人们用超细 Pt 纳米线对硝基芳烃进行超乎寻常的选择性氢化，得到纳米化合物。该工作机理为：从乙二胺得到的电子使得 Pt 纳米线表面富电子，界面电子效应使得催化表面更有利于吸附缺电子的反应物，从而防止完全氢化，这种界面电子效应对于优化商业 Pt 催化剂提供了新策略。

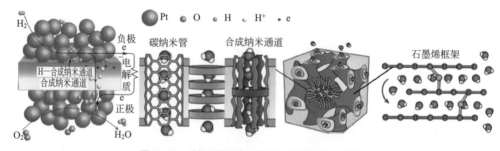

图 2.39　基于关联作用的纳米通道设计思路

由于多孔材料高比表面积和大的孔体积等优异特性，在提高能量和功率密度，使用寿命和稳定性等方面，大有可为（图 2.40）。人们对多孔材料在新能源领域漫长道路上的障碍进行了梳理。基于 Pt 的合金催化剂是燃料电池应用特色，特别是对于正极氧还原反应（ORR）和负极甲醇氧化反应（MOR），合理的组成和形貌设计是提高催化性能的关键。以固体菱形十二面体为原料，采用化学刻蚀法制备 Pt-Co 纳米膜的方法，所得的 Pt-Co 纳米膜在酸性电解液中表现出良好的 ORR 质量活性，Pt-Co 纳米膜表现出显著稳定性，这是由于 Co 的电化学溶解，燃料电池同时发生质子和电子的传递。要想弄清楚这种质子偶联电子传递反应的复杂机理，就必须分别独立控制质子和电子的传递。研究者利用脂类修饰的电极来调控质子到

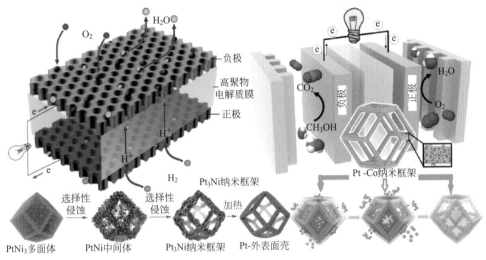

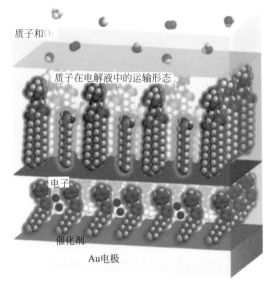

图 2.40 多孔材料用于燃料电池的设计思路

选择性侵蚀
选择性侵蚀
加热
PtNi₃多面体　　PtNi中间体　　Pt₃Ni纳米框架　　Pt-外表面壳

Pt₃Ni纳米框架

Pt-Co纳米框架

图 2.41 复合双层膜控制质子传递的结构

Cu 基催化剂的传递，从而促进反应的进行，加速燃料电池和氧还原反应中质子偶联电子传递过程，如图 2.41 和图 2.42 所示。

在质子交换燃料电池膜和可逆电渗析等领域，对聚合物膜的含水量控制是一个重要的研究方向。外部的热量和水量控制系统使得整个体系的重量及体积都有所增加，通过研究聚合物膜的持水量以及维持离子传输性能的机理，来减少重量和体积的增加，显得尤为重要。以质子交换燃料电池来说，聚合物膜的持水量对于水合离子的传输性能起到了关键作用。电化学反应产生的水将会使得聚合物膜发生自润湿，然而在较高温度和干燥情况下，聚合物膜会产生较大的水量损失，从而影响离子交换性能。科学家报道，不需依赖外部系统就可实现对水量的控制。研究者利用等离子体处理的疏水涂层表面的纳米缝隙，控制聚合物膜的持水量。在较低温度和较大湿度时，纳米缝隙保持开放状态；在较高温度和干燥情况下就会收缩变小，纳米缝隙又保持关闭状态。这些纳米缝隙就像阀门一样，能开能关，控制水在聚合物膜上吸附，以维持离子传导性。这种带有纳米缝隙疏水涂

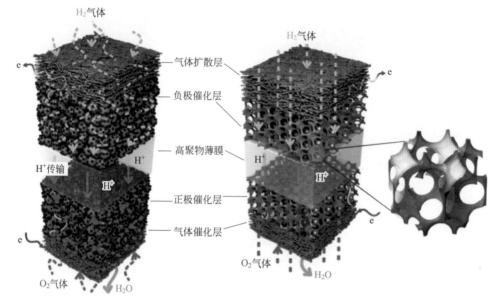

图 2.42 多孔介质控制电子传递的设计思路

层的碳氢化合物燃料电池膜在适当温度下操作时，性能得到较大提高；同时，带有这种涂层的可逆电渗析膜也表现出更好的离子选择性和较低的阻力，如图 2.43 所示。

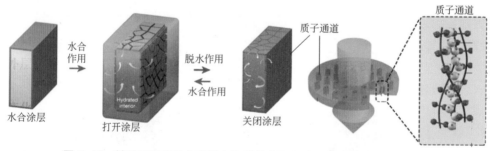

图 2.43 基于受湿度响应离子交换膜的自湿润纳米缝隙质子通道疏水膜

通过定量控制质子传递催化剂的动力学，研究者发现当质子和电子传递速率不匹配时，会产生不利的副产物：$H_2O_2$ 和 $O^{2-}$。当质子传递速率较快时，会促进 $H_2O_2$ 的生成；而当子传递速率变慢时，又会促进 $O^{2-}$ 的生成。只有当质子传递速率和 O—O 键断裂速率相匹配时，才能确保只有目标产物 $H_2O$ 生成，这项工作为 ORR 机理研究提供了更深入的理解和新视点。对质子动力学的调控促进 ORR 反应机理变化，从而决定产物的选择性。纳米结构催化剂的设计与合成方法的进展对于电催化领域的快速发展起到了不可忽视的作用。不同结构的 Pt 纳米电催化剂如图 2.44 所示。纳米结构调控催化剂活性的方式，主要包括以下 3 个方面：①电催化还原 $O_2$；②电

催化还原 $CO_2$；③电催化氧化甲醇。人们探讨低配位点和晶面、应力、配体效应以及双功能效应等因素在催化反应中的作用，并研究了催化剂尺寸、形貌和组分如何调控反应活性。纳米结构电催化剂对活性和选择性控制的机理如图 2.45 所示。

图 2.44　不同结构的 Pt 纳米电催化剂

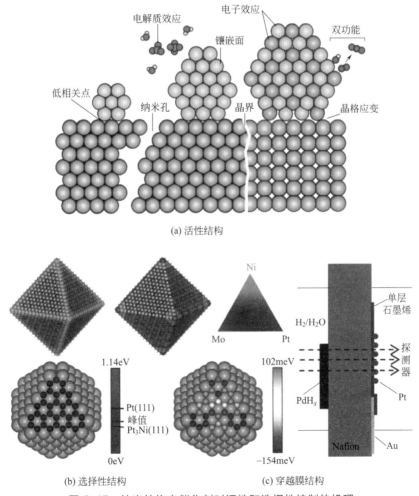

(a) 活性结构

(b) 选择性结构　　　　(c) 穿越膜结构

图 2.45　纳米结构电催化剂对活性和选择性控制的机理

# 2.8 非均质纳米晶结构分析

纳米球、纳米立方体或者纳米棒等分散在均匀介质中时，单个纳米结构可产生纳米晶。一般而言，这些纳米晶表现出中等活性。但是，一些特殊设计的具有尖锐结构的单颗粒可表现出更高的活性。譬如星状或者花状的 Au、Ag 纳米颗粒。纳米颗粒二聚体，低聚物或者纳米颗粒阵列之间的纳米缝隙所产生的纳米晶表现出优异的活性，其平均强度是单个纳米结构强度的 2~4 个数量级。由偶联纳米结构产生的纳米晶的尺寸非常小，一般为 1~5nm。Ag 纳米球的二聚体中，纳米间隙只有 2nm。研究者利用高度单分散的 Au、Ag 纳米颗粒聚集体实现高密度纳米晶。由于纳米颗粒聚集体的结构并不均匀，具有均匀纳米间隙的 Au、Ag 二聚体和多聚体被开发出来。研究者还开发了新偶联纳米结构来提高活性，譬如纳米颗粒组装体、多枝状纳米结构等。由上至下的偶联纳米结构技术以电子束刻蚀、离子刻蚀和光子刻蚀为主。其主要优势在于所得到的基底材料形貌高度可控、结构高度均匀，重复性特别好，而且适合大批量均匀制备。其不足在于，将纳米间隙控制在 5nm 以下非常难，表面粗糙度难以达到原子尺度。目前，新纳米晶在基础研究和实际研究中开展应用。吸附在基底材料表面的分子，通过特异性吸附、扩散或者靶向结合等作用进入纳米晶之间。考虑到局域共振和局域电场并非只取决于结构的尺寸和形貌，还受到接近纳米结构的介电性能的影响，纳米颗粒产生的电磁场造就了 Si 电极表面和 Au 纳米颗粒之间的纳米晶，可通过使用不同的纳米结构来调控。要想实现贵金属纳米晶的形貌控制，需解决两个问题：①如何控制其表面结构；②如何诱导形成孪晶界面或者缺陷。由于单晶和孪晶晶种的稳定能接近，所以在相同的反应中，会同时出现单晶和孪晶。要想控制贵金属纳米晶的形貌，需实现以下两个平衡来调控成核与生长：①表面能和应变能平衡；②热力学和动力学平衡。

贵金属纳米晶形貌控制的策略如下。

（1）表面帽化（Selective Surface Capping） 表面帽化策略通过帽化试剂选择性吸附在贵金属特定晶面，从而得到特定形貌。帽化试剂包括各种表面活性剂、高分子、小分子以及生物分子等。

（2）氧化刻蚀（Oxidative Etching） 氧化刻蚀策略可用于选择单晶或孪晶。晶界存在使得孪晶颗粒更易被氧化剂氧化刻蚀，而单晶不存在晶界，抗氧化能力相对较好。尤其是当纳米晶尺寸较小时，这种反应活性差异可用于有效去除孪晶晶种，只留下单晶晶种用于进一步生长；相反，对氧化刻蚀的抑制可用于制备特殊形貌的孪晶结构。常用氧化刻蚀剂有 $Fe^{3+}$、$O_2/Cl^-$、$NO_3^-$、$NH_4OH/H_2O_2$、$NH_4OH/H_2O_2/CrO_3$ 等。

（3）晶种生长（Seeded Growth） 晶种生长策略起到化学隔离成核和生长两个关键作用，通过预先制备的均匀纳米晶种，然后生长成特定形貌和结构的纳米晶，如图 2.46 和图 2.47 所示。

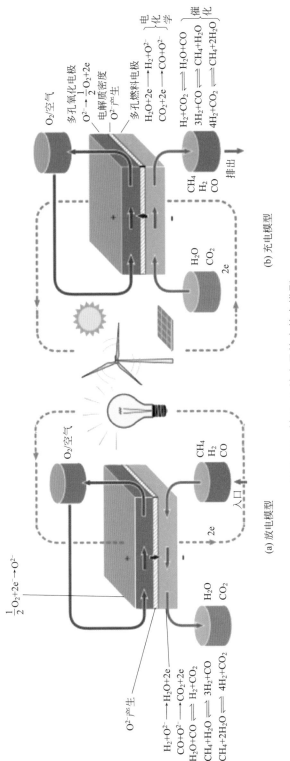

图 2.46 基于 Pt 纳米晶的充放电模型

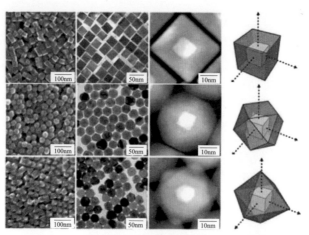

图 2.47　控制合成不同形貌的 Pt@Pd 纳米晶

# 2.9　氢燃料电池能源在新能源车辆中的具体应用

如何提高催化剂利用率，是资源稀缺、价格昂贵的贵金属催化剂制备的关键问题。对于单原子催化剂，由于充分利用了每个原子，被认为是催化活性和利用率高的催化剂。然而单原子具有很高的表面能，非常不稳定，容易团聚长大成大颗粒，从而降低了催化剂的效率，同时也限制了单原子催化剂的广泛应用，如图 2.48 所示。因此，非常有必要开发高活性、高稳定性和高载量的单原子分散催化剂，研究车用燃料电池单电池及整个电堆的衰减情况，分析电堆性能衰减、单电池性能衰减。

单电池尺度的衰减情况：从局部来看，电堆中每节单电池的衰减情况都有所不同。可通过单电池方块矩阵上的 MPL 比表面积来反映单电池的局部衰减情况。在单电池上阴极入口和阳极出口的衰减强于阴极出口和阳极入口，同时阳极出口的衰减区域大于阳极入口的衰减区域。在阴极，这些空间里可能会被生成的液态水或空气中的水汽填充，导致微小局部的"水淹"，Pt 就会溶解在空隙的水中，就电堆尺度的衰减而言，位于电堆中部的衰减严重于电堆的两端，反应气进出口侧衰减略强于远离反应气进出口侧。阴极催化剂层的厚度没有明显的区别；就单电池的衰减而言，阴极入口和阳极出口的衰减强于阴极出口和阳极入口，同时阳极出口的衰减区域大于阳极入口的衰减区域；体现在不同形态的 Pt 沉积，机理上由于微孔层与阴极催化剂层间的缺陷局部"水淹"导致。多孔介质催化层通常有离子交联聚合物（Ionomer）、催化剂和碳载体三种组分。如图 2.49 所示，载体型催化剂一般由催化剂纳米颗粒均匀分布在非多孔碳载体表面或多孔碳载体内外表面，聚合物以"纠缠状态"半包覆催化剂或碳载体。

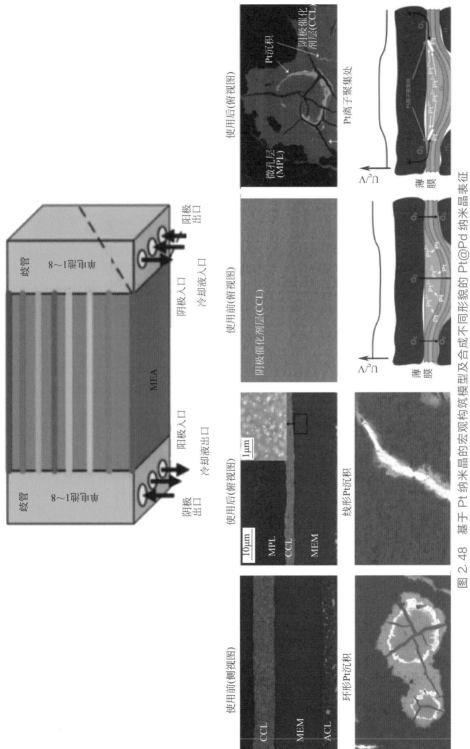

图 2.48 基于 Pt 纳米晶的宏观构筑模型及合成不同形貌的 Pt@Pd 纳米晶表征

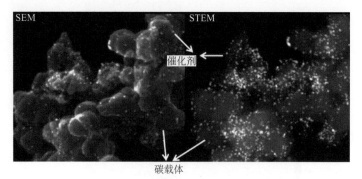

图 2.49　载体型催化剂结构电镜成像

由载体型催化剂 SEM 和 STEM 成像可知，相比传统 Pt 催化剂，PtCo 合金催化剂表现出更高的活性。但这种性能提升主要是通过减少活化过电位来实现的，当传质受限时，大电流密度下运行仍然面临巨大挑战。PEMFC 催化层性能提升策略通常伴随参数优化和工艺遴选等过程，如图 2.50 及图 2.51 所示。原理为：通过降低酸处理电压，非合金化的 Co 颗粒移除效率提高，电池运行过程中 Co 溶解量降低；非多孔碳载体材料的使用提升气体传质效应，使大电流密度和低湿工况下电势降低，有助于开发自增湿燃料电池系统开发，如图 2.52 所示。

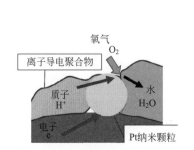

图 2.50　载体型催化剂尺度示意

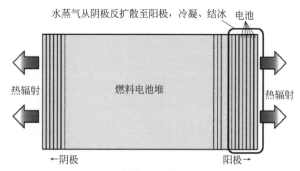

图 2.51　电堆垂直方向温度分布

空气中氧气经空压机增压后进入电堆阴极，通过空气截止阀调节背压。阴极电化学反应的产物水绝大多数通过空气出口排出，但仍有一部分水分通过质子膜反扩散至阳极，通过阳极出口排出电堆。因此，在燃料电池的氢气供给系统中，安装了气液分离器，液态水通过电磁阀（Purge Valve）排出电堆，水蒸气再循环至电堆阳极入口以改善电堆湿润性水平。但在低温环境下，燃料电池电堆和系统零部件内的水分冷凝及结冰，影响发电效率。对于燃料电池阳极，低温启动问题主要来源于阴极反扩散至阳极的水分结冰严重影响氢气供给。当阳极发生氢气欠气时，质子将和阴极渗透至阳极的氧气反应，阴极碳载体将在水作用下发生氧化腐蚀。因此，有

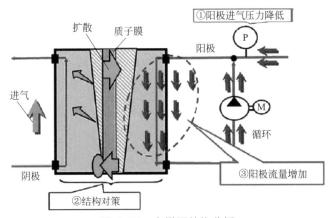

图 2.52　自增湿结构分析

必要在结冰前吹除阳极多余水分以避免发生氢气欠气现象。阳极欠气引起阴极碳腐蚀是由于车辆停放期间，燃料电池堆两端热辐射导致电堆厚度方向温度分布不均，双极板之间也存在温差。水分从阴极反扩散到阳极，并在电堆朝向外侧的电池阳极中冷凝结冰，直到电堆温度分布均匀。此外，燃料电池系统中零部件冻结也是燃料电池发电中断的原因之一，如电化学反应产物水在电堆下游的空气截止阀（背压阀）和排水电磁阀处冻结。因此，在温度降至冰点以下之前，必须清除燃料电池系统组件中的残余水分。在低温工况下，考虑控制开发技术，燃料电池堆储水能力相对较低，因此须降低初始水含量，确保阴极催化剂层内有足够空间吸收 0℃ 以下启动预热期间产物水的量。燃料电池控制系统须在行驶过程中将水含量（由高频阻抗计算得出）保持在一定水平以下，并在系统停车时吹扫排水。停车吹扫过程：通过氢循环泵对阳极进行吹扫，并从吹扫电磁阀排水；通过吹扫阳极残留水分，充分减少阴极向阳极反扩散水分含量；系统组件同样需要吹扫。流场为精细网状流场，通过毛细力对催化层水分抽吸，提高水分排出能力。等效管径（水力直径）越小，毛细力越大，如图 2.53～图 2.55 所示。

　　通过测试氧气的传输阻力数据，可评估水含量。通过测量低频阻抗和高频阻抗来估算氧气传输阻力，再由氧气传输阻力精确评估水含量。为减缓停车一段时间，电堆内水分再分布达到平衡状态后低温启动过程存在氢气饥饿现象，驻车吹扫排水控制策略通过在系统关机后以恒定时间间隔监测系统组件温度来实现。驻车吹扫策略逐渐减少阳极系统吹扫流量，确保当对电磁阀进行吹扫时水不会再从上游流入阀中。甲烷和氢气都是当前较理想的清洁能源，但是它们的运输和存储都需要成本高以及危险性高的高压压缩过程。开发新的吸附材料，以安全、经济、高效地存储甲烷和氢气是实现这些目标的方法之一。对于具有高表面积的多孔材料，可广泛用作车载清洁能源气体存储的候选吸附剂。在这些吸附剂中，由无机节点和有机连接基

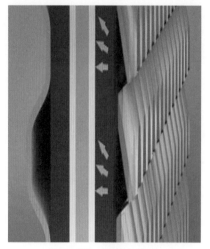

图 2.53　流场水排出

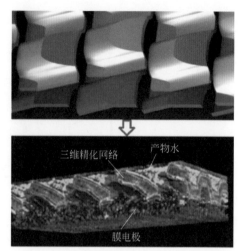

三维精化网络　产物水

膜电极

图 2.54　流场 X 射线断层扫描成像

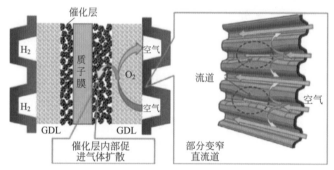

催化层

H₂

质子膜

空气

O₂

空气

GDL　GDL

催化层内部促进气体扩散

流道

空气

部分变窄直流道

图 2.55　流道变窄结构

构成的 MOF，由于其具有可定制的孔化学结构，孔几何形状以及易于设计的特性，成为吸附气体的存储材料，因此备受关注。超高孔隙率的 MOF 并不少，但这些 MOF 材料对甲烷和氢气等能源的重量吸附和体积吸附两个指标，难以兼得。人们发展基于金属三核簇的超高孔隙率和超高表面积的超级 MOF，实现了氢气和甲烷清洁能源的重量和体积存储性能的平衡。设计合成了具有窄中孔性且小孔径超多孔 MOF。实验和分子模拟的结合表明，在实际操作条件下可同时实现出色的甲烷/氢气重量吸收和体积吸收性能，使这 MOF 成为储存和输送甲烷/氢气的有效结构，同时也成为运输甲烷/氢气的载体。如图 2.56 所示为 MOF 设计和合成轻量化示意。

　　MOF 具有适度的主体-客体相互作用，并且实验观察到的超大氢容量是由吸附物-吸附物相互作用和框架的大量孔隙驱动的。实验获得的高压氢吸附研究与分子模拟的结合表明，具有超高的重量和体积表面积以及适中的孔隙体积，是氢气存储的候选材料。该研究为清洁能源取代传统能源带来新希望。

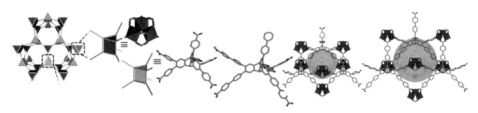

图 2.56　MOF 设计和合成轻量化示意

　　车用燃料电池系统通常包含燃料电池堆、空气供给系统、氢气供给系统、热管理系统。为提高燃料电池效率和耐久性，材料突破和技术更新必不可少。为获得接近氢气传感器测量的真实阳极氢气浓度，依据热力学、流体力学、数学建模及燃料电池系统内的传感器开发了氢气浓度估算器。此外，基于氢气浓度估算器，开发出阳极调压控制器和吹扫控制器，以实现氢气浓度的控制运行，并在燃料电池汽车上进行了大量实验。氢气浓度控制设计概念来自车载储氢瓶中氢气的使用率，主要分为三种，一种是可用使用率，其他两种为不可用使用率。可用使用率为用于燃料电池发电以驱动车辆前进和系统相关执行器运行的氢气使用率，定义为发电所需氢气量/总氢气量。第一种氢气不可用使用率与氢气穿越质子膜扩散到阴极有关（氢渗），阴极氢气与空气一起流向空气出口歧管。理论上，氢渗量与阴阳极氢气分压压差成正比，压差越大，氢渗量越大。跨越质子膜从阴极扩散到阳极的氮气会通过氢气供给系统管路再循环（如氢气循环泵），并随时间演变导致氢气系统管路中氢气浓度下降，因此应将氢气管路中累积的氮气排放到空气出口歧管以增加阳极氢气浓度，该操作称为吹扫。但在吹扫期间，氢气也会与氮气、水蒸气一起排出，这是第二个不可用氢气使用率的源头。为提高效率，不宜将氢气供给系统管路中的氢气浓度（氢气分压）保持在超高水平。但来自驾驶员触发的大电流密度发电指令会导致无法供给足够的氢气（氢气分压较低），进而永久损坏燃料电池电极。因此应维持较高的氢气浓度，防止损害电极，但同时氢渗也会增加，导致效率降低，在效率与耐久性之间需要折中和权衡。为同时实现燃料电池的高效率和高耐用性，应对氢气浓度进行控制，这需要在氢气供给系统中嵌入实时氢气浓度估算器。氢气供给系统的基本功能之一是氢燃料压力调节和控制，当电堆电流根据驾驶员（车辆）的需求功率变化时，控制器通过操作燃料供给系统将压力传感器值维持在设定范围内，并通过吹扫操作补偿压降。吹扫阀出口连接阴极出口歧管。电堆阳极出口的未反应氢气通过引射器再循环至供氢阀，以提高氢气利用率。从热力学角度看，水电解反应失活，碳腐蚀反应加速，使阳极电势进一步提高，如图 2.57 所示。电压反极产生大量的发热量，可引起质子膜出现针孔和引发短路，导致灾难性的电池故障或事故。一种方法是优化系统控制策略，如对电压和排气持续监控、阳极吹扫

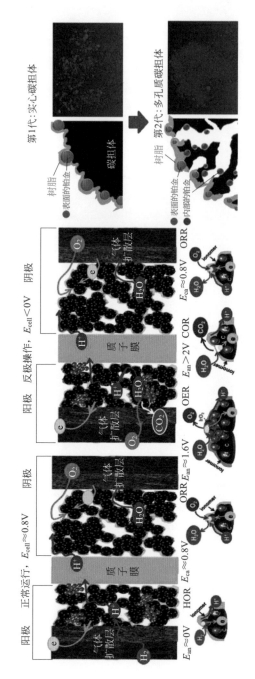

图 2.57 正常运行 HOR 和 ORR 反极操作下的 ORR、OER 及 COR 示意

新能源车辆燃料电池-动力系统设计与控制

等有意停止或延迟阳极电压上升；另一种是使用新型抗反极阳极电极。抗反极阳极电极通过在催化层或催化剂中加入析氧反应催化剂来使水电解效应大于碳腐蚀，该方法无须对电压进行监测，可大幅提升电堆鲁棒性。为解决电压反极问题，燃料电池汽车开发人员优化系统控制策略，但开发更加耐久的燃料电池须基于新型材料来支撑。

为应对燃料电池电压反极问题，在阳极催化剂或催化层制备中加入析氧反应电催化剂（OER）。因析氧催化剂成本较高，有必要合理设计和开发加入析氧反应催化剂的抗反极燃料电池以提高催化剂利用率。为理解电压反极，这里对加入不同析氧反应催化剂载量的燃料电池进行电压反极衰减机理实验，关注衰减源头、衰减过程和反极时间尺度。在氢气循环管路和空气出管间安装排水阀，如图2.58所示。通过排水阀的定时启闭和氢气循环泵转速控制，可实现氢气循环管路内氢气浓度和水含量的管理。因此，排水阀的正常工作对于提升氢气循环管路中的氢气浓度水平（避免性能下降）、降低空气出管内氢气浓度上升（氢安全问题）有重要作用，如图2.59所示。

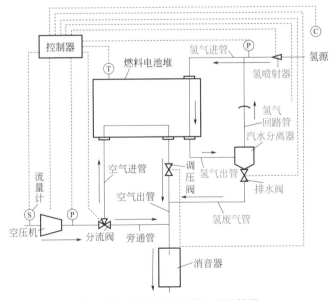

图2.58　燃料电池系统水原理简图

在燃料电池系统中，燃料电池控制器对电控系统中各部件进行持续检测和诊断，分析零部件的工作状态和系统运行状态。其中，对于排水阀，存在阀芯动作不良导致阀芯无法移动到闭阀位置的情况。此外，即使排水阀的阀芯自身无动作不良，也会因引入外物导致无法完全关闭，如0℃以下低温环境中氢气循环管路排出的水分导致排水阀的阀芯结冰或排水阀内本身积水引起阀芯结冰导致阀芯无法移

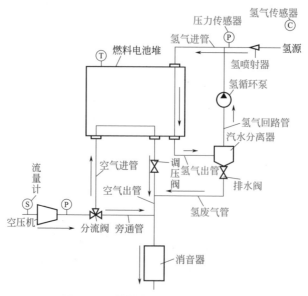

图 2.59　燃料电池系统气原理简图

动。如果燃料电池系统无法识别该故障,将引起氢气循环管路内氢气泄漏和浓度下
降(性能降低)、空气出管中氢气浓度上升(氢安全问题)等问题。因此,除了在
系统设计之初通过采取主动措施(如吹扫进程改变氢循环泵转速或排水阀启闭频率
等)降低阀芯无法完全闭合的事故外,对已发生的排水阀无法关闭现象进行故障诊
断和处理同样必不可少。针对排水阀无法完全关闭的现象,为降低空气排出管中氢
气浓度,必须采取稀释处理。稀释处理定义为:在控制单元对排水阀做出闭阀指示
后,针对排水阀关闭不全引起的泄漏量,除了向燃料电池堆供给电化学反应所需的
空气流量外,另外增加氢气泄漏量对应的空气供给以稀释空气出管中的氢气浓度。
因此,燃料电池系统首先需要测算排水阀的泄漏气体量,基于泄漏流量来判定排水
阀是否因工作不良而无法闭阀。当泄漏气体量为零时,判定排水阀处于闭阀状态,
否则不能闭阀并执行稀释处理。当判定排水阀无法关闭时,则执行稀释处理。稀释
氢气用的空气流量与泄漏气体流量成正比例关系。泄漏气体流量越大,稀释所需的
空气流量也越大。注意,稀释空气流量与泄漏气体流量图也是多个离散点(点与点
之间通过插值运算获取),或阶梯形增长曲线。在稀释氢气所需空气流量确定之后,
叠加燃料电池堆正常发电(如加热、额定工况)所需的空气流量,便为空压机需要
提供的总空气流量。考虑车用变载工况下质子交换膜燃料电池堆的衰减机理,其中
机械衰减主要由变载工况下电池内部的湿润波动引起。大载荷下,电极反应和电渗
拖拽的加速使质子膜吸水,导致质子膜和聚合物水含量升高;相反,低载荷下,质
子膜和聚合物脱水,水含量降低。在干/湿循环工况下,质子膜经历胀缩变形,即

干燥条件下脱水收缩，湿润状态下吸水膨胀，应力循环引起质子膜机械疲劳和失效，如薄化、裂纹和针孔。质子膜损伤过程如图 2.60 所示。

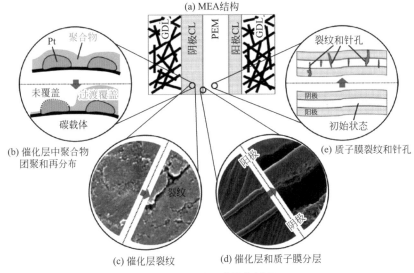

图 2.60　质子膜损伤过程

在变载过程中，机械因素除影响质子膜外，还会影响催化层。在胀缩变形中，质子膜和催化层产生应变差异和变形，残余应力和应变导致质子膜和催化层分层。同样，扩散层和催化层也会产生分层现象。分层现象阻碍电子传导（GDL 和 CL 界面）和质子传导（PEM 和 CL 界面），导致接触电阻变大和性能降低。为维持燃料电池的正常电化学反应，氢气和氧气必须供应充足，否则将发生非正常反应并加速电池衰减。在燃料电池加载中，反应气体供给滞后于电流密度拉载。因此，快速加载将导致严重反应气饥饿。此外，电池内反应供给和分布并不均匀，尤其大活性面积电池在电堆进出口、脊背和流道表现明显。反应物饥饿机理如图 2.61 所示。

不合理的阴极流场设计可进一步恶化饥饿现象。氧气局部饥饿和整体饥饿诱发相似的反常问题，尤其是氢泵。若强行拉载电流但空气供应不足，此时会发生氧气饥饿，从阳极迁移至阴极的质子由于缺乏氧气不能参与氧还原反应（ORR）。因此，在空气饥饿区域发生析氢反应（HER），产生氢气。氧气饥饿发生时，阴极电位快速下降，燃料电池的输出电压降低。整体氧气饥饿还可引起电池逆转或反极，如在反应气计量比 0.9、电密 $600\text{mA/cm}^2$ 的条件下电池输出电压为 $-0.08\text{V}$。此外，阴极析出的氢气可直接与氧气发生反应，释放一定的热量引起"热点"，如图 2.62(a) 所示。氢气饥饿的发生部分源于氢气供应时的低化学计量比，尤其在阳极闭端模式下。拉载过程中轻微的反应气供给不足现象都可能放大氢气分布的不均匀，引起局部氢气饥饿，如图 2.62(b) 所示。氢气局部饥饿区域的压力降低，

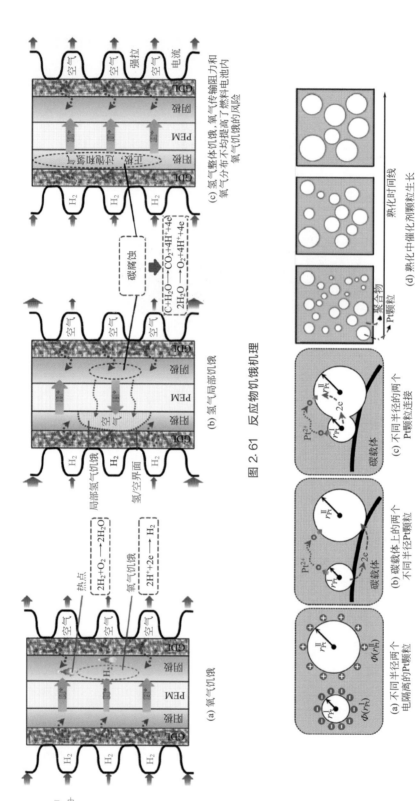

图 2.61 反应物饥饿机理

(a) 氧气饥饿

(b) 氢气局部饥饿

(c) 氢气整体饥饿, 氧气传输阻力和氧气分布不均提高了燃料电池内氧气饥饿的风险

图 2.62 熟化效应

(a) 不同半径两个电隔离的Pt颗粒

(b) 碳载体上的两个不同半径Pt颗粒

(c) 不同半径的两个Pt颗粒连接

(d) 熟化中催化剂颗粒生长

导致氧气跨质子膜渗透到阳极，在阳极产生氢/空界面，加速阴极碳载体腐蚀，该现象在燃料电池启停工况易发生，如图 2.62(c) 所示。

熟化成为电压循环期间催化剂老化的主要原因，引起电化学活性面积降低和活化损失增加。此外，电压循环期间也伴随催化剂溶解和生长。熟化效应主要由 Pt 催化剂颗粒的界面能降低导致，Pt 催化剂小颗粒溶解并在大颗粒表面再沉积以达到一个更加稳定的状态。熟化的强度主要由催化剂颗粒粒径和分布、载体电导率、聚合物质子电导率共同决定。在电压循环工况，考虑加速老化效应，Pt 催化剂的溶解现象加速，进而 Pt 迁移和熟化效应明显。Pt 迁移引起 Pt 在质子膜和催化层的聚合物中沉积，明显现象就是质子膜中 Pt 带的形成，降低电极的 Pt 载量并影响膜的耐久性。催化剂溶解意味着 Pt 离子甚至 Pt 原子更易从催化剂颗粒上分离，导致聚合物中 Pt 离子浓度高并加速熟化，如图 2.62(d) 所示。

# 2.10　趋势与展望

目前全球氢能行业总体处于发展初期，在终端能源消费量中占比仍然很低。受限于多方面的制约因素，氢能行业尚未形成全产业链与合力，未能全面推动生产生活进步，原因为如下。

① 氢能关键材料及设备零部件要求苛刻、工艺复杂、成本高昂，并且不同部门之间的技术差距明显。

② 电解水制氢技术是实现绿氢规模生产的途径，但其成本过高，由电价导致，短期仍无法替代碳排放量较高的化石燃料制氢。目前短期内仍需依靠煤制氢来保障氢能行业的供给。

③ 受限于可再生能源资源的分布状况，制氢端与用氢端存在着较大的时间和空间错位，尚未形成完善的氢气存储和输运网络渠道。例如，某地区拥有丰富的风、光资源，而具有规模用氢需求的则是经济发达及人口密集的另一地区。

④ 较之于石化能源产业，氢能属于新兴能源，缺乏相应基础设施整体布局。例如城市加氢站、输氢管道、工业副产氢纯化系统等支撑设施严重不足。因此，目前氢能全产业链体系上下游难以形成有效联动。

⑤ 当前用氢端需求关注方向过于单一，主要集中在氢燃料电池及其交通方面，目前成熟度偏低、规模不大。而氢能作为能源载体，在传统能源密集型产业及新型氢能应用场景中，需求尚未得到全面开发。

⑥ 氢能技术标准不完善，涉及氢品质、储运、加氢站和安全等内容的技术标准较少。例如在可再生能源制氢、液态储氢、工业用绿氢等新型氢能领域的技术工艺、装置设备及生产运营环节，急需健全的行业标准，以此规范氢能行业市场健康

发展。与当前构建天然气工业一样，正在构建基于绿氢技术的制氢、储氢、运氢、加氢、用氢等氢气能源工业体系。

针对氢能行业在技术、经济性及布局规划上的挑战，结合产业链各个环节，对氢能发展进行展望。

① 在制取氢方面，氢能作为二次能源，要实现真正意义上的零碳排放，它的发展不可避免地将依赖于太阳能、风能等可再生能源技术的突破。通过电力成本与设备成本的协同降低，可体现绿氢的经济优势。广阔的沙漠、戈壁、荒漠、草原及海域资源，可提供丰富的太阳能、风能、潮汐能等可再生能源资源，在发展绿氢方面具有先天优势。

② 在储运氢方面，氢的长距离储运将以天然气管道掺氢或新建纯氢管道输氢为主，中短距离要与如氨等多种储运技术结合，并因地制宜地发展。随着制氢端的技术突破，通过输氢网络交联，在氢能的下游如工业、交通和建筑等领域规模普及，绿色氢经济的概念将转变为现实。

③ 在应用氢方面，随着行业聚焦与技术发展，期待很高的是氢燃料电池，带动交通领域应用的变革。在各类需要用氢的化工领域，如炼油、合成氨、甲醇生产以及炼钢行业，绿氢将逐步取代灰氢。在其他诸多传统能源密集型产业，氢能也将代替化石能源作为能量载体进行供能。

加大可再生能源制氢领域技术攻关，积极推动试点示范，在风、光资源丰富地区，推进清洁、低碳、低成本氢能制备产业体系建设，形成绿氢制备规模发展，并持续开展电解海水制氢、光催化制氢、微生物制氢等技术研究，逐步提升"绿氢"在终端能源消费中的比重，具体包括：①研发可再生能源电解水、光解水制氢等科学机理及低温吸附、泄漏/扩散/燃爆等氢能安全基础规律与自主核心技术；②研发低成本、高效率、长寿命的质子交换膜电解水制氢成套工艺等关键技术；③在风、光资源丰富地区打造"零碳"产业园，开展清洁、低碳、低成本氢能制备产业体系建设与试点示范；④探索利用氢能实现季节性储能，提高风、光利用率，增强电网系统调峰力度，将可再生能源与电网、气网、热网和交通网互联互通。

依托能源行业丰富的基础建设与储运经验，探索固态、深冷高压、有机液体等氢储运方式应用，统筹推进氢能基础设施建设，布局中长距离输氢管网建设，在重型卡车多的码头与运输高速路线上构建加氢站网络，加快构建安全、稳定、高效的氢能供应体系，逐步构建便捷和低成本的氢气运输网络。具体做法包括：①加大固态、深冷高压、有机液体等关键技术攻关，开展天然气管道掺氢、纯氢管道输送液氨等试点示范，利用管道或车载实现氢气安全高效输运；②统筹布局建设加氢站，有序推进加氢网络体系建设，利用现有加油加气站场地设施改（扩）建加氢站，探索站内制氢、储氢和加氢一体化加氢站新模式；③发挥氢燃料电池汽车加氢时间短、续航里程长、低碳无污染等优势，推动氢燃料新能源汽车在重载及长途交通运输等领域先行示范。具体做法包括：①开展以氢作为还原剂的氢冶金技术研发与应用，探索氢能在工业生产中作为高品质热源的应用；②扩大氢能替代化石能源应用规模，积极引导合成氨、合成甲醇、炼化、煤制油气等行业，由高碳工艺向低碳工艺转变；③推动氢作为二次能源介质，在规模储能及分布式发电、备用电源、移动式电源、家用热电联供系统等领域取得规模应用突破。

氢能目前的优点：氢气储能的容量大、持续放能时间长，液氢的储能密度高；燃料电池高能量密度（高续航）、低温性能好、加氢速度快，在长途、低温等应用场景中具有优势；可以实现跨地区、跨季节利用能源，充分利用光伏、风电等绿电的峰谷调节；氢气来源广泛、成本刚性且可控，可缓解能源对外依赖；氢气制/储/运装备和氢能应用装备中，除了全氟磺酸酯和重要阀门外，配套的原材料和零部件均可国产，未来可以实现规模效应，快速降低成本；不同电池路线（氢能与锂电）配合使用，可以实现高频储能与低频储能互补。氢燃料电池电堆压紧工艺流程与电堆泄漏测试工艺流程如图 2.63 所示。

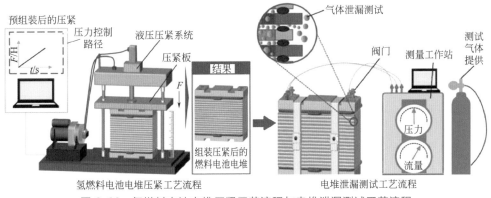

图 2.63　氢燃料电池电堆压紧工艺流程与电堆泄漏测试工艺流程

各油气公司可利用油气田地区丰富的风、光等资源，发展可再生能源制氢，保供绿氢市场。结合电解水制氢技术的突破开发离网光伏制氢、压差发电制氢等应用场景，油气公司可规模开展可再生能源制氢试点示范，支撑示范油气田清洁用能替代和绿色转型发展。①海上油田丰富的潮汐能、波浪能、海上太阳能和风能等可再生能源，拓展氢能全产业链布局；②油气公司炼厂副产氢则可在绿氢市场成熟之前参与氢能供应；③油气公司在氢能基础设施建设方面具备先天后发优势，通过研究天然气管道掺加氢气先例与基础，油气公司将继续建设天然气管道掺氢、纯氢管道等试点示范，利用管道实现氢气的安全高效输运；④油气公司具备建设健全氢能供应体系的坚实基础，油气公司将利用加油气站网络优势，统筹布局已有加油气站的改造与新加氢站的建设，有序推进加氢网络体系建设。通过探索站内制氢、储氢和加氢一体化的加氢站等新模式，可进行"油、气、氢、电"四站合建。在此基础上，将加速形成多元互补融合的现代能源供应体系。协同发展氢能产业链、风能、太阳能、地热能等可再生新能源。布局绿氢生产、储运、加注与利用等，走出一条"绿色低碳"高质量跨越式发展的道路。通过油气公司在氢能全产业链示范与区域规划及布局，实现"油、气、氢、热、电、储"的融合发展。在"双碳"目标下，氢能迎来发展是必然趋势，构建氢能技术链与产业链。油气公司正在支撑当前、引领未来，带动氢能行业发展。随着技术的进步与行业布局的完善，氢能将在能源转型与"双碳"目标中处于重要的战略地位。支持符合条件的节能与新能源车辆及关键零部件企业上市、发行债务融资工具；支持符合条件的上市公司进行再融资。按照政府引导、市场运作、管理规范、支持创新的原则，支持地方设立节能与新能源车辆创业投资基金，引导社会资金以多种方式投资新能源车辆。发展有利于扩大新能源车辆市场规模的专业与增值服务等新业态，建立新能源车辆信贷、保险、租赁、物流、交易及动力电池回收利用等市场营销和售后服务体系，发展新能源车辆及关键零部件质量安全检测服务平台。

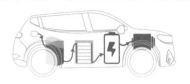

# 第 3 章
# 新能源车辆动力电池梯度结构设计

交通能源是经济的命脉之一，是经济发展的基础和先导产业。交通能源的发展必须具有一定的超前性，这对于维持经济的健康发展，保证人们生活质量，合理控制能源消耗与减少生态环境污染等都具有举足轻重的作用。近年来探索清洁新能源替代传统能源一直是国内外车辆能源技术前沿之一。目前以混合动力、燃料电池和纯电动为代表的新型动力是国内外新能源车辆的研究热点。锂离子电池被广泛应用于新能源车辆等领域，对于能源结构有着重要影响。开发高性能、低成本、低污染的电池技术是新能源车辆领域的关键技术。纳米能源梯度电池结构与储能技术，是新能源车辆的关键技术之一。例如，利用纳米梯度结构，减少电极活性表面与电解质之间的接触，抑制副反应；梯度电池匹配与适应电极较大体积变化，延缓电极性能衰退和热衰退，保持电池的循环性能持久稳定。预计 2035～2050 年，新能源车辆将会进入大规模商业应用阶段，成为全球车辆销售的主力军。新能源车辆技术的发展框架如图 3.1 所示。

对于 Li-O$_2$ 电池而言，在负极方面，技术瓶颈为如何稳定 Li 负极和电解质界面，并减少副反应和枝晶；正极方面，如何对 Li$_2$O$_2$ 进行梯度改性和纳米结构包裹，提升电池的导电性。另外，用纳米梯度结构，可提高新能源车辆中锂金属电池的能量效率和循环寿命。随着纳米技术的迅猛发展和新能源车辆的推广应用，纳米梯度技术在新能源车辆领域发挥越来越重要的作用，新能源车辆动力电池将成为该技术的主要承载平台。纳米梯度技术将使动力电池的成本不断下降，电池寿命不断提升。全球新能源车辆大规模商业化和统一电池纳米技术标准，会推动电池综合成本的持续下降。例如，目前高镍三元纳米梯度正极技术发展迅猛，但电池安全性和工艺成本仍是研发及产业化难点。电池负极纳米技术，如石墨烯、碳纳米管、硬碳等，依然是今后开展纳米技术研究的热点。同时，硅碳负极在循环过程中的体积膨胀、粉

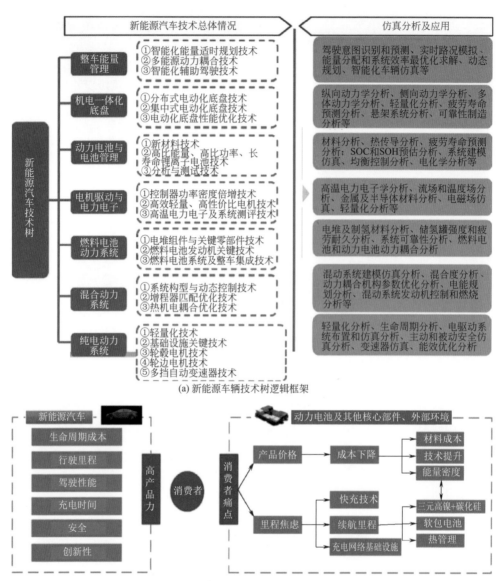

(a) 新能源车辆技术树逻辑框架

(b) 新能源车辆/动力电池产品力/消费力的逻辑框架

图 3.1  新能源车辆技术的发展框架

化特性，需要全球高能量密度动力电池的研发机构和新能源企业密切关注及应对。

# 3.1  动力电池的核壳-浓度梯度-复合纳米正极结构

　　按照全球对绿色能源、环境保护与节能减排的总体目标，新能源车辆销量逐年猛增，对于动力电池的需求量也在不断扩大。同时，从全球主流厂商在新能源车辆方面的布局也可以看出，自开发商业化锂离子电池以来，以锂离子电池为标志性代表的新型电池体系也相继在实验室问世，并在更高能量密度方面表现出色，引起了科学家和工程师的广泛关注及研究兴趣。锂离子电池综合特性如表 3.1 所示，锂电池总体结构分析如图 3.2 所示。在传统正极（$LiCoO_2$、$LiMn_2O_4$、$LiFePO_4$ 等）的基础上，发展相关的各类衍生纳米技术，通过掺杂、包覆、调整微观结构、控制形貌、尺寸分布、比表面积与杂质含量等纳米手段来综合提高电池的比容量、倍率、循环性、压实密度及热稳定性等。$LiFePO_4$ 是新能源车辆电池领域的主要应用之一，$LiFePO_4$ 相比于 $LiCoO_2$ 能量密度更低，但是功率密度更高，使用寿命更长，安全性能更高。然而，由于 $Li_xFePO_4/Li_yFePO_4$ 晶界的存在，微米尺度的 $LiFePO_4$ 中 $Li^+$ 和电子传递性能较差，大电流密度充放电速度较慢，可逆容量受限。为了解决这个难题，人们在纳米尺度的 $LiFePO_4$ 表面梯度包裹导电物质，例如，通过梯度聚合物来增强导电性和 Li 离子传导性，使得梯度结构的 $LiFePO_4$ 导电性提升迅速，确保在高电流下稳定充放电，并保持循环特性。

表 3.1　锂离子电池综合特性

| 项目 | 磷酸铁锂 | 锰酸锂 | 钴酸锂 | 三元镍钴锰 |
|---|---|---|---|---|
| 化学式 | $LiFePO_4$ | $LiMn_2O_4$ | $LiCoO_2$ | $Li(Ni_xCo_yMn_z)O_2$ |
| 晶体结构 | 橄榄石结构 | 尖晶石 | 层状 | 层状 |
| 理论密度/(g/cm³) | 3.6 | 4.2 | 5.1 | |
| 振实密度/(g/cm³) | 0.80~1.10 | 2.20~2.40 | 2.80~3.00 | 2.60~2.80 |
| 压实密度/(g/cm³) | 2.20~2.30 | >3.00 | 3.60~4.20 | >3.40 |
| 理论比容量/(mA·h/g) | 170 | 148 | 274 | 273~285 |
| 实际比容量/(mA·h/g) | 130~140 | 100~120 | 135~150 | 155~220 |
| 相应电池电芯的质量比能量/(W·h/kg) | 130~160 | 130~180 | 180~240 | 180~240 |
| 平均电压/V | 3.4 | 3.8 | 3.7 | 3.6 |
| 电压范围/V | 3.2~3.7 | 3.0~4.3 | 3.0~4.5 | 2.5~4.6 |
| 循环性/次 | 2000~6000 | 500~2000 | 500~1000 | 800~2000 |
| 热稳定性 | 优秀 | 良好 | 差 | 高镍较差；普通 NCM 较好 |
| 优点 | 循环性能好，成本低 | 成本低 | 能量密度高 | 能量密度高，成本相对较低 |
| 缺点 | 能量密度低 | 高温循环性差，能量密度低 | 成本高 | 高温易胀气，循环性、安全性较差 |
| 原料来源 | 丰富 | 锰丰富 | 钴贫乏 | 钴贫乏 |
| 成本 | 低廉 | 低廉 | 很高 | 较高 |
| 市场价格/(万元/t) | 6.5~7.0（非纳米级） | 6.2~7（动力型） | 43~43.5（4.35V） | 18.6~19.0（三元 523 型） |

| 项目 | 磷酸铁锂 | 锰酸锂 | 钴酸锂 | 三元镍钴锰 |
|---|---|---|---|---|
| 主要应用领域 | 电动汽车及大规模储能 | 电动工具、电动自行车、电动汽车及储能 | 传统 3C 电子产品 | 3C 电子产品、电动工具、电动自行车、电动汽车及大规模储能 |

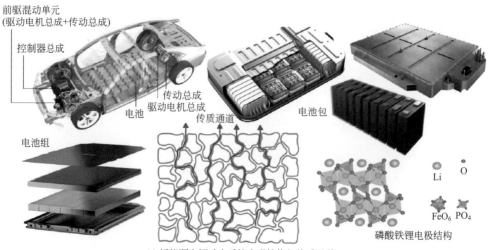

(a) 新能源车辆动力系统介观结构与传质通道

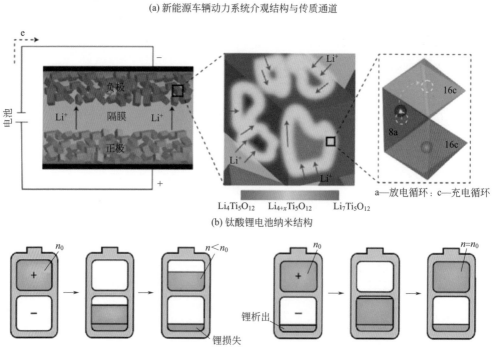

(b) 钛酸锂电池纳米结构

(c) 循环损失锂结构

图 3.2 锂电池总体结构分析

目前，三元锂电池迅猛发展。与 $LiCoO_2$ 和 $LiMn_2O_4$ 不同的是，富 Ni 的锂离子电池梯度正极，$LiNi_{1-x-y}Mn_xCo_yO_2$（$0 \leqslant x$，$y \geqslant 0$，$x+y \leqslant 0.5$）能实现可逆容量和容量保持率，其结构如图 3.3（a）所示，可抑制 $LiNi_{1-x-y}Mn_xCo_yO_2$ 的副反应。新能源车辆另一种商业电池正极 $LiMn_2O_4$ 面临问题是，$MnO_6$ 的 Jahn-Teller 扭曲效应会导致电极结构不稳定，$Mn^{2+}$ 溶解到电解质中，沉积在石墨负极表面，降低性能。为了解决这个难题。人们在 $LiMn_2O_4$ 表面包裹纳米尺度的氧化物或者氟化物，譬如 $ZrO_2$、$TiO_2$、$SiO_2$、$Al_2O_3$ 或 $AlF_3$ 等，使其免于溶解。另外，功能性电解质添加剂可以用于首次充放电循环，在电极表面形成纳米钝化膜，提高电池的循环使用寿命，不同正极性能对比如图 3.3（b）所示，三元材料 $LiNi_{1-x-y}Mn_xCo_yO_2$ 容量损失示意如图 3.3（c）所示。梯度核壳结构设计思路可获得层状正极中锂和过渡金属元素的合理含量及价态，调控 Ni/Li 反位缺陷等因素对氧的稳定性能。人们先通过电感耦合等离子体质谱证实首次循环中大量（约 1/3）的 Li 损失是由于 Si 负极中 Li

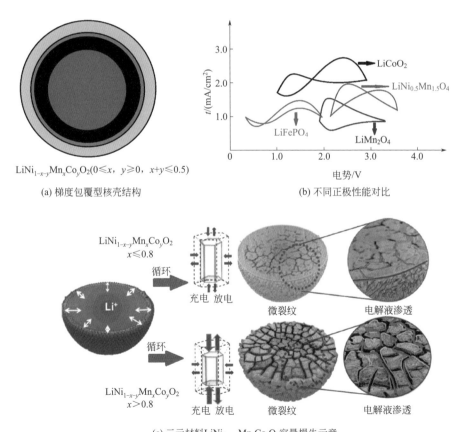

$LiNi_{1-x-y}Mn_xCo_yO_2(0 \leqslant x,\ y \geqslant 0,\ x+y \leqslant 0.5)$

(a) 梯度包覆型核壳结构

(b) 不同正极性能对比

(c) 三元材料 $LiNi_{1-x-y}Mn_xCo_yO_2$ 容量损失示意

图 3.3　梯度包覆型核壳结构与不同正极性能对比

的俘获引起的，如图 3.4（c）所示。其机制可通过扩散模型来说明：在锂化过程中，Li 扩散到 Si 电极的内部形成 $Li_{15}Si_4$，如图 3.4（a）所示，而在脱锂的过程中，由于扩散能力有限，Li 不能完全扩散出来，因此一些 Li 将困于 Si 电极中，如图 3.4（b）所示。这将为今后三元梯度锂离子电池稳定性的优化，提供重要线索和理论指导。

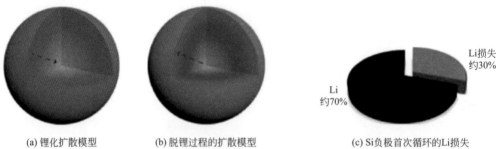

(a) 锂化扩散模型　　　　　　(b) 脱锂过程的扩散模型　　　　　(c) Si负极首次循环的Li损失

图 3.4　电极梯度球状结构及锂损失

人们使用 Ge 等价离子与 Si 负极形成合金。由于用 Ge 部分取代了 Si，因此与原始 Li-Si 相比，Li-Si-Ge 相的晶格扩大了。这就在 Li 原子上产生了两种竞争作用，并取决于其相对于 Ge 原子的位置。对于远离 Ge 的 Li 原子，晶格扩张导致占据更大的局部体积，即局部扩张效应，晶格扩展导致 Li 和 Si 原子之间的键长增加。但是，Li 和 Si 原子的相对位置并没有变化。因此，Li 原子可以占据较大的局部体积，从而有助于 Li 在 Li-Si 负极中的扩散。对于接近 Ge 的 Li 原子，由于 Ge 的离子半径较大，即窄通道效应，扩散通道变窄。因此，添加 Ge 原子来替代 Si，大多数的 Li 原子都会远离 Ge 原子，如图 3.5 所示。局部膨胀效应应该占主导地位，其首先会降低 Li 在硅负极中迁移的能垒。如果添加更多的 Ge 原子，那么将会有更多的 Li 原子靠近 Ge 原子，并且狭窄的沟道效应将占主导地位，这将增加 Li 迁移的能垒。因此，可能存在合适的 Si-Ge 原子比，以使能垒最小化。为了验证这种机理，进行密度泛函理论计算。结果表明，Li-Si-Ge 中 Li 的扩散由局部膨胀和窄通道两种竞争效应所支配：少量的 Ge 与 Si 合金化（Si∶Ge 的原子比为 15∶1）可以降低 Li 迁移的能垒，并减少 Li 的俘获。

(a) Li-Si负极中Li扩散和锂化/脱锂过程

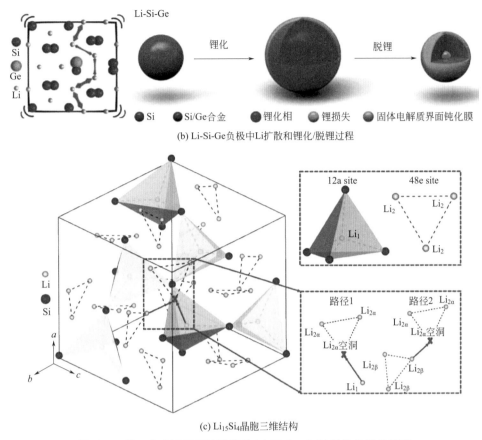

(b) Li-Si-Ge 负极中 Li 扩散和锂化/脱锂过程

(c) Li$_{15}$Si$_4$ 晶胞三维结构

图 3.5　基于密度泛函理论计算的 Li-Si-Ge 中 Li 扩散的能垒模型

# 3.2　动力电池负极纳米梯度结构

动力锂电池负极主要分为：①嵌入和脱离结构，譬如石墨和 TiO$_2$；②合金和去合金结构，譬如 Tin-Si 合金；③转化结构，譬如金属氧化物、金属硫化物、金属氟化物以及金属磷化物。放电形成的 LiC$_6$ 可以产生 372mA·h/g 理论容量，然而锂化石墨和有机电解质会发生不可逆反应，导致石墨片的剥离和电解质的分解/还原。利用 SEI 纳米保护膜或者其他纳米包裹技术，减少第一次循环过程中的碳酸乙烯分子，起到保护石墨和防止电解质分解的作用。未来的发展将主要集中在高功率石墨类负极及非石墨类高容量碳负极（软碳、硬碳等），以满足未来动力和高能电池的需求。新型碳结构，如碳纳米管、石墨烯，由于具有特殊的一维和二维柔性结构、优良的导热性和导电特性，降低其成本朝着高能量密度、高循环特性和低成本的方向发展。新型 $Li_4Ti_5O_{12}$（LTO）比石墨负极更加安全。通过纳米结构的 LTO、LTO 表面纳米包裹、LTO 纳米结构和导电结构复合三种策略，可以有效减少锂离子在颗粒内部的传输路径，并增加暴露的活性面，提高工作电流，加强了 LTO 和电解质之间的电荷传递，增强电池功率密度。Si 的理论容量达 $3572mA \cdot h/g$，但是体积膨胀可接近 $300\%$。通过多尺度 Si 基电极结构，如图 3.6（a）和（b）所示，可忍受更高机械应力，实现更高的能量密度。不过其体积膨胀和 SEI 不稳定问题至今仍没有很好解决，制约了其发展，其体积能量密度相对于石墨负极的优势不大。因此，人们想到用锂硫、锂-空气电池等设计思路来考虑及解决这个问题，如图 3.6（c）所示。

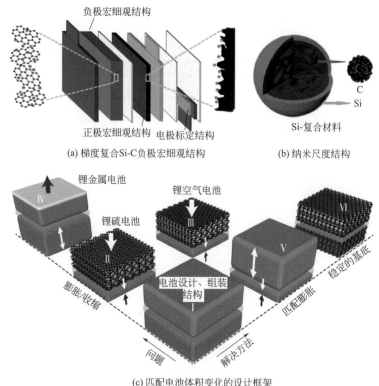

图 3.6　电池梯度复合结构负极设计

商用锂电池使用铜箔作为负极集流体。然而，将铜箔用于锂金属电池负极集流体时，其平面结构无法对锂负极的电荷分布和离子扩散实施有效调控，也不能缓冲锂负极在高锂负载时巨大且快速的体积变化，使负极面临的锂枝晶生长和体积膨胀等问题无法得到解决。与平面结构相比，三维结构可以提供大的表面积和充足的扩散通道来平衡电荷传输及传质速率，进而可以抑制锂枝晶生长。因此，研制三维铜集流体并探索其抑制锂枝晶功效对于锂金属电池的发展十分重要。近年来，已发展了多种三维铜集流体制备技术,包括化学去合金、电化学去合金、粉末焊接和表面纳米化技术等,为无枝晶金属锂负极的开发提供了多个新型集流体。然而目前报道的刚性的三维铜集流体不具备缓冲金属锂体积膨胀的能力,限制了金属锂的负载量。因此发展具有容纳高锂负载量、动态缓冲金属锂体积变化的三维铜集流体对于推动其实际应用有着重要的意义。

近年,人们提出构筑动态智能型多孔铜集流体的新策略。该结构中铜粒子通过物理作用相互堆积,形成了丰富的孔道结构。锂沉积量增加时,集流体通过调整铜粒子之间的间距来容纳更多的锂,展现出动态智能自适应的能力。该集流体在半电池、对称电池和全电池中均展现出抑制锂枝晶生长的特性和优异的稳定性。该结构通过自适应机制来容纳高容量的锂并缓冲其体积变化,其作用过程如图3.7(a)所示。在低金属锂负载量下,集流体的孔道和空隙的空间足够大,它的结构和体积不会产生变化。随着锂负载量的增加,锂的填充改变了铜颗粒间的距离及其相互作用,转换成由金属锂发挥黏合作用[图3.7(b)]。同时,大量金属锂的沉积所产生的应力驱动铜颗粒移动,导致集流体的体积发生膨胀。粒子和多孔结构能够诱导锂的均匀形核,并通过动态改变颗粒间距释放应力,成功地抑制了锂枝晶的生长和缓冲了体积的膨胀。此外,当锂剥离后,集流体恢复至原始厚度,保持了结构的完整性。能在锂沉积/溶解过程中适应大量金属锂的体积变化,抑制了枝晶锂的生长,保障了电池的安全性能。集流体采用辊涂法制备,其结构类似于大米、大豆和沙子等自然堆积形成的多孔结构。该集流体由100nm厚的3D多孔层和10nm厚的铜箔组成,如图3.7(c)～(f)所示。从该样品的SEM俯视图和截面图可以清楚地看到堆积结构中存在直径为5～100nm的孔,与压汞法所测得的结果一致。多孔铜粒子层紧密地黏附在铜箔上,展现出很高的柔韧性,使得这种集流体可以被任意弯折、裁剪和组装在电池中。

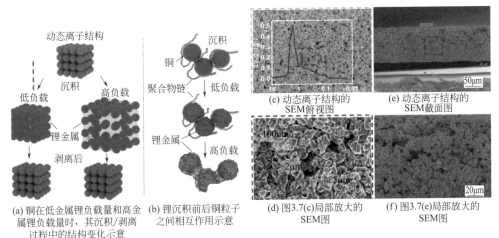

(a) 铜在低金属锂负载量和高金属锂负载量时,其沉积/剥离过程中的结构变化示意

(b) 锂沉积前后铜粒子之间相互作用示意

(c) 动态离子结构的SEM俯视图

(d) 图3.7(c)局部放大的SEM图

(e) 动态离子结构的SEM截面图

(f) 图3.7(e)局部放大的SEM图

图3.7 动态智能型多孔铜集流体的新策略

# 3.3 Li-O₂电池纳米梯度技术

使用固态氧元素，由于具备更轻的重量并且自带防止过度充电机制，因此较锂-空气电池较锂离子电池具有明显优势，有望在新能源车辆领域推广，解决续航里程以及电池安全问题。对于新能源车辆来说，由于优异的综合性能，锂-空气电池（Lithium-air Battery，Li-O₂B）被认为是有前景的纳米能源。但锂-空气电池本身存在着缺陷，如电量以热能的形式流失，而且电池降解速度快。由于使用开路电池的纳米结构设计，锂-空气电池需要昂贵的辅助设施来吸入并排出氧气，这与传统的密闭锂离子电池大相径庭。只有锂-空气电池新设计体系能解决所有的问题，它可使用封闭结构，并能优化锂-空气电池的轻量化结构，且克服了锂-空气电池的缺点。锂的能量密度较高，活性好，锂-空气电池是基于金属与空气的化学能转换电能的电池。电池由诱导氧化锂的阳极和氧气阴极组成。基于核壳非均质结构的 Li-O₂ 电池放电原理示意如图 3.8 所示。锂-空气电池比容量明显高于锂离子电池，这是因为充电后锂-空气电池的 $Li_2O_2$ 和 LiOH 等比容量，远大于锂离子电池的 LiCoO₂。非水溶性 Li-O₂ 电池由 Li 金属负极、电解质和正极组成，理论能量密度高达 $3623W \cdot h/kg$。

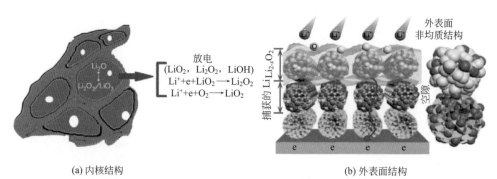

(a) 内核结构　　　　　　　　　　　　(b) 外表面结构

图 3.8　基于核壳非均质结构的 Li-O₂ 电池放电原理示意

## 3.3.1 锂-空气电池反应机理

锂-空气电池的反应机理关键缺陷是电池充电与放电时电压的不匹配。电池的输出电压比充电时的电压要低 1.5V，这意味着在每一次完整充电过程中，都会产生巨大的能量损失。在充电时，约 30% 的电量以热量的形式流失。如果充电速度过快，它会自燃。在放电过程中，锂-空气电池从外界吸收氧气，并与电池中的锂产生反应。在充电过程中，则产生相反的反应，氧被重新释放到空气中。科学家设计了新电池，在充电与放电过程中，锂元素与氧气进行同样反应，但整个过程中不需氧元素的气态变化；相反，氧元素一直以固态形势存在，并可在三种氧化还原状态中直接切换，产生三种不同的固体化合物——氧化锂（$Li_2O$）、过氧化锂（$Li_2O_2$）以及超氧化锂（$LiO_2$）。锂-空气电池反应原理如图3.9所示。电压损耗情况可提升5倍，从1.5V减为0.3V，仅有6%的电能被转换成了热量。这意味着车辆快速充电的电池发烫热失控问题会解决，不再构成安全隐患，而且电池的能源效率得到了保障。此外，新电池还解决了锂-空气电池的另一问题。由于在充电与放电过程中，反应使氧以气态及固态的形式存在，当氧经历巨大体积变化时，会扰乱电池内部的电传导路径，严重损害了电池的寿命。新型电池纳米技术创建纳米尺度的微结构，纳米微结构包含锂与氧，并紧紧被包围在氧化钴（Cobalt Oxide）的结构晶体里。在这种形态下，氧化锂、过氧化锂以及超氧化锂的转换完全以固态形式发生。由于通常状态下，纳米锂氧非常不稳定，所以科学家将它们放入氧化钴的纳米晶体之中。氧化钴晶体是类似海绵状的多孔结构，每隔几纳米就有一个气孔。氧化钴一方面可稳定住纳米锂氧；另一方面可充当反应的催化剂。传统电池不能处理潮湿以及二氧化碳问题，锂-空气电池使用的输入型空气需要技术处理，需要大型辅助系统来除湿以及排除二氧化碳，这非常困难。但新电池不需处理吸入气体，这个困扰锂-空气电池的问题迎刃而解。

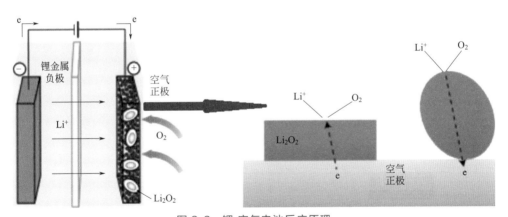

图3.9　锂-空气电池反应原理

新型电池自身存在过度充电的保护机制，在过度充电情况下，反应可以实现自我约束。一旦过度充电情况发生，物质马上转变成另外一种形态，从而使反应中止。传统电池在过度充电的情况下，可能会导致不可逆转的结构损害，甚至爆炸。但是，对于新型纳米电池，连续过度充电15天，可达锂离子电池容量的10倍。在循环负荷试验中，新型电池的实验室完成了120次充电-放电的循环测试，整个过程仅有2%的能量损失，这意味着这种电池或将拥有长寿命。此外，这种电池使用非常方便，它可以像传统的固态锂离子电池那样使用，而且不需要锂-空气电池的各种辅助设备，可快捷方便应用于新能源车辆领域。另外，由于固态氧阴极比传统锂离子电池阴极重量还要轻，因此，在同样的阴极重量之下，新型电池能量存储能力可增加2倍。在新纳米电池的整个反应过程中，不添加其他昂贵物质或结构。该技术会推动电池纳米技术的迅猛发展。在这个系统中，碳酸盐基电解质与过氧化物溶剂的匹配工作效果非常好。而且，在这个电池封闭系统空间，不会产生气态氧，这令人印象深刻。在整个循环过程中，阴极所有活跃物质都是固态的，这不仅意味着能量密度提高，且与现有电池具备好的兼容性。

## 3.3.2 锂-空气电池的厚电极设计

在众多锂电池中，可充电锂-空气电池（包括 $Li-O_2$ 和 $Li-CO_2$ 电池等）因其高预测比能量被认为是下一代 LBs 有前景的储能技术之一。然而，作为一项新兴的技术，现有的锂-空气电池在实际应用前还面临着许多问题，如有机电解质在工作条件下不稳定、充放电过程中存在巨大的过电位、绝缘产物 $Li_2O_2$ 的积累以及离子/电子/$O_2$ 通过电极的竞争传输等。不像其他锂电池，锂-空气电池的氧还原反应（ORR）和氧析出反应（HER）是三相反应。因此，锂-空气电极首先应该具有有利于氧气透过的开放多孔结构以促进 $O_2$ 循环和缩短 $O_2$ 溶解的扩散距离。另外，锂-空气电极还应该具有离子/电子的双导电网络。然后则是需要解决不溶的绝缘 ORR 产物 $Li_2O_2$ 对电池的钝化问题等。因此，理想的锂-空气电极应该能够为 ORR 和 OER 过程提供足够且均匀的活性位点，以确保稳定的循环性能和高能量密度。目前有两种类型模块能够构建无支撑的导电渗流网络：一种是基于 1D 材料，如碳纤维（CF）和 CNT；另一种则通常为基于石墨烯的 2D 材料。这两种材料都具有良好的导电性、大的比表面积和高的长径比等优点，易于形成坚固的导电渗流网络。尤其对于 1D 材料渗流网络而言，自然形成的孔结构能够提高 $O_2$ 的透气性 ［图 3.10(a)］。另外，对于 2D 材料基的 2D 渗流网络，多孔石墨烯是首选，因为它大大增强了氧的渗流性和离子电导性 ［图 3.10(b)］。这两种导电渗流网络在厚的锂-空气电极中应用面临的挑战直接关系到电极中电解质的状态。由于导电渗流网络的单峰或近似单峰的孔径分布，电解质和空气必须共享孔结构进行离子和气体的输运。理想情况下，电解液只需润湿导管渗流网络而不堵塞孔隙，保证了气体通道良好，活性位点分布均匀。然而，在现实中，导电渗流网络的单峰孔隙结构加上重力的作用，很容易导致厚电极中电解质的局部泛洪，从而导致反应界面反应活性不均匀，能量密度恶化。为了彻底解决气体、电解质相互竞争的输运问题，构建能够分离气体与电解质通道（如双通道电极设计）的锂-空气电极受到了人们广泛关注。双通道设计应该具有双峰或多模态的孔径大小分布。较小的孔被用来吸附和保留电解质，而较大的孔则被用来设计成无电解液，其只用于空气流的快速通过[图 3.10(c)]。使用 3D 导电的碳框架（要么具有多级孔结构，要么是人工引入的低维构建模块），可容易获得这种三通道电极，如图 3.10(d) 所示。3D 打印是构筑多级孔电极的一种典型方法，它使研究者可灵活地制备孔径及分布良好通道的锂-空气电极结构。

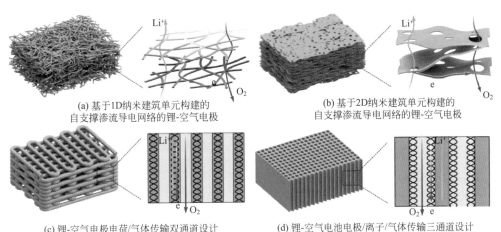

(a) 基于 1D 纳米建筑单元构建的
自支撑渗流导电网络的锂-空气电极

(b) 基于 2D 纳米建筑单元构建的
自支撑渗流导电网络的锂-空气电极

(c) 锂-空气电极电荷/气体传输双通道设计

(d) 锂-空气电池电极/离子/气体传输三通道设计

图 3.10　不同的锂-空气厚电极设计及相应的传质（电子/离子/气体）路径

动力电池向着高能量密度、高功率密度、长寿命、高安全、宽温度、低成本的方向发展，各国相继发布国家层面的技术发展规划，争相布局动力电池和新体系电池。采用高镍三元正极材料与硅碳负极材料的高能量密度动力电池技术可能成为行业共识。

（1）高镍三元电池　通过双元/多元复合掺杂、表面梯度非活性包覆物和活性包覆物、小粒径单晶结构设计和大小颗粒材料混合使用，提高了材料的综合性能。采用高性能前驱体，优化烧结工艺并经过特殊水洗和表面处理工序，合成的梯度球高镍材料，具有残锂低、杂质低、加工性能好、容量高、循环性能优异等特点。单晶材料主要向高镍化、低钴化、高电压化三个方面发展，通过多次烧结工艺生产。开发的高镍单晶材料具有较好的循环寿命、使用寿命以及安全性能。

（2）镍钴锰材料　锰的加入稳定了晶体结构，改善了循环性与热稳定性，提升了材料的综合性能。量产的镍钴锰材料具有循环性能、储存性能较好和产气少等特点，镍钴锰电池正极的应用流程如图 3.11 所示。

（3）高镍多元材料　铝和锰的共掺杂可抑制过渡金属元素的溶出及其后续对负极表面固体电解质相界面（SEI）膜的破坏，提升材料长期循环的颗粒结构稳定性；铝元素的引入提高了材料的热稳定性。

（4）高镍无钴电池　利用前驱体共沉淀合成工艺，合成了粒度结晶度高并且材料内部排列有序的前驱体。采用低成本的双元素掺杂替代钴元素，辅以特殊的表面洗涤和包覆工艺，改善了材料的电化学性能。高性能隔膜涂层的改性隔膜可改善隔膜的表面张力，降低隔膜与极片的界面阻抗，提高隔膜的吸/保液性能；充放电过程中涂层能够保持隔膜的完整性，可有效防止正负极之间的短路现象，提高电池使用的安全性能。新体系固态电池可开展高离子电导率、宽窗口和高离子迁移数的插层复合固态电解质及卤化物固态电解质的研究。

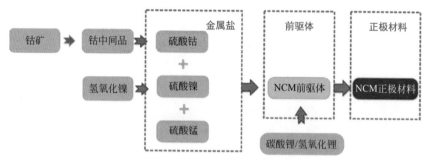

图 3.11　镍钴锰电池正极的应用流程

# 3.4　梯度结构电池储能技术

人类未来要步入可再生与可持续能源迅猛发展的时代，力求脱离化石能源。例如，将风能与太阳能储存在锂电池里，用来给新能源车提供持续动力。但对于锂离子电池而言，目前，三元（$LiNi_xCo_yMn_{1-x-y}$）和富锂电极（Mn 基）具有较大纳米技术研究潜力和广阔的应用前景。

以 $LiNi_{1/2}Mn_{3/2}O_4$、$xLi_2MnO_3$ 和（$1-x$）$LiNi_{1/3}Co_{1/3}Mn_{1/3}O_2$ 为正极，高容量 Si 基为负极的锂离子电池，有很大的潜力成为新型新能源车辆动力电池。纳米技术为锂离子电池以及锂-空气电池的容量、寿命与安全性的不断提高，发挥了重要作用。因此，三元镍钴锰、富锂锰基钒基等性能优异的复合正极等可能是未来锂电池正极的主流。对锂-空气电池而言，当人们解决了金属锂枝晶和安全上的问题时，锂金属很可能成为锂电池的最终负极。从能量密度逐年增长的角度考虑，发展趋势是用高容量、高电压、新纳米结构电池提高新能源车辆续航能力。

未来的挑战存在于以下方面，对于锂离子电池而言，例如，进一步减小 $LiFePO_4$ 和 $Li_4Ti_5O_{12}$ 正极纳米结构尺寸，充分利用纳米尺度效应和非局部纳米力学效应，提高锂离子和电子的传递性能，减少活性表面和电解质的接触，抑制副反应，并使得电池总体结构能够适应纳米电极较大的体积变化，这些都将是迫切需要解决的技术难题。对于锂-空气电池而言，负极方面，要不断稳定 Li 负极和电解质界面，持续减少副反应和枝晶。正极方面，人们研发对导电性差的 $Li_2O_2$ 电池进行梯度纳米包裹技术，并用纳米能源技术和复合多孔结构，不断提高锂-空气电池能量效率和循环寿命。

在三元梯度结构电极中，元素的含量由颗粒中心到外层呈现一种连续的梯度分布，保证了成分的梯度缓慢变化，没有明显界面。核心部分的富镍组成逐步过渡到外壳的富锰组成的复合电极。从里到外有浓度梯度差异，梯度电极具有优秀的热稳定性和高倍率性能。该技术的面临挑战是，在前驱体高温焙烧的环境下，如何合理保证成分梯度，各金属原子不发生扩散迁移；充放电多周后电池是否会存在电压衰减；电极先后加入不同溶液和溶液的反应时间等问题会影响电极的成分和分布。三元梯度正极 $Li(Ni_xMn_yCo_z)O_2$(NMC)$(x+y+z=1)$ 具有较高理论容量。通过两种离子半径不同的离子（$Ti^{4+}$ 和 $Sn^{4+}$）对 $Li_2RuO_3$ 掺杂，观察两者 100 周后的放电曲线，对比两者的电压衰减程度，可以观察到半径越大的过渡金属离子能更加有效地抑制控制电压衰减现象，因为结构中的四面体间隙无法锁住半径大的离子，如图 3.12(a) 所示。可推测高电压层状正极电压衰减与其结构中的四面间隙阳离子数量有着密切的关系，选择 $Ti^{4+}$ 和 $Sn^{4+}$，是因为它们都没有 d 轨道的自由电子，并且离子半径都不大，可明显观察到阳离子在晶格内部的迁移现象，并且这两种离子都不具备晶体场分裂，即 d 轨道分裂。$Li_2Ru_xM(1-x)O_3$ 是类似富锂锰基中 $Li_2MnO_3$ 的层状结构，如图 3.12(b) 中的超晶格部分，可看出明显的层状结构。通过观察，得到这种电压衰减与掺入离子的半径有直接的关系，如果半径越小，就越容易发生迁移，也就越容易被四面体间隙所捕获然后锁住，随着保留在四面体间隙中的金属离子越来越多，这样就会产生比较严重的电压衰减。阳离子的迁移是这种高电压结构的内在本质现象，而所产生的不断下降的放电电压与金属离子被困在四面体间隙中有着直接的关系，然而这种四面体间隙占位是一种必要的存在，因为它能稳定发生了锂离子脱出后的本体结构。若要控制电压衰减，可换一种更大离子半径的离子，不过也要相应牺牲能量密度。如图 3.12(b) 所示，这种结构的好处

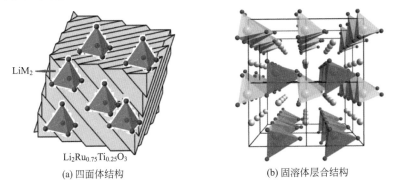

(a) 四面体结构          (b) 固溶体层合结构

图 3.12　四面体与固溶体层状氧化物的复合结构

是，既结合了富锂的高比容量，又能继承尖晶石镍锰酸锂的优异的倍率性能，因为这种尖晶石结构能够提供三维的锂离子脱嵌通道，快速运输锂离子，而普通的三元结构只有二维的扩散空间，速度与之相差很远，因此这个结构的优势明显。其缺点是电池电化学的电势窗口过大，稳定性较差，尖晶石镍锰酸锂相变耐久性差，很难调和标定成品振实密度过低与高质量能量密度之间的关系。

# 3.5　动力电池的电芯一致性

　　基于新能源车辆的发展趋势，动力电池迅猛增长。虽然太阳能和风能等更环保，但它们存在间歇性、可靠性问题，无法满足持续供应。以锂电池为代表的电化学储能设备，显示出巨大潜力，可通过调整供应需求实现储能。锂动力电池电芯的一致性是锂动力电池的重要特征参数。同一锂动力电池模组内的多个锂动力电池电芯的每个特征参数，期望在小范围内，即标准要求范围，可称为锂动力电池电芯的一致性好。锂动力电池电芯在其生命周期内一致性特性参数如下。

　　（1）容量一致性　按照锂动力电池电芯的寿命衡量标准，电芯可用容量和寿命紧密联系在一起。电芯容量作为电芯分组初选的重要参数，是电芯不一致的重要参数。造成电芯容量不一致的原因很多，并且多数都是制造过程的原因。由锂动力电池电芯组成的锂动力电池模组，其容量符合"木桶原理"，如图3.13所示，即最差的那个锂动力电池电芯的容量决定整个锂动力电池模组的充放电能力及寿命。

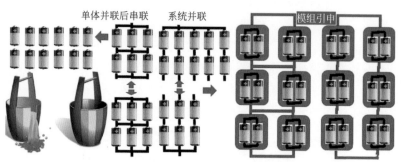

图3.13　基于电芯一致性的动力电池串并联模组遵循"木桶原理"

　　电池需求量的飙升，表征了电池健康状况的实时监测对于提高电池性能的重要性。通过耦合先进的光纤传感技术和电池技术，在锂离子电池中获取了大量的化学、热和机械信息，从而能够优化电池使用策略，延长电池的循环时间。电池循环过程中副反应会导致例如固体电解质界面的不受控制生长、电极开裂、金属溶解和锂析出。这些现象不仅对电池性能有害，而且检测能力不足也会导致依赖不完善的数据来建立电池的安全循环条件。在实验室中，已经开发了多种表征技术来解开电池中蕴含的基础科学，然而这些分析技术依赖于特殊设备和电池设计，无法直接在商业化电池中使用。对动力电池宏观结构模型监测构成了当今电池管理系统的基本数据元素，如图 3.14 所示。关于电池梯度结构跨尺度设计（本质上控制电池化学和寿命），目前不是直接在电池水平上测量，而是在模块水平上测量，如图 3.15 所示。电池级传感器将能够监测化学-物理-热指标，这将能够获取更准确的充电状态和健康状态以及故障指标。尽管实现电池的绿色发展还有很长的路要走，但希望在可持续发展的理念下思考电池的设计、生产、服务和管理，从整个电池价值链的整体视角出发，将激发研究者进一步合作，以加速可持续、高性能、经济和安全的电池的研发，如图 3.16 所示。

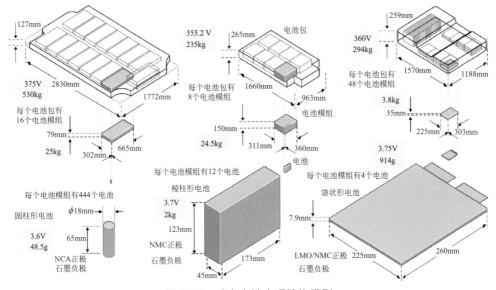

图 3.14  动力电池宏观结构模型

安全是电池可持续性的一个重要方面，当电池发生热失控时，特别是由于易燃有机电解质内部短路导致的事故是不希望发生的。传统的灭火剂，如水或干粉，无法有效扑灭锂电池火灾。使用不易燃电解质，无论是液体还是固体，都可能是提高安全性的实用解决方案。为避免与高浓度氟化锂盐相关的高成本和潜在毒性，使用低成本和环保材料开发具有低盐浓度的高压水系电解质是有前景的解决方案。电池循环结束时的梯次利用是可持续发展循环中的薄弱环节。动力电池绿色循环梯次利用如图 3.17 所示。这需要变革性的梯次利用技术，防止污染气体和废渣的释放，实现回收。同时，电池材料的梯次利用会将电池剥离到其电极和电解质组件上，以供重复使用，电解质的性质（液体与固体）以及与电极相关的界面决定了分离的容易程度。

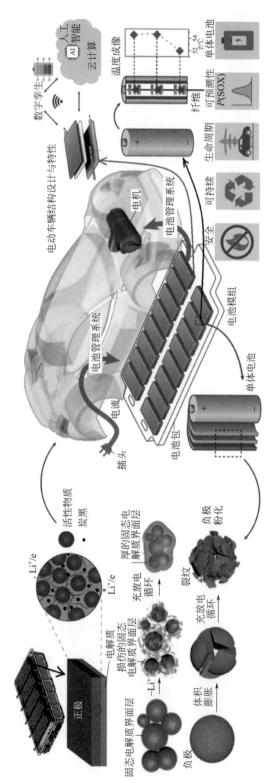

图 3.15　动力电池宏细观跨尺度全生命周期设计思路

新能源车辆燃料电池-动力系统设计与控制

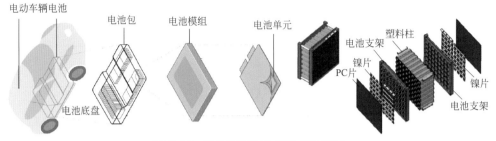

图 3.16　电动车辆电池底盘设计思路

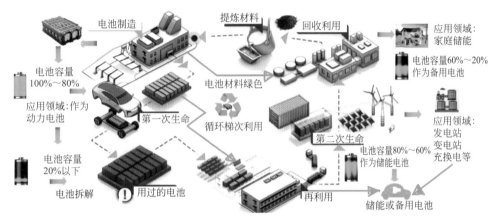

图 3.17　动力电池绿色循环梯次利用

（2）电压一致性　锂动力电池电芯在化成后，经历同样的充放电过程，并静置足够长的时间，在同样的环境温度下，当锂动力电池电芯充电到相同 SOC，测量其开路电压，此时体现出来的电压差，就是锂动力电池电芯的电压不一致性。在锂动力电池充放电过程中，电压值是该锂动力电池热力学和动力学状态的综合反映，既受锂动力电池生产过程中各工序工艺条件的影响，又受锂动力电池充放电过程中电流、温度、时间和使用过程中偶然因素的影响，因而锂动力电池模组内各个锂动力电池电芯的电压值不可能完全一样。高比能电池的应用尽管在过去取得了进展，但传统锂电池技术的能量密度达极限。锂金属作为负极与固态电解质结合使用时，会提供高能量密度。正极钴酸锂（$LiCoO_2$）因其高能量密度而继续在便携式电子电池市场占主导地位，而少钴甚至无钴的正极化学物质，如 $LiNi_x Mn_y Co_z O_2$（NMC）、$LiNi_x Co_y Al_z O_2$（NCA）和 $LiFePO_4$（LFP）广泛用于电动汽车。

新能源车辆主要零部件系统所需矿产资源如表 3.2 所示。新型正极也得到深入研究，但其寿命相对较短且能量效率较低。新型电池的应用旨在从需要稀有元素（如锂和钴）转向使用更丰富元素的电池是一个重要的研究方向。此外，正在研究从海水中提取锂的方法，以解决长期的锂供应危机，特别是对于无法获得锂储量的地区。钠离子电池被誉为锂离子电池的潜在替代品之一，钠离子电池已进入市场。锌电池是规模储能应用的另一个竞争者，在成本、安全性、容量和化学稳定性以及环境合规性方面具有优势，因此，它们有可能满足关键的可持续性、性能及新业态要求。动力电池资产管理新业态如图 3.18 所示。

表 3.2　新能源车辆主要零部件系统所需矿产资源

| 主要零部件系统 | 所需主要矿产资源 |
| --- | --- |
| 动力电池 | 锂、镍、钴、锰、铁、铝、磷、硅、铅、石墨、钛 |
| 电机 | 稀土、镓、铁、铜、铝 |
| 电控系统 | 钯、金、铟、锗、银 |
| 车身 | 镁、铁、铝 |

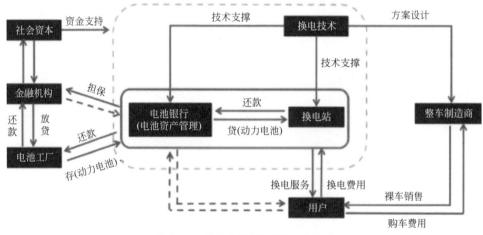

图 3.18　动力电池资产管理新业态

（3）内阻一致性　锂动力电池电芯的内阻是其功率特性的重要表征，也是锂动力电池电芯成组后电芯性能参数进一步离散化的原因之一。锂动力电池电芯的内阻不一致可以造成温升不一致，是引发其他参数进一步离散化的原因。不同内阻的锂动力电池电芯，在流过相同的电流时，内阻大的锂动力电池电芯发热量相对比较多。电芯温升高，造成电芯的劣化速度加快，导致内阻进一步升高，形成负反馈，使高内阻电芯加速老化。

（4）寿命一致性　锂动力电池电芯寿命一致性的另外一层含义是锂动力电池失效时间一致，并不一定是容量小的锂动力电池电芯或工作条件恶劣的锂动力电池电芯先达到寿命的终点。每个锂动力电池电芯从出厂开始，其抗衰老的能力是存在差异。锂动力电池模组的寿命是由寿命最短的那个锂动力电池电芯决定的，在锂动力电池模组中，容量小的锂动力电池电芯每次都是满充满放，导致先到达寿命终点，对于锂动力电池模组，一个锂动力电池电芯寿命终结，锂动力电池模组也就跟着寿终正寝。动力电池将目前对化石燃料的依赖转变为更可持续的电力供应。从电池的生命周期来看，当前电池所需的原材料稀缺且很少可持续供应，当前的电池制造和废旧电池处理也非可持续。锂电池可持续性的挑战贯穿其整个生命周期：从原材料的可用性和加工，到电池设计和制造，再到电池应用和报废，这意味着仅通过单独解决锂电池在其生命周期的特定阶段的可持续性，缓慢进展。退役动力电池拆解过程成本构成分析如图 3.19 所示。须采用整体和系统的方法来制定可行及真正可持续的解决方案。研究表明，只有在整个工艺链中的每个单个组件的设计和制造都符合可持续性原则，并且使用的资源及设备配置都通过以下技术选择时，电池才是可持续的。因此，应将环境、经济和社会可持续性发展考虑纳入电池的生命周期，不断提升综合能力。电池状态估计逻辑架构如图 3.20 所示。

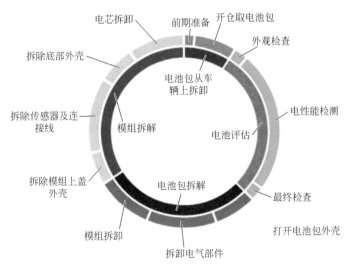

图 3.19　退役动力电池拆解过程成本构成分析

（5）温度特性一致性　对于锂动力电池，除了直接影响发热的内阻因素外，其内部电化学物质制造过程中形成的不一致，对发热量也会产生影响。每个锂动力电池在锂动力电池模组中所处位置不同，造成其散热条件的差异，也会导致锂动力电池电芯温升不一致。锂动力电池模组内的温度分布对其性能与循环寿命是有影响的，平均温度越低，温度不均匀程度越高，锂动力电池模组内的锂动力电池放电深度的不一致性越高。平均温度越高，温度不均匀程度越高，锂动力电池模组的循环寿命越短。值得注意的是，不均匀的温度分布会导致并联支路间电流分配不均，从而恶化锂动力电池性能。

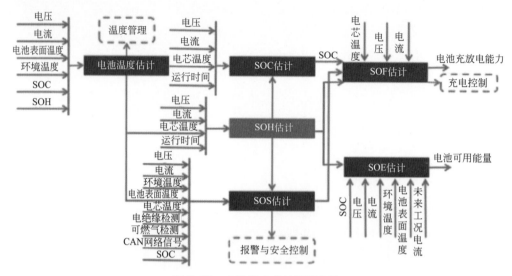

图 3.20　电池状态估计逻辑架构

# 第4章
# 新能源车辆动力电池纳米结构设计

能源是推动人类社会进步的重要物质基础，目前环境问题日益严峻和化石能源储量日益枯竭，难以满足人类不断增长的可持续能源需求。这时候，纳米能源将为人类获取、运输、储存、分配和管理可持续清洁能源带来了曙光。为适应能源的可持续发展战略，发展对环境友好且可持续的能源技术，科学家投入大量精力和时间做了很多工作。目前纳米电池技术为新能源车辆应用、动力电能储存与能源管理体系等起到了推动作用。本章分别在纳米电池技术层面和能源战略层面，根据纳米电池技术对新能源车辆动力电池可持续环境能源系统的推动与促进作用，进行系统深入的讨论与分析，并展望纳米电池技术今后在可持续能源新能源车辆中的战略应用。尤其是对电动车辆动力纳米电池技术推动发展进行探讨，将动力电池与新能源车辆能源战略有机结合是特色。通过力学-化学理论和能源战略前景的讨论，并结合新能源技术和能源政策，力求为电池能源技术在电动车辆上的发展，提供科学技术支持和战略政策的合理布局。

全球人口不断增加，能源需求日益扩大，汽柴油价格上浮，气候变化和环境问题日益严重，如何保护我们赖以生存的地球家园，迫在眉睫。自工业革命和能源革命以来，尤其是2023年以来，化石能源燃烧带来大量温室气体排放，譬如$CO_2$、$CH_4$、$N_2O$及含氟气体等。而温室效应可能导致大量干旱、洪灾、海平面上升、厄尔尼诺现象、雾霾及诸多环境灾难。科学家和企业界必须坚持不懈地开发清洁能源，这是人类社会发展的共识、当务之急和根本战略政策。根据目前情况，未来交通能源，将依赖纳米电池技术实现新能源车辆的全面发展和战略布局。目前人们关心的问题是清洁能源新能源车辆动力电池续航里程，作为新能源车辆动力的"心脏"，动力电池容量与寿命出现衰减等问题，则需要维修或换新电池组，费用高，这让新能源车辆具有的成本、节能与环保等优势衰减，因为电池成本占新能源车辆整车价格的 1/3~1/2。目前，新能源车辆技术问题中 80% 因动力电池引发。由于在新能源车辆动力锂电池组中，单体电池在生产中存在个体差异，在使用中老化程度也不一样。如果在充电过程中措施不当，这种差异将被累积扩大，导致整体电池性能与寿命严重缩水。当前新能源车辆的各种快-慢充充电桩的技术水平不同，技术标准也不统一，也对电池寿命造成致命影响。安全、高效与耐用的动力电池是新能源车辆应用的主要方向。锂动力电池是目前主流的能源技术，新能源车辆动力电池的技术体系如图 4.1 所示。动力电池是复杂系统工程技术，满足比能量要求只是

| 2020年 | 2025年 | 2030年 |
|---|---|---|

| 能量型锂离子电池 | | 新体系电池 |
|---|---|---|

| 2020年达到<br>比能量：单体350W•h/kg<br>　　　　系统260W•h/kg<br>能量密度：单体650W•h/L<br>　　　　　系统320W•h/L<br>比功率：单体1000W/kg<br>　　　　系统700W/kg<br>寿命：单体4000次/10年<br>　　　系统3000次/10年 | 2025年达到<br>比能量：单体400W•h/kg<br>　　　　系统300W•h/kg<br>能量密度：单体800W•h/L<br>　　　　　系统500W•h/L<br>比功率：单体1000W/kg<br>　　　　系统700W/kg<br>寿命：单体4500次/12年<br>　　　系统3500次/12年 | 2030年达到<br>比能量：单体500W•h/kg<br>　　　　系统350W•h/kg<br>能量密度：单体100W•h/L<br>　　　　　系统700W•h/L<br>比功率：单体1000W/kg<br>　　　　系统700W/kg<br>寿命：单体5000次/15年<br>　　　系统4000次/15年 |
|---|---|---|

**比能量的提升：**

| 基于现有高容量材料体系、优化电极结构、提高活性物质负载量 | 应用新型材料体系、提高电池工作电压 | 优化新型材料体系，使用新型电池结构 |
|---|---|---|

**寿命的提升：**

| 开发长寿命正负极材料、提升电解液纯度并开发添加剂、优化电极设计、优化生产工艺与环境控制 | 采用电极界面沉积、开发新体系锂盐、优化生产工艺与环境控制 | 引入固态电解质，优化固液界面 |
|---|---|---|

**安全性的提升：**

| 新型隔膜、新型电解液、电极安全涂层、优化电池设计 | 新型隔膜、新型电解液、电极安全涂层、优化电池设计 | 固液电解质结合技术、新型材料体系 |
|---|---|---|

**成本的控制：**

| 优化设计、提升制造水平 | 新材料应用、新制造工艺和设备 | 新型材料体系、新型制造工艺路线 |
|---|---|---|

(a) 动力电池体系沿革

(b) 传统能源车辆与新能源车辆动力系统对比

(c) 新能源车辆及充电桩

(d) 新能源车辆充电枪

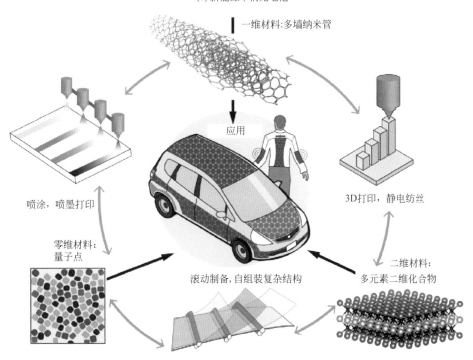

(e) 纳米能源的材料结构、制备工艺及新能源车辆应用

图 4.1

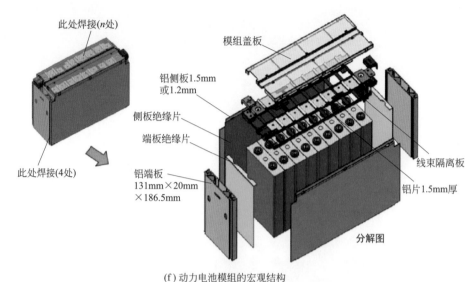

图 4.1　新能源车辆动力电池的技术体系

条件之一，其他充放电倍率、功率、寿命、安全性等也至关重要。因此，在实现高比能量目标的基础上，充分利用新能源技术，发展与提高电池综合性能指标是大家的共识，这需要全球科学界和企业界等投入更多的时间、精力和成本等。

# 4.1　动力电池纳米结构电极

　　基于化学-物理-力学理论的新能源技术，在过去十年里取得了许多进步，并且在未来可持续能源领域的重要性越发显现。纳米能源技术、纳米尺度设计、分析和制备方法等，拓展和开阔了人们对动力电池的力学、物理与化学等理论的新认识和新视野。目前动力电池纳米结构多以石墨为负极，以 Li-M-O 为正极〔譬如 $LiNi_xCo_yMn_zO_2$（NMC）、$LiMn_2O_4$、$LiFePO_4$ 和 $Li_4Ti_5O_{12}$〕，锂离子电池已在新能源车辆上使用。其问题在于：负极电势高，能量密度较低。就锂离子电池负极而言，有 Si 和 Li 金属等电极。Si 电极的理论比容量是目前石墨的 10 多倍（Si 为 $4200mA \cdot h/g$，石墨为 $372mA \cdot h/g$），但是 Si 电极体积变化大，导致其力学性能与寿命较差。Li 金属电极比容量接近 $3860mA \cdot h/g$，作为锂电池负极有潜力，但其主要问题在于枝晶产生导致循环库伦效率低，使用寿命短。对锂电池正极而言，$LiNi_xCo_yMn_zO_2$ 实现 $250mA \cdot h/g$ 的比容量，但是力学-化学稳定性较差。动力电池应用潜力大的还有 S 正极（比容量约 $1700mA \cdot h/g$）Li-S 电池和 $O_2$ 正极（比容量约 $1900mA \cdot h/g$）$Li-O_2$ 电池等。但是 Li-S 电池和 $Li-O_2$ 电池均存在稳定性差与使用寿命短等问题，目前仍在实验室阶段向动力电池产品的研发推进阶段。新能源车辆动力电池的技术发展架构如图 4.2 所示，该图展示了新能源车辆动力电

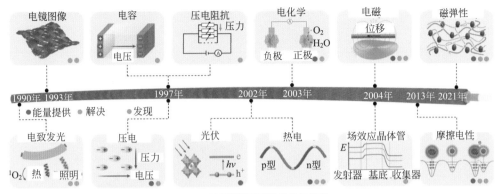

(a) 能源基础理论的发展沿革

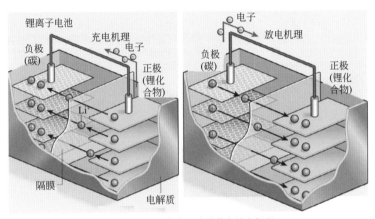

(b) 动力锂离子电池的充放电机理

(c) 动力锂电池的发展沿革

图 4.2 新能源车辆动力电池的技术发展架构

池的能源格局，描绘了动力电池的近期、中期和远期发展策略与目标。近年来，科学家基于纳米电池技术开发了一系列正极、负极以及综合性能解决方案，对新能源车辆动力电池的发展起到重要推动作用。除了 Li 离子电池之外，Na 离子电池、Al 离子电池和 Mg 离子电池等也在不断迅速开发。动力电池的代表元素及其结构对比示意如图 4.3 所示，这反映了全球哪些元素与矿石战略资源将成为未来动力电池的新增长点和亮点。

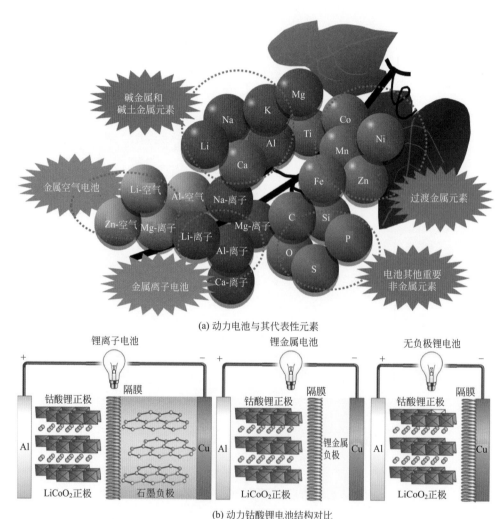

(a) 动力电池与其代表性元素

(b) 动力钴酸锂电池结构对比

图 4.3　动力电池的代表性元素及其结构对比示意

新能源车辆动力锂离子电池工作原理是依靠锂离子在正极（磷酸铁锂、钴酸锂、锰酸锂、三元等）与石墨、硅等负极之间摇椅式往复移动（嵌入和脱嵌）来实现电池的充放电过程。基于宏细观结构的新能源车辆动力电池跨尺度对比分析，如

图 4.4 所示。然而目前商用动力锂离子电池仍存在能量密度低、制造成本高、资金投入大等问题，制约了动力电池和新能源车辆产业的发展。目前某些动力电池直接采用新能源硅铝合金作为电池负极和集流体，替代了传统锂离子电池的石墨负极和铜箔集流体；正极采用目前常见的商用钴酸锂、磷酸铁锂、三元电极等，电解质采用碳酸酯类溶剂。充电时，锂离子从正极中脱嵌出来，运动到负极表面，形成锂合金；放电时，锂离子从锂合金中脱出，又嵌入正极中。这种纳米结构电极不仅有效降低电池自重和体积，提高能量密度，而且降低了制造成本，同时具有广泛的普适性。这些动力电池纳米电极技术具有产业化前景，并有望改变现有全球新能源车辆动力电池产业战略格局。

影响动力电池纳米特性的因素为纳米电解质的电导率、界面阻抗与 SEI 膜等，这些因素综合作用影响电池的性能。提高电池各组分的电导率或导电性，包括选择导电性更好的活性物质、优化电解质成分、改善负极 SEI 膜成分、抑制正极表面物质的溶出等，可降低电池整体的阻抗，对于电池纳米特性有所帮助。锂电池对温度的适应性类似人体一样，过高、过低的温度都不利于其发挥最佳功能。因此，选择合适的纳米结构、优化设计新能源电极、匹配合适的电动车辆，才能充分发挥动力电池的综合性能。在电池新能源电极内，只有离子-电子流入和流出活性物质的

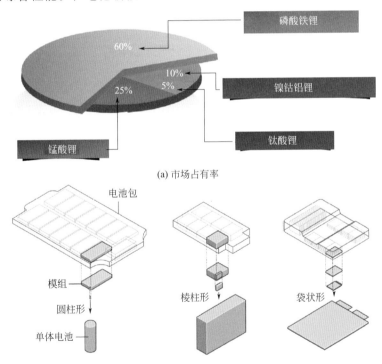

(a) 市场占有率

(b) 电池包-电池模组-单体电池宏观结构

图 4.4

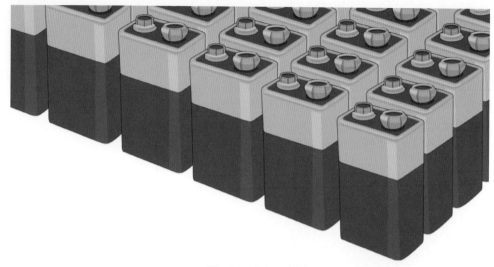

(c) 棱柱形电池模组宏观结构

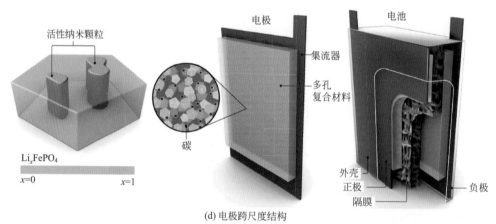

活性纳米颗粒

电极

电池

集流器

多孔
复合材料

$Li_xFePO_4$

$x=0$　　　$x=1$

碳

外壳
正极
隔膜

负极

(d) 电极跨尺度结构

图 4.4　基于宏细观结构的新能源车辆动力电池跨尺度对比分析

速度快，才能持续快速地进行充-放电过程。传统技术大多用薄膜包裹电极，然而，使用薄膜限制了电池中所能植入的活性物质的数量。为了研制出高性能电池，人们增加活性物质的厚度，但牺牲了快速充-放电特性，以换取电池储存更多的能量，平衡动力电池的综合性能。根据电池电极的力学-化学耦合机理，为了保持新能源电极的力学-化学耦合稳定性，在力学-化学-耦合理论层面，若设计与制备出新型三维非均质结构，就可能为新能源车辆动力电池提供强大的电能储存，如图 4.5 所示。新能源非均质结构能够缓解电极应力-应变梯度，减小晶格应力与应力扩散，降低电极体积变形，保证电极与催化剂匹配的催化活性，是理想的力学-化学耦合性能较好匹配的纳米结构设计方法，值得后续加大新方法研究和新思路拓展的力度。在电极结构设计领域，基于新能源非均质结构的力学-化学耦合设计，将起到

(a) 动力电池电极非均质宏观结构

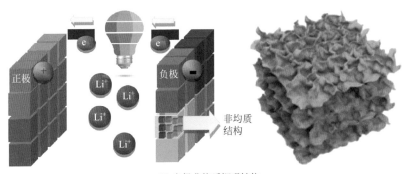

(b) 电极非均质细观结构

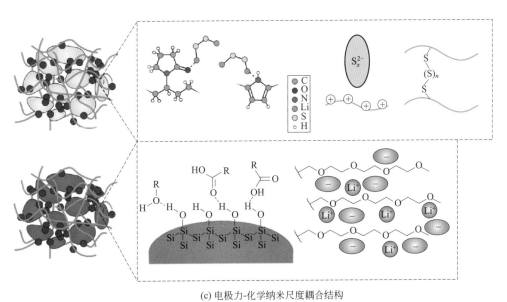

(c) 电极力-化学纳米尺度耦合结构

图 4.5　动力电池非均质纳米电极耦合结构

事半功倍的效果。因为应用动力电池电极的初心和科学本质就是设计与制备电极力学-化学的耦合稳定性结构，及时释放应力，保持催化活性等。以确保电池综合性能稳定，尽力克服或延缓自放电、衰退与热失控等动力电池的本身特有的缺陷，才能在电池寿命周期内比肩传统化石能源，才有可能成为可持续环境能源的主流技术。电极力学-化学耦合纳米结构越稳定，动力电池新能源电极的综合性能就越好，这是科学界的共识。

如果在力学-化学理论层面进一步深入研究，可以优化设计电池梯度活性物质，活性物质由梯度非均质结构组成，如图4.6所示。将活性物质放入新能源电极中，

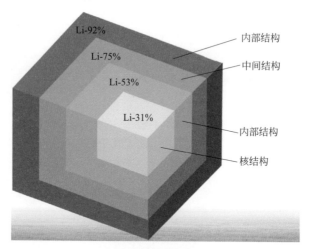

(a) 结构非均质模型

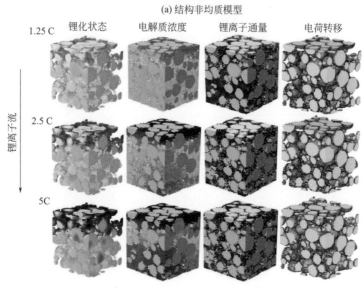

(b) 循环放电过程结构变化动态模型

图 4.6 非均质新能源梯度电极动态演化结构

新能源梯度结构使活性物质上的离子和电子能够快速运动，应力得到释放，温度变化也得到缓解，可提供稳定的动态能量。同时，新能源梯度大面积表面区域应力集中较小，使得更多的活性物质顺利进入电极，这比传统薄膜包裹所允许的要多，因此增加了能量的储存，这无疑是一个有价值且有意义的纳米结构设计方案。将新能源电极结构非均质梯度过渡，缓解应力集中和温度梯度，使得离子-电子在新能源梯度结构电极上的流动性很好，降低电极非均匀应力-应变，显著减小充-放电过程的电极体积剧烈变化。新能源梯度三维结构提升了离子和电子的流动性，缓解了应力-应变梯度效应，减小了电极体积变化，充分体现了新能源尺度效应的电极设计思路，显著增加动力电池能量，这是一个值得推广的设计思路。以往梯度结构设计来自热能-电能转换，缓解应力-温度等因素的影响。未来推广到化学能-热能-电能综合动力电池结构的动力电池的新设计思路中，将使得动力电池的力学-化学耦合稳定性大大增强，这对新能源车辆动力电池保持稳定与可持续的能量输出是至关重要的。

目前，电极是新能源车辆动力锂电池核心技术。动力电池电极具有体系多元化、需求个性化和市场多变化等特点。目前动力电池正极主要有锰酸锂、磷酸铁锂、镍钴锰酸锂等。锰酸锂纳米结构电极具有低成本、安全性能优异等特点，但该正极比容量低、高温循环差。磷酸铁锂纳米结构电极具备高安全和循环稳定等特点。镍钴锰酸锂纳米结构电极具有比能量高和倍率高等特点。综合来看，未来动力电池的电极的主要趋势为，在保证电池安全性能的前提下，提升动力电池的能量密度，充电时间更短。人们要求动力电池电极技术要对新能源车辆产业化应用进行全盘战略政策考虑。科学家和企业界将优化设计动力电池在续航里程、成本、安全、寿命与管理等方面的特性，并使得动力电池与新能源车辆综合匹配，力求确保电极开发、设计、验证和制造满足新能源车辆动力电池可持续发展应用和安全。

# 4.2　纳米电催化剂力学-化学耦合机制

纳米电池技术与可再生能源相结合，通过电催化实现能源转化、传输与存储等的纳米电池技术是取代传统化石能源，减少环境排放，获得新型动力电池的重要技术。电催化纳米电池技术是电催化能源转化、传输与存储的核心技术，起到了提高能量转化效率和纳米结构优化设计的至关重要的作用。科学家设计和发展新型新能源电催化剂，是目前电催化新能源技术的当务之急。以纳米结构设计为代表的电催化剂在动力电池等能源领域的重要性不言而喻。设计新型新能源系统提升电催化剂的催化活性的主要策略之一，就是调控催化纳米结构的力学-化学耦合特性的平衡问题。通过压缩或者拉伸的晶格应力调控电极纳米结构之间的距离，同时调控电极核壳纳米结构以平衡对催化活性的适应，电极通过充放电过程调控电催化活性与电极晶格的应力-化学平衡设计思路，如图 4.7 所示。通过应力调控电极新能源催化剂的晶格应力的代表性方法有二。一是利用新能源核壳结构中的晶格不匹配产生应力。但该技术局限性在于：要么不同金属原子之间发生电荷转移；要么表面稳定性发生变化，使得无法单独平衡和调控应力的作用。二是将催化剂沉积于基底上，通过外力或温度产生应力。但该技术局限在于：合适的基底非常少，绝大部分基底都不适合于新能源电催化结构。因此，为了提升新能源电催化活性，缓解催化剂的压缩和拉伸应力，开发灵活、有效与可调控的新型催化剂，显得尤为重要。离子在充放电插入或脱离电极的过程中，会导致电极体积和晶格间距发生变化。若能利用电池电极直接调控新能源催化剂的晶格应力与催化活性，将是理想的方案。目前比较好的方法是，以 LCO（$LiCoO_2$）为例，在 LCO 中，锂离子被八面体的 Co-O 面夹在中间。在充电过程中，一半的锂离子脱离，LCO 变成 $L_{0.5}CO$（$Li_{0.5}CoO_2$），Co-O 面带负电荷，相互之间发生很强的静电排斥作用，使晶格间距变大。在放电过程中，锂离子重新插入，$L_{0.5}CO$ 变回 LCO，晶格间距缩小到原来的大小。在充放电过程中，体积会发生 3%～5% 的微小变化，但是即使是这样微小的变化，所产生的应力也足以调控催化剂的活性。该设计思路充分考虑了调控过程中电极晶格应力与催化活性这两个力学-化学耦合特性的之间的平衡问题，保证电极与催化剂的力学稳定性和化学稳定性。

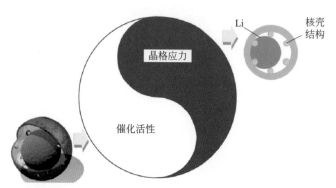

图 4.7　电极通过充放电调控电催化活性与电极晶格的应力-化学平衡设计思路

在化学层面，通过催化剂设计，增加活性位的数量或本征活性，是提高电催化能源转化的策略之一。力学-化学耦合理论结合电镜新能源尺度表征实验技术，成为新型催化剂设计的发展趋势。通过力学-化学耦合理论和实验表征的有机结合，加深和拓展对电催化机理的理解和掌握，优化设计出更高活性和寿命等的电催化剂，是未来全面实现可持续能源电池的挑战和机遇。研发电池催化剂、实验原位表征与力学-化学耦合分析技术，可有效提升动力电池的可持续催化活性和力学稳定性等。

# 4.3 纳米电池失效分析与控制策略

新能源车辆动力锂电池系统失效的发生原因之一，是电池纳米结构内短路所致。而从力学-化学耦合机理上，由于纳米失效机理还不完全清晰，目前电池技术的内短路还无法完全避免，只能通过纳米结构优化设计降低其发生的可能性。分析影响动力电池失效行为的总体因素的雷达示意（图 4.8），可比较全面地比较力学-化学-热学等耦合失效因素的理论作用。同时，在新能源车辆动力电池管理系统领域，电池组的散热远较单体电池困难，动力电池管理系统也更为复杂，动力电池组的有效性和可靠性等均远低于单个锂电池；动力电池的使用环境更恶劣，比如高低温、振动与碰撞等。动力电池虽然要求有高稳定性，但在电池生命周期的尾期问题、失效问题严重。电池纳米结构内短路与均匀发热的外短路不同的是，电池内短路是局部点的高温造成的，这时纳米结构积累了大量电能，电能虽然传输和储存，但是纳米结构本身的阻抗和体积结构，无法使得温度-热量和应力有效释放，导致局部高温，造成内短路。内短路风险评估主要包括低温析锂、负极金属沉积、充电析锂、微短路等。例如，在冬天低温的充电情况下，会出现析锂短路。此时，新能源析锂结构在电池充电时，在正极被氧化，变成离子进入溶液，在电场作用下移动到负极，并在负极表面得到电子被还原成金属，不断地长大，刺穿隔膜，形成内短路，表现为动力电池严重自放电或热失控。在电池充电过程中，存在析锂边界条件，例如温度、电流与电压等存在边界门限值。在不同温度与倍率下，电池充电电流高于边界门限值很危险。在电池充放电过程中，正负

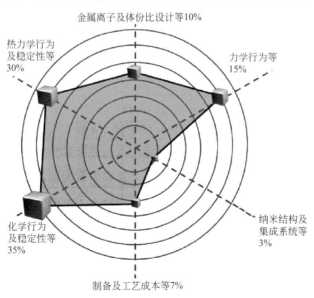

图 4.8　纳米电池力学-化学-热学的失效行为的主要影响因素分析雷达

极会有沉积效应，沉积效应使得循环充电后，也会造成内短路。动力电池损伤失效的本质是电池非均匀放热反应。纳米电池技术可减少或切断电池放热反应，纳米电池技术的应对策略包括：减少内部反应放热量、降低电池温度升高的速率、增强电池对外散热等。通过这些思路，缓解或优化电池放热反应，理论上动力电池就可以做得比较安全。

基于力学-化学耦合分析，LCO 在带电收缩和膨胀的过程中会将应力转移到负载于其上的 Pt 新能源颗粒上：对原始的 LCO-Pt 进行充电，LCO 晶格间距增大，对其中的 Pt 进行拉伸，从而产生拉伸应力；对 $L_{0.5}CO$-Pt 进行放电，晶格间距缩小到原来大小，对其中的 Pt 进行压缩，从而产生压缩应力。压缩应力使新能源催化剂的活性增加，拉伸应力使 Pt 新能源催化剂的活性降低。通过电极来控制新能源催化剂应力，并实现催化活性控制的策略具有良好的普适性，将有望拓展到 $MoS_2$、$TiO_2$、$Bi_2Se_3$、黑磷等电极上，并对于酸性电催化剂的性能调控起到良好的借鉴作用。虽然对电池固体物质动力学反应途径和相变反应的机理研究困难，但是这些信息对于设计电池比较重要。一些电极，例如 $LiFePO_4$ 与 $LiMn_{1.5}Ni_{0.5}O_4$，虽然在充放电过程中也存在两相转变的过程，但它们仍然能够在很高的倍率下正常工作，会导致体积变化，这会在晶体边界产生应力，导致失效，在脱锂的晶粒中会出现晶粒破碎的现象；虽然在脱锂过程中电极的宏观结构已经尽可能地保持均匀，但是实际上电极物相的分布仍然存在不均匀性。

# 4.4　纳米动力电池综合性能分析

近年来，纳米电池技术又有了进一步的发展，而新能源车辆动力电池又是时下大家关注的技术热点和亮点。纳米电池技术用于新能源车辆动力电池的优点如下。一是轻——能量密度高，能量密度的提升原因，首先使用的电解质更少、更薄；其次纳米电解质大多数拥有较宽的电化学窗口，因此其可以兼容更多高电压正极（比如高镍正极、镍锰尖晶石正极等）；全纳米电池良好的安全性、高电压化还可以让电池管理系统更为简化，提高装车的电池系统能量密度。高能量密度已经成为动力电池的发展方向，而在这方面，纳米电池有很大的发展空间和潜力。二是薄——体积小、体积能量密度高，对于动力电池来说，相对紧凑的体积非常重要。在传统锂离子电池中，隔膜和电解质加起来占据了电池中近 40% 的体积和 25% 的重量，而使用全纳米体系，有望将这一部分的占比降低。对于负极，若想要锂金属化，使用具有良好力学和化学稳定特性的固体电解质将有效可行，这可使电池能量密度与体积密度都得到提升。三是安全——可靠性好，一辆新能源车辆的电池用量是一个智能手机的千倍以上，电池使用量大。相比于智能手机电池，动力电池服役环境更为复杂，承受载荷更大，因此其安全性是重中之重。目前磷酸铁锂动力电池安全性好，能量密度却低。新能源车辆技术，要求提升动力电池能量密度，然而在电池高能量密度与倍率性提升的背景下，对于电池安全性能的要求却越来越强。锂枝晶生成，产生内短路，是电池失效的重要原因。而纳米电池有望从根本上解决锂枝晶生成、电极与电解质存在复杂反应等一系列问题，明显提升安全性和使用过程中的可靠性。动力电池电解质的可持续发展趋势和分类，如图4.9和图4.10所示。

(a) 电解质发展趋势

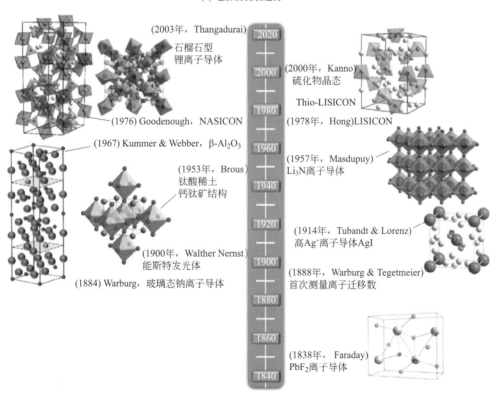

(b) 固态电解质基础理论发展树

图 4.9　动力电池固态电解质的可持续发展趋势

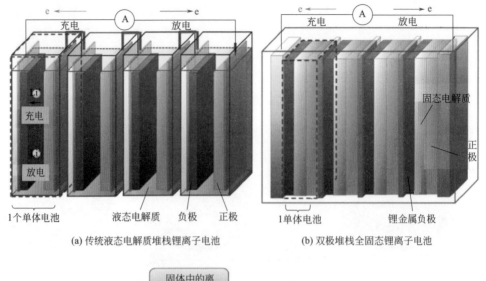

(a) 传统液态电解质堆栈锂离子电池　　　(b) 双极堆栈全固态锂离子电池

(c) 固态电解质分类

图 4.10　动力锂电池液-固态结构及固态电解质分类

固态电池作为动力电池的缺点，一是综合性能不稳定，相比于液态电解质，目前固态电解质的性能可靠性较差，固态动力电池工作温度要求要在 60～80℃，电解质室温下离子导电性能不佳，只好提高温度使用。这时，加热需要的能量来自自身的动力电池，因此会影响新能源车辆续航里程。冬天驾驶人不敢开空调取暖，是现在新能源车辆使用的实际的难题。二是界面不稳定，例如，传统锂离子电池，电解质与电极之间的界面会发生复杂的反应，而在此处是固-液界面，传质等过程总体来说比较顺畅。然而对于全固态电池，这个问题就变得比较麻烦。全固态电池在此处的界面是固-固状态，这里就涉及界面的润湿、热膨胀匹配等几个核心技术。而这些技术不单纯是科学层面上的挑战，如果固态电池用于新能源车辆，必须要解决从实验室到工业应用中的难题。比如，硫系电解质惧怕水汽，如果电池出现意外沾了水怎么办？很多固态电解质与锂金属电极并没有良好的润湿性，生成的界面接触不良，带来了很大的接触电阻。固态电解质电导率很高，但固-固界面接触电阻很大，因此，电池快速充电性能很难实现。另外，固态电解质匹配锂金属电极的综合性能会持续衰减，必须要进行改性或界面优化，才能实际应用。

对于全固态电池的研发来说，核心在固态电解质的优化与界面性能的调控。目前技术成本偏高，工艺不成熟，动力电池服役数据收集不全面。全固态电池是未来的重要发展方向已经是业内的共识，但是其技术离成熟还比较远，各家企业都在努力探索合适的制备技术。其实不难发现，全固态电池的电解质以固-固界面优化两个核心问题就足够让电池技术与传统锂离子电池产生大的差别。该技术仍不成熟，还处于探索阶段，目前只能小规模试制固态电池，所以固态电池想要大规模使用在新能源车辆上，在成本、工艺与规模效应方面还有很长的路要走。但是换个角度考虑，说明固态电池可能是动力电池的技术爆点和突破口。因此，目前已有相当多的工业巨头公司正积极从事这方面的技术开发。从液态电解液到全固态电池的发展沿革为，电解液中的电解质含量将逐步下降，从凝胶电解质逐渐向半固态发展，最终过渡到全固态电池。新能源车辆固态电池负极也将不断发展，可能实现动力电池预锂化负极近期能量密度目标 $350W \cdot h/kg$，锂金属负极远期目标 $500W \cdot h/kg$ 的愿景。实际上，实验室做出原型电池不难，但是量产能量密度为 $350W \cdot h/kg$ 的新能源车辆动力电池很难。目前，新能源车辆动力电池要接近 $400W \cdot h/kg$ 的目标难度较大，但是固态电池技术可能是为数稀少的有希望解决方案。

全固态电池技术是新能源车辆业界公认的未来重点发展的技术。电池能量密度理论提升主要靠着电极、电解质活性物质性能等提升来实现。但实际却是，电池系统加上管理系统、冷却系统、引线等，动力电池组实际能量密度会更进一步降低。例如，$LiCoO_2$ 理论比容量约是 $270mA \cdot h/g$，但动力 $LiCoO_2$ 电池组的容量只有约 $200mA \cdot h/g$。动力 $LiCoO_2$ 电池组应用还需解决高电压电解质、析氧与结构不可逆转等问题。固态 $LiCoO_2$ 电池组中 Li 金属负极的优点是电位低，高容量，重量轻。但是缺点同样明显，比如固相接触阻抗大，界面反应与效率低等。

# 4.5  纳米电池 SEI 膜

固体电解质界面膜（Solid Electrolyte Interface，SEI），即固体电解质的钝化膜层。目前商业锂电池的 SEI 膜是 $Li^+$ 的优良导体，能够让 $Li^+$ 在其中进行传输，进入石墨表面，进行脱嵌锂工作。同时又是良好的电子绝缘体，能够有效降低内部的短路概率，改善自放电。有效防止溶剂分子的共嵌入，避免了因溶剂分子共嵌入对电极造成的破坏，因而提高了电极的循环性能和使用寿命。但是，SEI 在形成过程中消耗了部分锂离子，使得首次充放电不可逆容量增加，降低了电极的充放电效率。在循环过程中，SEI 不断增长，消耗电解质，会造成容量的加速衰减。SEI 膜增加了界面的锂离子传输阻抗，降低了整个体系的动力学特性。SEI 膜形成于电池的首次充放电过程中，锂离子与溶剂、痕量水等在石墨表面形成的一层钝化膜，是一层包含高分子与无机盐的多空层。SEI 膜的一部分是在浸润电解质里边的。但是通过离子阻抗技术，可判断活性物质和电解质之间的平均 SEI 厚度。电池进行首次充放电是注满电解质的电池进行激活，这时候开始形成 SEI 膜。SEI 膜在首次充放电之后的几个循环内依然在生长。SEI 膜的生长受到电解质的量/成分、充电电压/电流、温度等因素的影响。SEI 膜在深度放电和高温时候，会增长变厚。在20℃时生成的 SEI 膜循环性能最好，这是因为此时形成的 SEI 膜致密、稳定，并且阻抗较低。在高温条件下，原来的 SEI 膜会遭到严重破坏，并在原来的膜上生成一层新的宏观膜，宏观膜并不能像 SEI 膜一样覆盖于整个碳颗粒的表面，结构也不完整，所以稳定性变差。高温条件下，原来的膜进行结构重整，膜的溶解与重新沉积使新的膜具有多孔纳米结构，从而使得电解质与电极产生充分接触并继续还原。动力电池 SEI 膜结构利用纳米电池技术的占比示意如图 4.11 所示，可见纳米技术在动力电池 SEI 膜的发展过程中越来越重要。目前在锂电池中采用合成保温技术，以改善电池的循环性能和优化电池的储存性能。在石墨表面积累的还原产物，降低了在 SEI 层孔隙大小，导致减缓了 Li$^+$ 的嵌入/脱嵌动力学特性。整个循

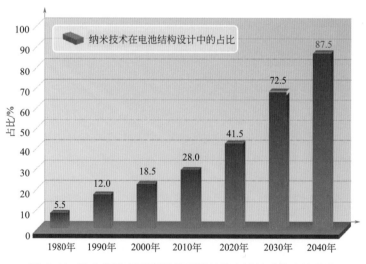

图 4.11 动力电池 SEI 膜结构利用纳米电池技术的占比示意

环过程中，SEI 膜不断变化，SEI 膜形成主要受到石墨、电解质（溶剂、锂盐）的影响。对于硅负极，在首次充放电的时候同样会形成 SEI 膜。但是因为硅负极在嵌锂之后，体积变化较大，内部产生硅裂纹，形成很多新表面，这些新表面与电解质接触，又会形成 SEI 膜，消耗 $Li^+$，导致很低的效率。例如，$LiMn_2O_4$ 循环过程中表面的 SEI 膜，由于正极高电势，有机电解质的还原产物不稳定，无机产物能够稳定存在，成为 SEI 膜的主要成分。理想的 SEI 膜应该有最小的电子阻抗和最大的离子阻抗。SEI 膜的形成应该尽量快，这样有利于 $Li^+$ 的嵌入。换句话说，SEI 膜的形成电压应该比 $Li^+$ 的嵌入电压稍高。理想的 SEI 膜应该是形貌和成分均匀。它包含 $Li_2CO_3$ 稳定沉淀物，与碳层粘接良好，富有弹性，以此来对抗变化的环境和易胀的活性物质。

# 4.6 新能源车辆纳米电池技术展望

本章提炼了新能源车辆动力电池技术发展的 5 个趋势和前景，如图 4.12 所示。新能源车辆发展趋势之一可能是混合动力过渡到纯电动驱动。到 2035 年，市场所售汽车的 30%～35% 都将拥有电池-电机。而目前商用电池-电机汽车较少，并且其中大部分汽车的动力能源是混合动力模式，很多车企过去投入新型动力能源技术，目前汽车的动力仍主要依赖于化石燃料。未来发展新能源车辆，需要借鉴增程与插电式混合动力等技术，不断提高节能效率和纯电动化将会是未来汽车的主流。另外，纳米电池技术导致动力电池乃至新能源车辆整车的轻量化，包括新能源车辆动力电池新能源轻量化设计、轻量化材料与结构技术。如果新能源车辆整车重量降低 10%，则能源效率可提高 6%～8%。为全球能源和环境保护的可持续发展，新能源车辆轻量化的大趋势已经势在必行，动力电池结合纳米电池技术轻量化设计理论，将会使节能效率提高，也会使动力电池成本下降。虽然新能源轻量化技术很有挑战性，但这也是科学家面临的重大创新机遇。新能源动态充电技术的原理是将新能源充电器件嵌入公路上，利用新能源磁电、压电和无线充电技术，根据磁畴翻转和电磁效应理论等，为行驶在公路上的新能源车辆持续不间断充电，这是理想的充电方式。但是目前该技术可能存在的缺陷是，若行驶所需要的电量大于相同时间内充电公路为新能源车辆充入的电量，这样就会让充电汽车陷入无法离开充电公路的窘境，所以充电公路的充电效率是亟待解决的问题。在短期内，新能源动态充电技术可能还不足以改变汽车工业结构，但随着汽车电动化进程的逐渐推进，长远来看，专用的充电公路能为新能源车辆提供动态能源补给的解决方案，新能源车辆在行驶过程中充电，将不再需要类似传统汽车加油站的新能源车辆充电桩，这将是未来动力电池新能源车辆相对于传统燃油车辆的显著优势。一旦该技术得以推广，就解决了新能源车辆的续航里程短、充电时间长的问题。世界通信与物联网公司正在迅猛进入新能源车辆行业，随着新能源技术的重要性越来越大，纳米电池技术带来的直观结果是，电动化、网联化与共享化的物联网公司能够给新能源车辆领域带来智能化与电动模式的创新，新能源车辆将由更少的部件构成，将由更简单的技术制造出来。对于通信与物联网公司进入汽车行业的强大催化剂是，现在新能源车辆中只有 1/3 的部件和传统汽车一样，这大大降低了新能源车辆行业的准入门槛。甚至由于物联网公司的电气化、网络化与模块化的优势，可以实施该类企业电动车技术的"弯道超车"，生产的新能源车辆的质量并不比传统汽车企业差，比如特斯拉，它并不是传统意义上的汽车公司。电池是新能源车辆最昂贵的元件。一般情况下，电池元件在多家不同工厂中生产。例如一家工厂负责使用原材料制造电极，另一家工厂负责组装单体电池，还有一家工厂负责组装电池组等。特斯拉的"超级电池工厂"将涵盖这些电池生产的所有环节，工厂将实现电池组成本的大幅下降，并加速电池组创新速度，未来这种企业会越来越多。未来趋势是智能网联汽车、飞行汽车、空间车辆和空间特种车辆等。到 2050 年，汽车及汽车产业都将变得不同，新能源车辆将会更智能与多样化。

图 4.12 新能源车辆动力电池的发展趋势示意

新能源车辆的未来目标是成为工作与生活相结合的智能车辆，如图 4.13 所示。智能网联汽车是动力电池应用智能、新能源与轻量化等技术，并结合云计算、边缘计算和物联网等技术，集成制作的汽车产品。人们用该汽车可实现云处理功能，将汽车连接上网络，就可用智能技术随时从外界调控自己需要的能源、资源或信息。人类通过智能网联汽车终端，在开车或在停车休息时，进行充电、保养、社交与办公等。智能网联汽车不仅是可持续工作中心、未来智能生活中心，而且充分体现环保、节能与安全的可持续环境能源战略的优势。动力锂电池全生命周期如图 4.14 所示。

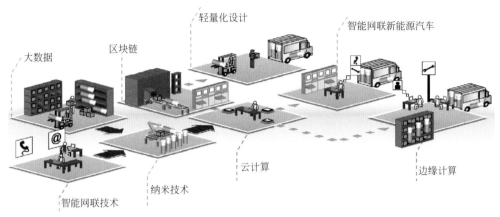

图 4.13　智能网联新能源车辆思路框架示意

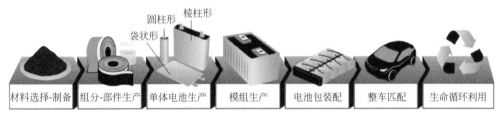

图 4.14　动力电池全生命周期

　　对新能源车辆整车研发机构来说，目前的政策和趋势是降低风险，并增加研发预算，同时进行技术的多元尝试。对于动力电池研发机构来说，目前的政策和趋势专注于核心纳米电池技术的深度研发。锂电池由于其多项优异的性能而受到重视，比如在锂离子的镶嵌及脱嵌过程中晶体结构能够保持高度的稳定性，晶格常数变化很小，延长了钛酸锂电池的循环寿命。钛酸锂具有尖晶石结构所特有的三维锂离子扩散通道，具有功率特性优异和高低温性能佳等优点。与碳极相比，钛酸锂的电位较高，这导致在电解质与碳负极表面上生长的固液层在钛酸锂表面基本上不形成。更重要的是在正常电池使用的电压范围内，锂枝晶在钛酸锂表面上难以生成，这就在很大程度上消除了由锂枝晶在电池内部形成短路的可能性。锂电池的主要优势为安全性、长寿命、高低温工作范围宽、高功率、低成本以及绿色环保，主要劣势为能量密度低。在当前各国政府大力倡导开发新能源及其相关产业政策的有力大环境下，如何推动新能源动力电池技术及在新能源车辆市场上的应用，对新能源电池科学界而言，机不可失，这无疑是纳米电池技术的井喷机遇期。如果错过该重大机遇期，那么纳米电池技术的实用化将被严重滞后，新能源领域的科学家必须抓住新能源车辆发展的机遇期，专注新能源技术开发，力求突破技术瓶颈。未来开发高容量、高电位的动力电池，提高能量密度是纳米电池的核心技术。但同时，必须对整个电池未来体系进行研究，如对高电位电解质和纳米电池等复杂技术进行研究。

　　科学家对开发新能源动力电池技术的不懈努力，将会促进新能源车辆工业的崛起，产生巨大的社会和经济效益。新能源车辆的动力电池使得电能-化学能-机械能不断合理转换，优化利用，不断提高能量利用效率和节能特性。另外，一个新的可持续能源思路是，新能源车辆动力纳米电池非常有应用价值，在新能源车辆上使用寿命用到80%以上，可以拆卸下来，进行梯次应用。例如，将该电池重新回收与技术处理，可用于晚间用电量不是高峰期的大型动力电池电站与电网，这是动力电池可持续能源利用与可持续环境发展的重要设计思路，如图4.15所示。这是可再生能源科学在全球工业界领域可持续环保应用的具有开发价值的新思路，也是绿色能源的战略政策可持续发展的新举措。人类在科学技术发展的进程中，将不忘初心，以环保节能和可持续发展的方式，规划和使用清洁可持续新能源车辆，减轻环境成本，并将降低人类对化石燃料和煤电固定电网的依赖。

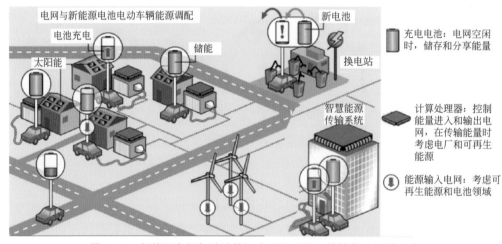

图 4.15　新能源车辆与清洁能源电网调配的可持续能源设计思路

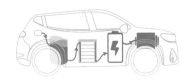

# 第 5 章
# 新能源车辆动力稳定-变速系统解耦控制策略

目前，我国汽车保有量增加迅速，尤其是新能源车辆发展迅猛。新能源车辆以新能源动力平台和智能解耦控制策略，支持智能、网联、电动、轻量化和共享等功能。新能源商用车辆智能解耦系统控制策略与逻辑思路如图 5.1 所示。新能源车辆

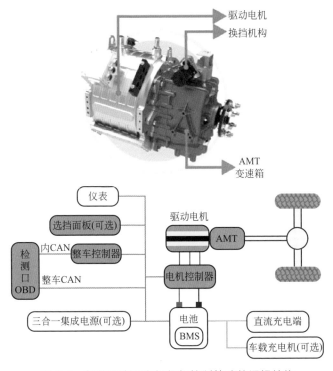

图 5.1 新能源商用车辆解耦控制策略的逻辑结构

通过电驱动线控稳定性（Electric Drive Wire Control Stability，EDWCS）系统对智能系统进行解耦控制，主要包括驾驶员、人机共驾和自动驾驶稳定控制策略等。智能控制效果不仅与系统输入的目标压力相关，而且与目标压力的控制频率等有关。将目标制动压力及其控制频率作为系统的增益调度智能控制策略逻辑参数与思路，如图5.2所示。

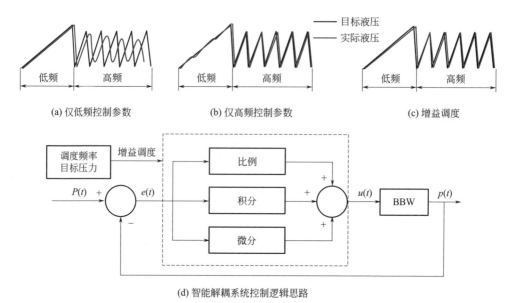

图5.2　新能源商用车辆智能解耦系统控制参数与逻辑思路

# 5.1　EDWCS制动系统解耦模型

新能源车辆EDWCS制动系统解耦模型根据目标压力的不同，从小到大设计一系列的目标压力值 $P_1$、$P_2$、$P_3$、$\cdots$、$P_n$，对应局部控制参数为 $(k_{p1}, k_{i1}, k_{d1})$、$(k_{p2}, k_{i2}, k_{d2})$、$\cdots$、$(k_{pn}, k_{in}, k_{dn})$。

$$k_p = \begin{cases} k_{p1}, P < \dfrac{P_1 + P_2}{2} \\ k_{pj}, P \in \left[ \dfrac{P_{j-1} + P_j}{2}, \dfrac{P_j + P_{j+1}}{2} \right] \\ k_{pn}, P \geqslant \dfrac{P_1 + P_2}{2} \end{cases} \tag{5.1}$$

$$k_i = \begin{cases} k_{i1}, P < \dfrac{P_1 + P_2}{2} \\[2mm] k_{ij}, P \in \left[\dfrac{P_{j-1} + P_j}{2}, \dfrac{P_j + P_{j+1}}{2}\right] \\[2mm] k_{in}, P \geqslant \dfrac{P_1 + P_2}{2} \end{cases} \tag{5.2}$$

$$k_d = \begin{cases} k_{d1}, P < \dfrac{P_1 + P_2}{2} \\[2mm] k_{dj}, P \in \left[\dfrac{P_{j-1} + P_j}{2}, \dfrac{P_j + P_{j+1}}{2}\right] \\[2mm] k_{dn}, P \geqslant \dfrac{P_1 + P_2}{2} \end{cases} \tag{5.3}$$

高频控制和低频控制也会对系统的压力控制产生影响，需要将两种控制模式的参数进行区别。

$$k_{pj} = \begin{cases} k_{pjl}, \text{低频控制模式} \\ k_{pjh}, \text{高频控制模式} \end{cases} \tag{5.4}$$

$$k_{ij} = \begin{cases} k_{ijl}, \text{低频控制模式} \\ k_{ijh}, \text{高频控制模式} \end{cases} \tag{5.5}$$

$$k_{dj} = \begin{cases} k_{djl}, \text{低频控制模式} \\ k_{djh}, \text{高频控制模式} \end{cases} \tag{5.6}$$

EDWCS 的制动系统主要由增减压阀、制动总泵、制动轮缸、制动管路组成，EDWCS 的制动系统模型如图 5.3 所示。

制动总泵选用某乘用车车型使用的中心阀双腔式制动总泵来建模，该制动总泵是量产标件，可靠性得到保证。制动总泵的前腔活塞在制动力的作用下推动弹簧阻尼元件，克服前后腔活塞之间的间隙。间隙消除后活塞需要克服等效弹簧的阻力继续向前移动。制动总泵前后腔活塞的运动方程为

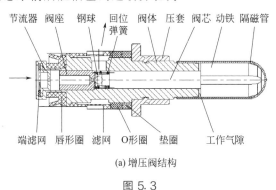

(a) 增压阀结构

图 5.3

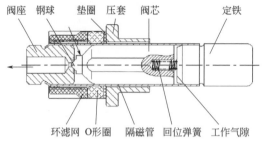

（b）减压阀结构

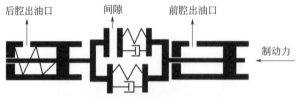

（c）制动总泵结构

（d）制动轮缸结构

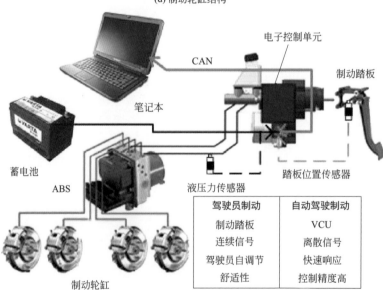

（e）总成逻辑结构

图 5.3 EDWCS 的制动系统模型

$$m_1 \frac{\mathrm{d}^2 x_1}{\mathrm{d}t^2} = -F_b + F_{y1} + F_{s1} + F_{d1}$$

$$m_2 \frac{\mathrm{d}^2 x_2}{\mathrm{d}t^2} = F_{s2} + F_{y2} - F_{s1} - F_{d1} \tag{5.7}$$

式中，$m_1$、$m_2$ 为制动总泵前后腔活塞的质量；$x_1$、$x_2$ 为两个活塞的位移；$F_b$ 为车轮的制动力；$F_{y1}$、$F_{y2}$ 为两个活塞上受到的压力；$F_{s1}$ 为作用在无间隙弹簧上的力；$F_{s2}$ 为作用在制动总泵后腔腔内弹簧上的力；$F_{d1}$ 为阻尼力。

无间隙弹簧受到的力和阻尼力为

$$F_{s1} = (x_1 - x_2 + G_1)k_1$$

$$F_{d1} = \left( \frac{\mathrm{d}x_1}{\mathrm{d}t} - \frac{\mathrm{d}x_2}{\mathrm{d}t} \right) f_1 \tag{5.8}$$

式中，$k_1$ 为无间隙弹簧的刚度；$f_1$ 为阻尼系数；$G_1$ 为弹簧预紧力。

制动总泵前后腔制动液流速方程为

$$q_1 = A_1 \frac{\mathrm{d}x_1}{\mathrm{d}t}$$

$$q_2 = A_2 \frac{\mathrm{d}x_2}{\mathrm{d}t} \tag{5.9}$$

式中，$q_1$、$q_2$ 为制动总泵前后腔制动液流速；$A_1$、$A_2$ 为制动总泵前后腔的有效面积。

制动轮缸受力的动态方程为

$$m_q \frac{\mathrm{d}^2 x_q}{\mathrm{d}t^2} = -F_z + F_{sq1}$$

$$F_{sq1} = (x_q + G_{q1})k_{q1} \tag{5.10}$$

式中，$m_q$ 为刹车钳的质量；$x_q$ 为刹车钳的位移；$F_z$ 为制动力；$F_{sq1}$ 为回位弹簧的力；$k_{q1}$ 为回位弹簧的刚度；$G_{q1}$ 为回位弹簧的预紧力。

制动液压在通过制动管路时有压降，尤其是在通过制动软管的时候，液压压降方程如下。

$$P_g = \xi \frac{L_g \rho v^2}{2D_g} \tag{5.11}$$

式中，$P_g$ 为液压压降；$\xi$ 为阻尼系数；$L_g$ 为制动管路的长度；$D_g$ 为制动管路直径；$v$ 为制动液在管路中的流速；$\rho$ 为密度。

制动控制模型基于比例-积分-微分（PID）控制算法。目标制动压力通过制动压力输入模型给出，真实的液压压力由压力传感器采集，通过目标制动压力与真实的液压压力的差值来做闭环控制进行调节。控制策略上，根据不同模式下目标制动压力输入和制动需求的不同，选择不同的控制参数和逻辑控制条件，控制逻辑框架，如图 5.4 所示。图 5.4 中 $P(t)$ 为驾驶员制动意图的反应，代表着制动总泵的目标制动压力；$p(t)$ 为制动总泵的实时制动压力；$u(t)$ 为电机控制的输入变量；$e(t)$ 为目标制动压力与实际制动压力的误差。逻辑控制约束条件用于 PID 控制的参数调整。该系统的控制策略和约束条件需要根据系统的控制精度、响应时间、目标制动压力输入特性和制动舒适性要求给出。由于驾驶员在制动压力调节上具有良好的自调节特性，因此驾驶员模式下线控稳定性系统的控制精度低于自动驾驶模式。如果控制精度太高，由驾驶员引起的踏板信号震动会导致敏感的刹车感觉和不必要的压力变化。

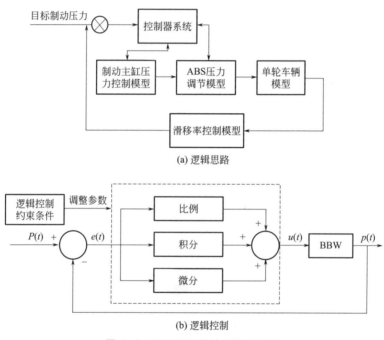

(a) 逻辑思路

(b) 逻辑控制

图 5.4　EDWCS 的控制逻辑框图

在自动驾驶模式中，EDWCS 的响应时间应该比驾驶员模式更短。该模式下系统对液压控制精度要求较高，但对舒适性的要求却降低了，约束关系为

$$s.t. \begin{cases} t_{auto} < t_{driver} < t_0 \\ e_{auto} < e_{driver} < e_0 \end{cases} \tag{5.12}$$

式中，$t_0$ 为系统最大制动压力值的阶跃响应时间；$t_{driver}$ 为驾驶员模式下的系统响应时间；$t_{auto}$ 为自动驾驶模式下的系统响应时间；$e_0$ 为系统控制误差最大值；$e_{driver}$ 为驾驶员模式下的系统误差；$e_{auto}$ 为自动驾驶模式下的系统误差。

# 5.2 基于驾驶员意图的稳定控制实验

新能源车辆驾驶员意图稳定性控制实验包括常规制动、紧急制动、失效保护、EDWCS 与传统真空助力器助力特性曲线对标实验等，EDWCS 原理如图 5.5(a)～(c) 所示。常规制动模式下，驾驶员正常踩踏制动踏板，踏板位置传感器反馈驾驶员制动意图，经过 ECU 内部计算，控制驱动电机对制动总泵建立制动液压。图 5.5(d) 显示了驾驶员常规制动的控制效果，从图中可以看出，系统的压力跟随效果良好，在整个制动过程中，执行机构响应迅速，压力控制平稳，控制误差较小。驾驶员踩踏制动踏板的抖动会引起系统一定程度的超调，在考虑制动平顺性和驾驶员的自调节特性的基础上，可以适当放大系统控制误差。紧急制动模式下驾驶员迅速踩下制动踏板，执行机构驱动电机对制动总泵建立制动液压。从实验结果来看，系统的响应时间在 300ms 左右，最大制动压力可以达到 13MPa 以上，驾驶员从踩下制动踏板到达到最大目标压力输出所用时间在 100ms 左右，如图 5.5(e) 所示。EDWCS 的最大制动压力和响应时间均可以达到乘用车要求。如图 5.5(f) 所示，在失效保护制动模式下，EDWCS 供电失效，本身不提供助力，制动踏板推杆与制动总泵活塞接触，制动总泵液压力由驾驶员直接提供，驾驶员可提供的制动压力约为 2MPa。如图 5.5(g)所示，考虑到驾驶员由真空助力器切换到线控稳定性系统制动时，由于长期的驾驶习惯的问题，变化太大的助力特性会引起驾驶员的驾驶不适感。对 EDWCS 需要和传统真空助力器特性曲线的对标实验进行测试。选用某乘用车的真空助力器作为比较对象。图 5.5(g) 中纵坐标为制动主缸的制动压力，横坐标为踏板操纵杆输入力。压力较小时，真空助力器液压力变化在初始阶段是阶跃响应，采用线性增压。

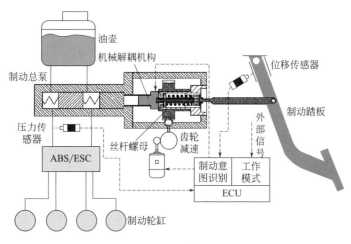

(a) EDWCS原理

图 5.5

(b) 基于EDWCS的轮毂模型

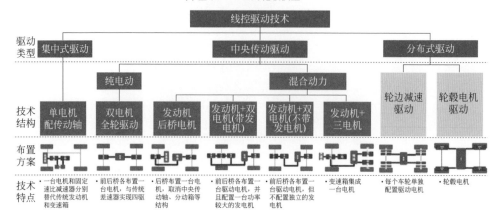

(c) 基于EDWCS的线控技术架构

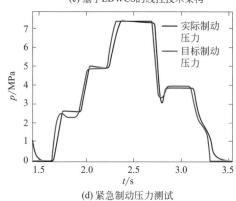

(d) 紧急制动压力测试

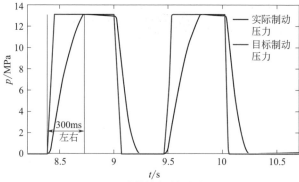

(e) 常规制动压力测试

新能源车辆燃料电池-动力系统设计与控制

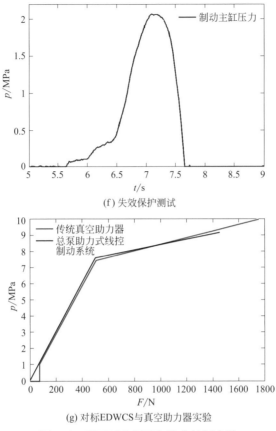

(f) 失效保护测试

(g) 对标EDWCS与真空助力器实验

图 5.5　EDWCS 原理与稳定控制实验

# 5.3　基于自动驾驶的稳定控制实验

  自动驾驶车辆对线控稳定性系统的要求为压力精准控制、响应迅速、具备主动制动等功能。本节内容针对自动驾驶车辆线控稳定性系统的需求进行测试，包括正弦函数控制和三角波函数控制。在实验过程中发现，如果用驾驶员模式下调整好的控制参数来控制自动驾驶模式下制动总泵的制动压力，系统的控制效果会有很大区别，自动驾驶模式下台架实验的控制器参数不同于驾驶员模式。随着自动驾驶技术的发展，场景模式下的自动驾驶技术应用广泛，场景模式下自动驾驶车辆的运动轨迹和场景比较固定，对线控稳定性系统往往需要周期性、规则性的控制。为测试EDWCS对周期性变化的目标制动压力输入的控制效果，进行了不同周期、不同均值、不同频率的正弦输入控制实验，实验结果如图 5.6 所示。图 5.6（a）为幅值2.5MPa、频率 0.5Hz、均值 2.5MPa 的正弦响应，图 5.6（b）为幅值 1MPa、频率

0.25Hz 和幅值 1.5MPa、频率 0.125Hz 的正弦响应。在一定波动幅度和控制频率内，EDWCS 可有效跟随正弦响应。

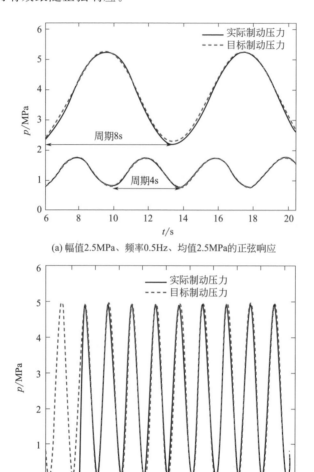

(a) 幅值2.5MPa、频率0.5Hz、均值2.5MPa的正弦响应

(b) 幅值1MPa、频率0.25Hz和幅值1.5MPa、频率0.125Hz的正弦响应

图 5.6　自动驾驶控制测试实验

## 5.4　自动驾驶模式与驾驶员模式下制动控制的对标实验

在自动驾驶模式下，驾驶员不再参与车辆的控制，车辆的加速、减速、转向等动作完全由上层控制系统决定，此时，对制动系统而言，最重要的是制动安全性，执行机构对制动总泵的压力控制要求是快速、精准。由驾驶员自身踩踏制动踏板所

引起的抖动问题不再存在，但系统目标压力的输入被离散化、制动响应时间和控制精度要求变高。通过调整液压控制参数，使制动系统的制动性能达到上述自动驾驶模式下的要求。在两种不同的驱动模式下，采用相同的控制方法和参数对制动总泵的制动压力进行控制，控制结果如图 5.7 所示。从图 5.7 中可以看出，系统的响应时间小于 200ms，自动驾驶模式下系统制动压力的最大控制误差为 10% 左右。自动驾驶模式下目标压力的输入是有一定的阶跃特点的，在一定范围内，系统的目标制动压力会发生突变。该系统可以快速跟踪目标压力，但液压力的波动变化并不平稳，系统的振动和噪声都会增加。如果使用满足自动驾驶模式制动要求的控制方法和模型参数去控制驾驶员模式的制动总泵液压压力，那么制动系统的制动性能无法满足驾驶员模式的制动需求。虽然制动总泵的压力控制误差变小，控制误差小于 5%，但系统的压力波动过于频繁，驾驶员模式下的制动舒适性变差。综合以上实验结果可以看出，为达到良好的控制效果，需要针对驾驶员模式和自动驾驶模式下

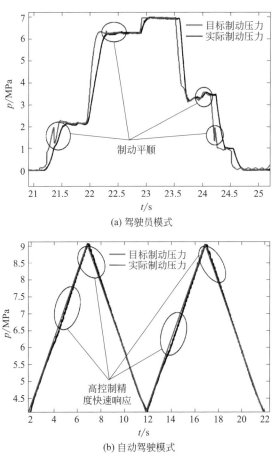

(a) 驾驶员模式

(b) 自动驾驶模式

图 5.7　制动总泵压力控制对标实验

车辆对制动系统目标输入特性和制动需求的不同调整控制系统的参数及策略。驾驶模式不同，制动系统的控制参数和控制策略也需要做出相应调整。驾驶员模式下，制动总泵目标压力是通过驾驶员踩踏制动踏板，制动踏板带动踏板位移传感器产生驾驶员制动意图信号获得的。自动驾驶模式下，制动总泵目标压力是用笔记本电脑将系统的制动意图通过 CAN 通信发送给线控稳定性系统的控制单元，控制单元通过内部计算，给出电机的驱动指令。制动总泵的液压控制在两种模式下都是独立的。两种驾驶模式下的主缸压力控制是独立的，根据车辆对制动响应时间、压力波动和控制精度的不同要求，对系统设置不同的控制参数。从实验结果可以看出：驾驶员模式下目标制动压力的输入信号是连续的，而自动驾驶模式下目标制动压力的输入信号是离散的，连续的输入和离散的输入会带来控制参数的设定差别。不同驾驶模式下的压力控制应该采用不同的控制参数，以达到对应模式对制动系统的性能要求。

## 5.5 新能源车辆变速系统解耦模型、功能需求分析与硬件开发

新能源车辆变速器的原理、结构及执行机构模型如图 5.8 所示，其主要由行星排、离合器、制动器以及差速器组成，行星架的太阳轮、行星架分别作为变速器输入轴、输出轴。动力最终从变速器输出轴传递到主减速器、差速器。电机通过一级齿轮减速，带动滚珠丝杠的螺母。螺母发生转动，由于丝杠被限制转动，使得丝杠发生平移。该装置相比电液控制机构具有结构简单、传递效率高、成本低、对工作环境要求低、响应快等优点。由于该变速器仅有两个挡位，相比传统汽车上的自动变速器普遍六个挡位或六个挡位以上（图 5.8），其换挡频率要低很多，如果没有锁止装置，在换挡结束后，电机要长时间处在工作状态。该执行机构设计了一套锁止机构，如图 5.8(d) 与图 5.8(f) 所示，其能够在制动带接合或离合器分离时锁止固定丝杠的位置。这样进一步减少了整个变速器的能耗，降低了对变速器控制器的要求。

对系统的功能需求进行分析是控制系统设计的第一步。与传统的 AMT（电控机械式自动变速器）或 DCT（双离合器自动变速器）的基本控制原理类似，TCU（变速器控制单元）需要根据驾驶员的操纵信号（加速踏板开度、制动踏板开度、挡位等信号）、车辆的运行状态（车速、电机转速、当前挡位、离合器和制动器执行机构的位置等）和道路状态（附着、坡度等）进行综合判断，推理出驾驶员的驾驶意图，并根据换挡控制策略判断出执行机构应该进行的动作，控制执行机构以及电机，实现车辆的自动换挡。从控制原理上分析，对 TCU 的功能需求进行分类，将其分为输入处理、内部处理和输出处理三个部分。针对这三个部分建立该变速器的控制系统的信息流，如图 5.9(a) 所示。系统的输入处理主要包含两方面：一是

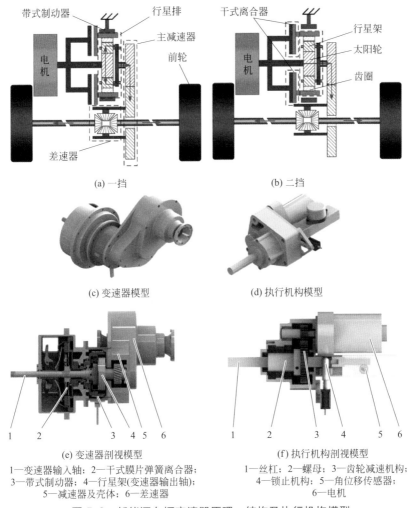

(a) 一挡　　　　　　　　　　　(b) 二挡

(c) 变速器模型　　　　　　　　(d) 执行机构模型

(e) 变速器剖视模型　　　　　　(f) 执行机构剖视模型

1—变速器输入轴；2—干式膜片弹簧离合器；
3—带式制动器；4—行星架(变速器输出轴)；
5—减速器及壳体；6—差速器

1—丝杠；2—螺母；3—齿轮减速机构；
4—锁止机构；5—角位移传感器；
6—电机

图 5.8　新能源车辆变速器原理、结构及执行机构模型

传感器的信号进行处理，如各个执行机构的位置、执行机构电机电流、输入输出轴转速等信息；二是各个模块的电源部分，使其能够稳定工作。系统的内部处理主要是控制算法、执行策略以及安全冗余处理等。系统的输出主要是如何输出离合器、制动器执行机构进行相应动作的控制量。在控制系统方案设计的基础上，对各个模块进行原理设计，得到各个模块的电路原理图。控制系统功能模块如图 5.9(b) 所示。控制系统的原理图和印制电路板（Printed Circuit Board，PCB）设计是在 Altium Designer 平台上进行的。PCB 选择 4 层布线，分为顶层、底层和两个中间层。顶层和底层为信号层，走信号线，中间层分别为地层和电源层。关键的信号尽量放置在顶层，线路尽可能缩短。三维 PCB 设计利于元器件的摆放均匀合理，以

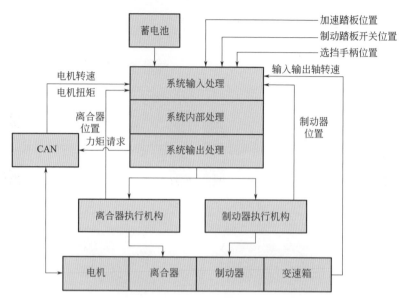

(a) 变速控制器信息流

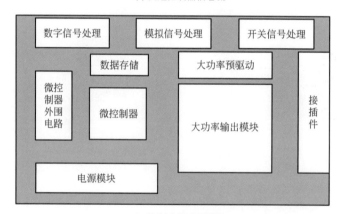

(b) 控制系统功能模块

(c) 变速器控制器三维模型    (d) 控制器PCB模块

图 5.9　变速器控制器

新能源车辆燃料电池-动力系统设计与控制

便生产时的安装、插针、焊接等操作，如图 5.9(c) 所示。根据系统的功能模块布置图设计的 PCB 模块，如图 5.9(d) 所示。

# 5.6　变速控制系统的软件开发

变速控制系统的软件包括上层控制、中层控制和底层控制三层结构，如图 5.10(a) 所示。上层控制包含了驾驶员的意图识别、路面坡度识别、最佳挡位判断等部分。驾驶员的意图识别和换挡点的判断都需要判断当前的路面情况。变速

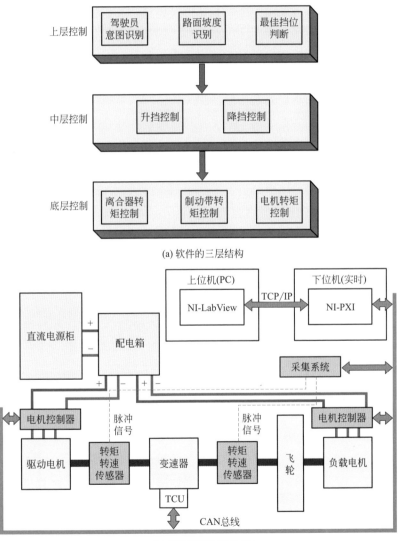

(a) 软件的三层结构

(b) 变速器实验总线结构

图 5.10　变速器控制系统软件结构与实验总线结构

控制系统根据传感器采集到的信息来判断路面的情况，例如坡度和附着。实际上汽车若没有高精度的传感器，例如坡度传感器或加速度传感器，那么需要通过路面识别算法来计算坡度和附着。在得到路面信息的基础上，通过车辆的运行状态（例如车速）以及驾驶员的操作信息，利用模糊推理模块得到驾驶员的意图，例如驾驶员希望急加速还是减速。根据驾驶员意图，可以用总线系统结合动态换挡规律或制动能量回收过程中的换挡规律得到最佳的挡位，如图 5.10(b) 所示。

变速器控制系统软件的上层控制结构将最佳挡位、路面坡度以及驾驶员意图发送到中层控制部分。如果最佳挡位与当前挡位不一致，需要进行升挡或降挡操作。中层控制的程序分为升挡控制和降挡控制两个模块，其根据驾驶员的意图和车辆的运行状态，综合换挡时间、换挡冲击、执行机构特性等目标，计算离合器、制动器和电机的转矩需求。转矩需求再发送到底层控制部分。前文提到了基于最优轨迹及控制序列的换挡过程控制算法，可以作为参考来修正中层控制。使得换挡过程中的车辆的冲击度尽可能的小，提高驾驶的平顺性；同时在换挡过程中注意保证摩擦元件的滑摩功不要太大，降低磨损，减少发热。底层控制分为离合器转矩控制、制动带转矩控制和电机转矩控制模块。在接收到离合器、制动器的需求转矩请求后，底层控制的离合器、制动带转矩控制模块先根据离合器和制动带的传递转矩特性计算出各自的期望位置。得到期望的位置后，根据当前的执行机构位置，计算出执行机构电机所需的电压，给出相应占空比的 PWM 波来控制电机驱动 MOSFET 的开断。要提高底层控制的准确性和快速性，一般采用 PID 控制算法。底层控制以控制位置误差和执行机构的电机电流作为反馈输入，通过 PID 算法控制得到 PWM 占空比输出。PID 算法要经过实验标定，使控制误差达到允许的范围。电机的转矩控制，可以将需求转矩用 CAN 通信发送给驱动电机的控制器来实现。在产品开发的过程中，为了测试样机的性能和 TCU 对样机的动态特性的实际控制效果，验证 TCU 的软硬件设计能够满足需求，必须进行台架实验以便在产品开发的前期发现设计上出现的问题和一些故障，为进一步的研发打下基础。变速器实验总线结构如图 5.10(b) 所示，其由直流电源柜、配电箱、驱动电机、负载电机、电机控制器、转矩转速传感器、变速器、采集系统、上位机和下位机等组成。上位机是 PC 主机，下位机为 NI 公司的 PXI 实时仿真平台。上位机运行在 LabView 环境下编写的采集程序，用户可以直接在上面监控各个传感器、电机控制器反馈回来的信息，进行相应的操作。下位机运行实时仿真模型，根据给定的循环工况得到该时刻驱动电机和负载电机的转矩，并通过 CAN 将指令发送到两台电机的控制器中；同时当TCU 根据当前转速决定升挡或降挡时，会将换挡指令、驱动电机转矩请求发送到下位机，下位机再将命令发送给电机控制器。上位机和下位机之间也需要彼此进行通信，两者通过网线相连，通信的方式是 TCP/IP（Transmission Control Proto-

# 5.7 电动车辆变速系统动态性能测试

变速系统驱动电机的功能是模拟电动汽车的驱动电机来给变速器的输入轴传递动力，驱动电机采用永磁同步电机，如图 5.11(a) 所示。驱动电机的额定功率为45kW，峰值功率为90kW；额定转速为3500r/min，最高转速为9500r/min；额定转矩为135N·m，最高转矩为265N·m；采用水冷方式。负载电机用来产生道路阻力（不包含飞轮产生的惯性阻力），模拟实际道路负载，负载电机也采用永磁同步电机，如图 5.11(b) 所示。负载电机峰值功率为65kW，额定功率为40kW；最高转速为2500r/min，额定转速为1600r/min；额定转矩为240N·m，峰值转矩为500N·m。由于负载电机扭矩更大，其直径相对也更大一些。两台电机通过 CAN总线与下位机相连进行通信。下位机可以通过 CAN 发送转速转矩请求给电机的控制器，也可以监控电机控制器的故障、内部冷却水温、转速等信息。转速转矩传感器的功能是把转速和转矩信息变成电信号，转矩的测量采用弹性应变测量技术，将转矩信号变成调频方波信号。转速测量的方式为光电齿盘式，当光电码盘转动时，通过光电开关能够形成一定周期宽度的脉冲信号，可根据码盘的齿数以及输出信号的频率计算出相应的转速。驱动电机端的转速转矩传感器的量程为500N·m，负载电机端的量程为2500N·m。两个传感器的测量精度均为 0.3%Fs，需要±12V供电。传感器产生的转矩频率输出信号范围均为5～15kHz，转速信号一个为60脉冲/r，一个为120脉冲/r。转矩和转速信号发送到采集系统中，采集系统测量频率信号的频率，通过计算得到相应的转速和转矩，然后通过 CAN 总线发送到下位机中。为了检验变速器的换挡过程，以及变速器通过制动器、离合器和电机的协调控制能否实现无动力中断换挡的功能，需要在台架上进行功能性实验。在功能性实验过程的初期，需要不断地对离合器和制动器的执行机构的底层控制进行调试，以使

(a) 驱动电机

(b) 负载电机

图 5.11 实验变速电机结构模型

得其更好地跟随给定的运动轨迹。在底层程序调整完成后，进行静态换挡实验。静态换挡实验完成后才能进行动态换挡实验。动态换挡实验需要不断地调整换挡过程的重叠部分以使其达到换挡品质目标，并从中找出工程上的相对好的控制方法。

图5.12(a)展示了根据跟随给定的循环工况时的车速变化。所谓的实际车速是根据变速器输出轴的转速，通过模型计算而来的。下位机根据实际车速和目标车速的偏差来计算驱动电机的转速和负载电机的转矩。可以看出在车速较低的时候，跟随误差较大。这是因为在电机力矩和转速比较小的时候，力矩的控制是不稳定的，会出现一定的波动，导致跟随误差较大。图5.12(b)展示了上述实验时的太阳轮、行星架和齿圈的转速变化。太阳轮、行星架的转速可以通过输入、输出端的转矩转速传感器得到。齿圈的转速是根据太阳轮和行星架的转速计算而来的。在138.5s，变速器开始升挡，太阳轮的转速下降，齿圈的转速上升。换挡结束后，太阳轮、齿圈以及行星架以相同的转速转动。在156.8s，变速器开始降挡，太阳轮转速上升，齿圈转速下降。换挡结束后，齿圈停转，太阳轮和行星架按照一挡的速比运转。实际上，转速的测量时有一定的误差的，转速越低，转速测量误差就越大。行星架转速经过主减速器减速，再到输出端转矩转速传感器，转速较低，测量误差较大。

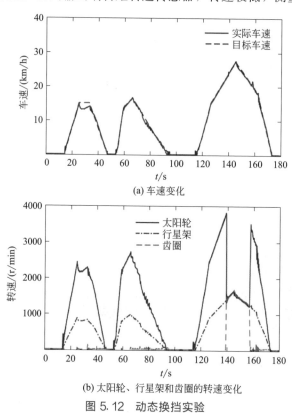

(a) 车速变化

(b) 太阳轮、行星架和齿圈的转速变化

图5.12 动态换挡实验

升挡过程的转速变化如图 5.13(a) 所示，降挡过程的转速变化如图 5.13(b) 所示。升挡过程中尽管太阳轮转速波动较大，但行星架转速波动依然较小。这是因为离合器中有扭转减振器，缓和离合器从动摩擦向静摩擦转换时的扭转冲击载荷，改善了离合器的接合平顺性。扭转减振器还增加了传动系统的扭转阻尼，快速衰减因为冲击载荷引发的扭振。升、降挡过程的时间控制在 1s 内。变速器输入轴、输出轴端转矩转速传感器得到的转矩变化如图 5.14 所示。在车速较低时，变速器的输入和输出力矩波动很大，因为此时电机转矩控制误差较大，转速信号采集的误差也较大。

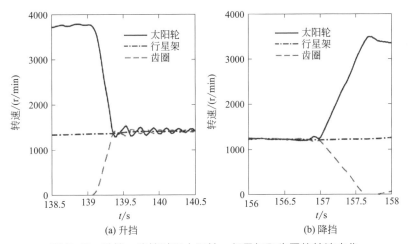

图 5.13 升挡、降挡过程太阳轮、行星架和齿圈的转速变化

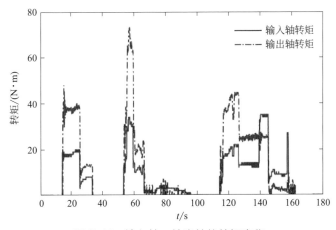

图 5.14 输入轴、输出轴的转矩变化

图 5.15 展示了升挡、降挡过程中输入、输出轴的转矩变化。图 5.15(a) 为升挡过程中输入、输出轴转矩的变化，从中可以看出升挡时输出轴的转矩一直为正，

即表明该变速器能够在换挡过程中输出正转矩，无动力中断。输入轴的转矩在换挡过程中有所增加，这是为了保证输出轴的转矩始终大于零。升挡结束后，变速器的输出转矩存在一定的波动。图 5.15(b) 为降挡过程中输入、输出轴转矩的变化，降挡时变速器输出轴依然能够传递转矩，无动力中断。正转矩降挡时，为了让太阳轮加速，齿圈速度降低，在换挡的前期（即惯性相），需要提高电机的力矩并逐渐松开离合器。在转矩相，离合器和制动器相配合，完成换挡动作，转矩相后期，电机力矩需要下降以保证输出力矩不变。

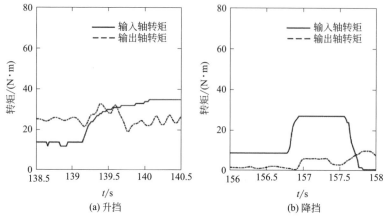

图 5.15　升、降挡过程中输入轴、输出轴的转矩变化

TCU 接收到升挡和降挡请求后，中层控制给出执行机构的期望轨迹，底层控制跟随该轨迹。在升挡过程中，离合器和制动器执行机构位置传感器的电压变化如图 5.16(a) 所示；降挡过程中这两个位置传感器的电压变化如图 5.16(b) 所示。图 5.16(a) 中，制动器执行机构位置传感器的最左侧的电压代表制动带处在接合

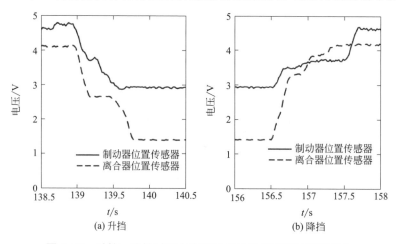

图 5.16　升挡、降挡过程中执行机构位置传感器的电压变化

　新能源车辆燃料电池-动力系统设计与控制

状态，最右侧的电压代表制动带处在分离状态；而离合器位置传感器的电压中最左侧的电压代表离合器分离，最右侧电压代表离合器完全接合。对于一挡而言，离合器分离，制动器接合，两者的执行机构都需要给拨叉或拉杆施加力，此时执行机构的锁止装置工作。因此，在升挡过程的开始阶段，需要将锁止机构解锁，再进行换挡操作。降挡过程中，当执行机构位置到达了需要锁止的位置，锁止机构会在弹簧力的帮助下自动落入螺杆的槽中，锁止执行机构。

实验车速比-SOC 动态规划仿真结果如图 5.17 所示。综合工况下的最优速比方案为 $i_{g1}=2.4$，$i_{g2}=1$（此时的主减速器速比 $i_0=4$）。原车的主减速器速比为 6.74。对装有该两挡变速器和原车减速器的实验车的动力性进行对比分析，假设滚动阻力系数为 0.01，轮胎的滚动半径根据实际轮胎的形状假设为 0.244m，传动系统的机械效率为 0.95，最大设计总质量为 900kg，计算可得，装有两挡变速器的实验车的最大爬坡度为 51.3%，而原车的最大爬坡度为 35.4%。除此之外，爬坡度还受地面附着、重心位置等因素的影响。假设该实验车的质心与后轴的距离为 0.8m，质心距离地面高度为 0.6m，前轮的附着系数为 0.8，则由附着决定的最大爬坡度约为 30.8%。计算得到，原车的最高车速主要受制于电机的最大转速。假设该车的迎风面积为 1.8m$^2$，根据驱动力-行驶阻力图的方法确定改装后的实验车

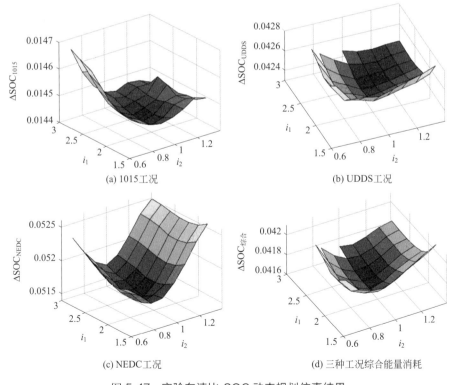

(a) 1015工况

(b) UDDS工况

(c) NEDC工况

(d) 三种工况综合能量消耗

图 5.17　实验车速比-SOC 动态规划仿真结果

的最高车速为 148km/h。除此之外，计算了 0～50km/h 的加速时间。装有两挡变速器的实验车相比仅装有单挡减速器的原车降低了 4.71% 的耗电量，最高车速提升了 48%，最大爬坡度保持不变，0～50km/h 的加速时间降低了 18.6%，0～100km/h 的加速时间降低了 16.8%。

理论上讲，采用两挡变速器，能够既提高实验车的经济性又提高样车的动力性，从仿真结果来看，该变速器对样车的动力性的提升比例较大。考虑安全性，实验车速不高于 60km/h。根据电动汽车动力性能实验方法，电动汽车的起步加速能力可以通过从速度 0 加速到 50km/h 的最短时间来对进行评定，GPS 测速仪及其在实验车上的安装位置如图 5.18 所示。

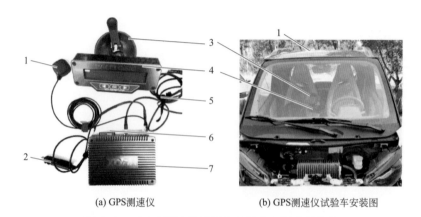

(a) GPS测速仪　　　　　　　　(b) GPS测速仪试验车安装图

图 5.18　GPS 测速仪及其在实验车上的安装位置

1—GPS 测速仪天线；2—车载充电器；3—固定吸盘；4—GPS 测速仪显示器；5—CAN 通信线；
6—GPS 测速仪存储卡；7—GPS 测速仪主机

测速仪型号为"VBOX-Ⅲ"，其接收器能够接收到 24 颗 GPS 卫星信号（实际实验时至少需要 5 颗卫星信号）。它利用卫星载波信号的多普勒效应，降低电离层和反射对 GPS 测速精度的影响，使得测速频率提高到 100Hz。测速范围为 0.5～1600km/h。实际实验时，将 GPS 测速仪的天线通过透明胶带安装在实验车的车顶上，显示器通过固定吸盘吸附在前车窗上，显示器与 GPS 测速仪的主机通过 CAN 进行通信。当实验车开始运动（车速大于零）时，测速仪主机开始记录车速并存储在存储卡中。GPS 测速仪测得实验车原车的加速时间为 5.25s，加装两挡无动力中断变速器后的加速时间为 4.60s。相比原车，加装变速器后的 0～50km/h 加速时间降低了 12.4%。最优的速比方案中一挡速比为 2.4，而实际变速器样机的一挡速比为 2.75，两个速比方案速比相差不多。实际加装两挡变速器后实验车的 0～50km/h 加速时间 4.60s 与最优速比方案的仿真结果 4.15s 相比增加了 10.8%，实际原车的加速时间 5.25s 与仿真结果 5.10s 相比增加了 2.94%。从上述结果可以看出，加装变速器能够提高该实验车的动力性。对典型的换挡过程分为了正转矩升挡、正转矩降挡、负转矩升挡和负转矩降挡四个类型。负转矩时汽车处在制动能量回收的状态，由于为改装车辆，对制动系统和电机的操作协调控制比较困难，所以制动能量回收时不进行升降挡操作。正转矩升挡主要为加速度较小的情况下，通过升挡来降低电机的转速，使得电机工作在高效率的工作区间内，提高经济性，并且能降低电机的高频噪声，提高驾驶舒适性。正转矩升挡的实车实验结果如图 5.19 所示，车辆从 1 挡升到 2 挡，升挡过程从 16.3s 到 17.2s，在换挡过程中，由变速器控制器接管控制电机，换挡结束后，由原车的整车控制器控制电机。图 5.19(a) 为各个

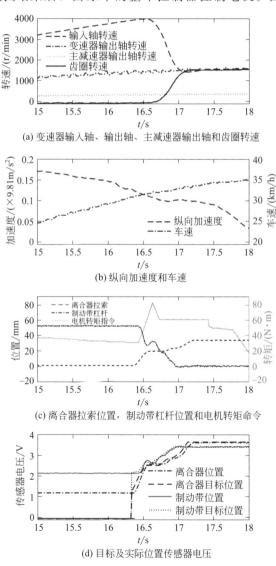

(a) 变速器输入轴、输出轴、主减速器输出轴和齿圈转速

(b) 纵向加速度和车速

(c) 离合器拉索位置，制动带杠杆位置和电机转矩命令

(d) 目标及实际位置传感器电压

图 5.19　正转矩升挡的实车实验结果

变速器输入轴、输出轴、主减速器输出轴和齿圈的转速的对比；图 5.19(b) 展示了换挡过程中车辆纵向加速度和车速的变化，从中可以看出换挡过程中车辆加速度在（0.15～0.1）g（1g＝9.8m/s）之间变化，始终为正，说明换挡过程无动力中断。图 5.19(c) 展示了离合器拉索位置，制动带杠杆位置和电机转矩命令的变化。升挡开始时制动带逐渐松开，离合器逐渐接合到滑摩，此时电机转矩上升。然后齿圈开始转动，此时制动带继续松开，离合器缓慢接合，配合电机转矩上升后下降，最终使得离合器完全接合，换挡结束。图 5.19(d) 展示了离合器和制动带的目标位置及实际位置传感器电压的差异，实际位置传感器的电压由控制器的 AD 采样得到。从图 5.19(d) 中可以看出离合器的执行机构的响应速度相对较慢，这是因为离合器存在膜片弹簧，离合器的执行机构需要克服膜片弹簧的预紧力。当车辆试图急加速时，需要将变速器降入 1 挡，加大传动系统的速比，进而提高电机的转速，加大电机输出功率，进而提高车辆的驱动转矩，使得车辆的纵向加速度提高。

图 5.20 展示了正转矩降挡的实车实验结果，车辆从 2 挡降入 1 挡，降挡过程从 126.5s 到 127.6s。从图 5.20(a) 中可以看出在换挡过程中，电机转速先开始增

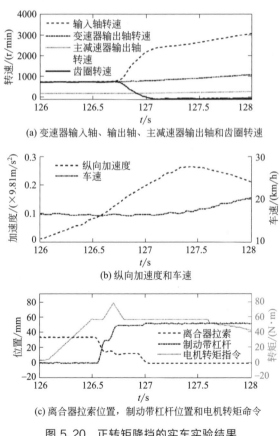

(a) 变速器输入轴、输出轴、主减速器输出轴和齿圈转速

(b) 纵向加速度和车速

(c) 离合器拉索位置，制动带杠杆位置和电机转矩命令

图 5.20　正转矩降挡的实车实验结果

加，然后由于输出轴转速变化较小，导致齿圈转速逐渐下降，在 127.6s 时下降到零，变速器完全进入 1 挡。图 5.20(b) 中纵向加速度始终为正，且在换挡过程中有所增加，从 0.1g 增加到 0.25g，证明在急加速过程中降挡操作也能提供较大的加速度，车辆无动力中断。图 5.20(c) 中展示了离合器、制动带和电机的控制逻辑，实际电机的转矩指令和电机的实际转矩之间存在一定的滞后和偏差。除了正转矩升降挡实验，本次实车实验还做了滑行升降挡实验。当汽车以 1 挡急加速到某一车速后，开始滑行，此时为提高电机的效率，变速器可升入 2 挡，即滑行升挡。滑行升挡实车实验如图 5.21 所示，车辆从 1 挡升入 2 挡，升挡过程从 115.9s 到 116.5s。图 5.21(b) 中的纵向加速度在换挡过程中基本维持在 0 附近。滑行升挡过程中，电机的力矩为零，由于实车实验的车辆惯量要比台架实验大，因此实车实验的车辆加速度波动也较台架实验小，如图 5.21(c) 所示。

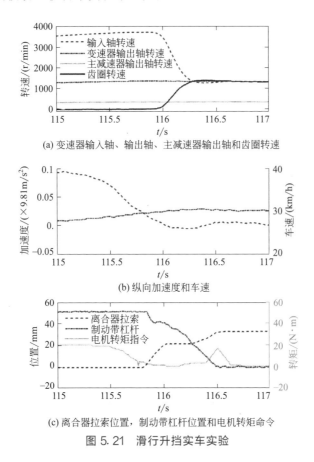

(a) 变速器输入轴、输出轴、主减速器输出轴和齿圈转速

(b) 纵向加速度和车速

(c) 离合器拉索位置，制动带杠杆位置和电机转矩命令

图 5.21　滑行升挡实车实验

当车辆在 2 挡滑行时，速度逐渐减小，此时需要降入 1 挡，因为降入 1 挡有利于车辆的再加速。滑行降挡实车实验如图 5.22 所示，车辆从 2 挡降入 1 挡，降挡

过程从 67.9s 到 69s。实验车在滑行降挡过程中的减速度小于 $-0.05g$，没有大的波动，且车速下降平稳。

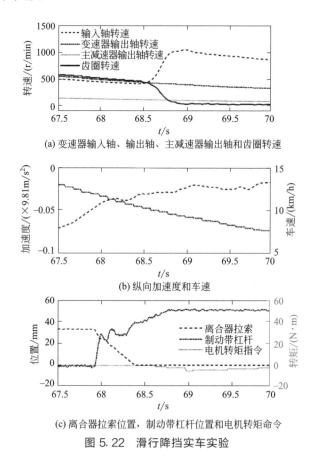

(a) 变速器输入轴、输出轴、主减速器输出轴和齿圈转速

(b) 纵向加速度和车速

(c) 离合器拉索位置，制动带杠杆位置和电机转矩命令

图 5.22 滑行降挡实车实验

综上分析可知，加装两挡无动力中断变速器的电动汽车能够保证换挡过程中动力不中断，保证了换挡的舒适性。加装两挡无动力中断变速器还能够提高电动汽车的动力性，但由于 1 挡传动系统的速比较大，节气门开度为 100% 时会导致车辆前轮驱动力超过地面附着限制，导致前轮有一定打滑，可通过合理匹配速比来进一步提高电动汽车的动力性。两挡无动力中断变速器实车实验结果如图 5.23 所示。整个实验循环车速不超过 42km/h，其中 2 挡为直接挡，其速比与原车相同。实车实验的效率点分布如图 5.24 所示，其中各个点的转矩实际上是电机的转矩命令，与电机的实际转矩存在一定误差，转速来自电机控制器传送的信息。可以看出在低速情形下，1 挡的电机转速较高，工作点更多地处在电机的高效率工作区域（效率大于 80%）内。在 2 挡时，由于车速慢，此时电机的转速较低，导致电机有更多处在低效率的工作区域（效率小于 80%）内的工作点。因此，采用两挡无动力中断

变速器能够让车辆低速时电机更多处在高效率的区域，通过合理的速比匹配和换挡规律能够在提高电动汽车动力性的同时提高经济性。

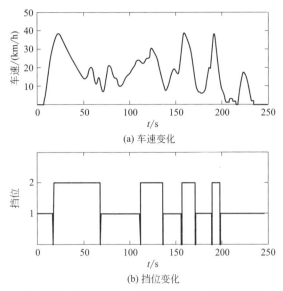

(a) 车速变化

(b) 挡位变化

图 5.23　两挡无动力中断变速器实车实验结果

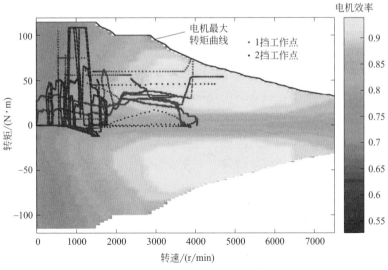

图 5.24　实车实验的效率点分布

# 第 6 章
# 新能源车辆动力系统转向设计与控制

新能源车辆转向阻力矩模型能够反映出实车原地转向阻力矩随转向盘转角的变化规律，可以为转向系统设计提供理论依据。分布式驱动是一种新型的驱动形式，这种驱动系统一般包含多个驱动电机，各个轮胎的驱动和制动力矩能够独立控制，可以按照比例分配。采用该驱动方式的车辆可以实现多样化的动力学控制技术，差动指主动车辆左右侧驱动或制动力矩不相等。差动助力转向是利用差动力矩减轻驾驶员转向的手力，产生助力的效果。差动转向的控制系统包括转向控制层、驱动力分配层和车轮扭矩控制层。为了降低轮胎磨损，应该利用轮胎的侧偏，减少轮胎侧向滑移。考虑差动转向的转向能力及其影响因素，为该种车辆设计基于模糊规则补偿的解耦控制方法，建立新能源车辆转向模型，如图 6.1 所示。

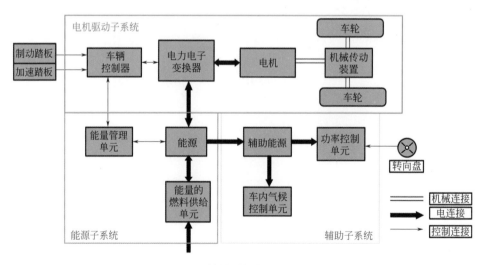

(a) 转向控制连接

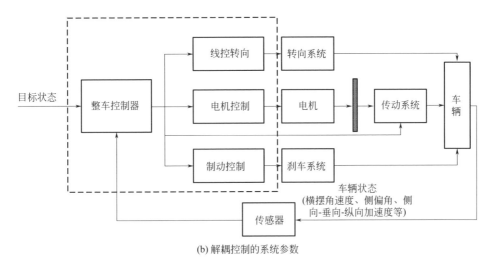

(b) 解耦控制的系统参数

(c) 控制系统解耦逻辑结构

图 6.1 新能源车辆转向系统解耦控制模型

# 6.1　新能源车辆原地转向分析

原地转向时转向阻力矩最大，而且随着转向角变大而逐渐变大，因此原地转向技术是转向系统设计的研究重点之一。原地转向工况下，根据产生原因不同，转向阻力矩可分为重力回正力矩和转向摩擦阻力矩。重力回正力矩与车轮垂直载荷、车轮定位参数、转向角、车轮静力半径等车辆结构参数有关，转向摩擦阻力矩与转向轮垂直载荷、轮胎材料、地面附着系数等有关。建立轮胎回正力矩模型，分析转向摩擦阻力矩和回正力矩，根据轮胎与地面摩擦阻力矩模型，为便于分析，假设：①车辆所处地面平整硬实；②转向系统各部件均为刚性；③悬架纵向无变形；④原地转向时整车及各部件速度忽略不计。定义转向因子为

$$\boldsymbol{T}(x,y,z)=\begin{bmatrix}1&0&0&x\\0&1&0&y\\0&0&1&z\\0&0&0&1\end{bmatrix},\quad \boldsymbol{R}_x(\alpha)=\begin{bmatrix}1&0&0&0\\0&\cos\alpha&-\sin\alpha&0\\0&\sin\alpha&\cos\alpha&0\\0&0&0&1\end{bmatrix},$$

$$\boldsymbol{R}_y(\alpha)=\begin{bmatrix}\cos\alpha&0&\sin\alpha&0\\0&1&0&0\\-\sin\alpha&0&\cos\alpha&0\\0&0&0&1\end{bmatrix},\quad \boldsymbol{R}_z(\alpha)=\begin{bmatrix}\cos\alpha&-\sin\alpha&0&0\\\sin\alpha&\cos\alpha&0&0\\0&0&1&0\\0&0&0&1\end{bmatrix}\tag{6.1}$$

车辆原地转向时，前轴绕车辆纵轴线及后轴轴线转动，前轴质心坐标由 $(L,0,0)$ 变为 $(x_{\mathrm{fa}},y_{\mathrm{fa}},z_{\mathrm{fa}})$，前轴上各点的坐标变换矩阵为

$$\boldsymbol{R}_{\mathrm{fa}}=\boldsymbol{T}_{\mathrm{fa}}^{-1}\boldsymbol{R}_{\mathrm{fay}}^{-1}\boldsymbol{R}_{\mathrm{fax}}^{-1}\boldsymbol{T}_{\mathrm{ra2fa}}\tag{6.2}$$

式中，$\boldsymbol{T}_{\mathrm{fa}}=\boldsymbol{T}(x_{\mathrm{fa}},y_{\mathrm{fa}},z_{\mathrm{fa}})$；$\boldsymbol{T}_{\mathrm{ra2fa}}=\boldsymbol{T}(L,0,0)$；$\boldsymbol{R}_{\mathrm{fay}}=\boldsymbol{R}_y(\varphi_{\mathrm{fay}})$；$\boldsymbol{R}_{\mathrm{fax}}=\boldsymbol{R}_x(\varphi_{\mathrm{fax}})$；$L$ 为轴距；$\varphi_{\mathrm{fax}}$、$\varphi_{\mathrm{fay}}$ 为前轴绕后轴质心的转角。

左右转向轮总成绕各自主销转动的坐标变换矩阵分别为

$$\boldsymbol{R}_1=\boldsymbol{T}_{\mathrm{k11}}^{-1}\boldsymbol{R}_{x1}^{-1}\boldsymbol{R}_y^{-1}\boldsymbol{R}_{z1}\boldsymbol{R}_y\boldsymbol{R}_{x1}\boldsymbol{T}_{\mathrm{k11}},\quad \boldsymbol{R}_2=\boldsymbol{T}_{\mathrm{k21}}^{-1}\boldsymbol{R}_{x2}^{-1}\boldsymbol{R}_y^{-1}\boldsymbol{R}_{z2}\boldsymbol{R}_y\boldsymbol{R}_{x2}\boldsymbol{T}_{\mathrm{k21}}\tag{6.3}$$

式中，$\boldsymbol{T}_{\mathrm{k11}}=\boldsymbol{T}\left(-L-n_{\mathrm{k}},-\dfrac{B_{\mathrm{f}}}{2}-L_{\mathrm{k}}+n_0,r\right)$；$\boldsymbol{T}_{\mathrm{k21}}=\boldsymbol{T}\left(-L-n_{\mathrm{k}},\dfrac{B_{\mathrm{f}}}{2}+L_{\mathrm{k}}+n_0,r\right)$；$\boldsymbol{R}_{x1}=\boldsymbol{R}_x(\sigma)$；$\boldsymbol{R}_y=\boldsymbol{R}_y(\tau')$；$\tau'=\tan^{-1}(\cos\sigma\tan\tau)$；$\boldsymbol{R}_{z1}=\boldsymbol{R}_z(\delta_1)$；$\boldsymbol{R}_{x2}=\boldsymbol{R}_x(-\sigma)$；$\boldsymbol{R}_{z2}=\boldsymbol{R}_z(\delta_2)$；$n_{\mathrm{k}}$ 为主销后倾拖距；$B_{\mathrm{f}}$ 为前轴轴线与左右转向主销轴线交点间距离；$L_{\mathrm{k}}$ 为车辆水平静止时车轮旋转轴线与转向主销轴线交点至同侧车轮接地中心的水平横向距离；$n_0$ 为主销延长线与地面的交点到车轮轮心的横向距离；$r$ 为车轮静力半径；$\sigma$、$\tau$ 分别为主销外倾角和主销后倾角；$\delta_1$、$\delta_2$ 分别为左右转向轮总成绕各自主销的转角。

转向摇臂上点绕摇臂轴转动的坐标变换矩阵为

$$\boldsymbol{R}_{\mathrm{g2}}=\boldsymbol{T}_{\mathrm{g2}}^{-1}\boldsymbol{R}_{\mathrm{g2x}}^{-1}\boldsymbol{R}_{\mathrm{g2y}}\boldsymbol{R}_{\mathrm{g2x}}\boldsymbol{T}_{\mathrm{g2}}\tag{6.4}$$

式中，$\boldsymbol{T}_{\mathrm{g2}}=\boldsymbol{T}(-L_{\mathrm{g2x}}-L_{\mathrm{b}},-L_{\mathrm{g2y}},L_{\mathrm{g2z}}-h_{\mathrm{b}})$；$\boldsymbol{R}_{\mathrm{g2x}}=\boldsymbol{R}_x(\theta_0)$；$\boldsymbol{R}_{\mathrm{g2y}}=\boldsymbol{R}_y(\theta_{\mathrm{g1}})$；$(L_{\mathrm{g2x}},L_{\mathrm{g2y}},L_{\mathrm{g2z}})$ 为转向摇臂轴线与转向摇臂轴线交点的坐标；$L_{\mathrm{b}}$、$h_{\mathrm{b}}$ 为车身质心至后轴质心的纵向和垂向距离；$\theta_0$ 为转向机输入轴与 $yoz$ 平面的夹角；$\theta_{\mathrm{g1}}$ 为转向机输入轴绕自身轴线的转角，其与转向盘转角 $\theta_{\mathrm{s}}$ 之间的关系为

$$\theta_{\mathrm{s}}=\theta_{\mathrm{g1}}i_{\mathrm{g}}\tag{6.5}$$

式中，$i_{\mathrm{g}}$ 为转向传动比。

根据上述坐标变换关系，左右转向轮接地印迹中心随左右转向轮总成运动后坐标为

$$\boldsymbol{r}_{T1} = \boldsymbol{R}_1 \begin{bmatrix} L & \dfrac{B_f}{2}+L_k & -r & 1 \end{bmatrix}^T, \boldsymbol{r}_{T2} = \boldsymbol{R}_2 \begin{bmatrix} L & -L_k-\dfrac{B_f}{2} & -r & 1 \end{bmatrix}^T \quad (6.6)$$

由此可得车辆原地转向过程中转向角为

$$\varphi_{\mathrm{fax}} = -\arctan \frac{\boldsymbol{r}_{T1}(3)-\boldsymbol{r}_{T2}(3)}{\boldsymbol{r}_{T1}(2)-\boldsymbol{r}_{T2}(2)} \quad (6.7)$$

纵拉杆两端随前轴、转向轮总成和转向系统运动后坐标分别为

$$\boldsymbol{r}_D = \boldsymbol{R}_{g2} \begin{bmatrix} L_{g2x}+L_b & L_{g2y} & -L_{g2z}+h_b-l_{g2} & 1 \end{bmatrix}^T, \boldsymbol{r}_B = \boldsymbol{R}_1 \begin{bmatrix} L_{bx} & L_{by} & L_{bz} & 1 \end{bmatrix}^T$$
$$(6.8)$$

式中，$l_{g2}$ 为摇臂长度，$(L_{bx}, L_{by}, L_{bz})$ 为纵拉杆轴线与转向节臂轴线交点的坐标。

横拉杆两端随转向轮总成运动后坐标分别为

$$\boldsymbol{r}_{TL} = \boldsymbol{R}_1 \begin{bmatrix} L-L_3\sin\alpha & \dfrac{B_f}{2}-L_3\cos\alpha & L_{tz} & 1 \end{bmatrix}^T,$$

$$\boldsymbol{r}_{TR} = \boldsymbol{R}_2 \begin{bmatrix} L-L_3\sin\alpha & L_3\cos\alpha-\dfrac{B_f}{2} & L_{tz} & 1 \end{bmatrix}^T \quad (6.9)$$

式中，$L_3$ 为转向梯形臂长度；$\alpha$、$L_{tz}$ 分别为转向盘处于中间位置时转向梯形左臂轴线与前轴轴线夹角和转向梯形臂轴线与横拉杆轴线交点的垂向坐标。

左右转向轮接地印迹中心随转向轮总成和前轴运动后坐标为

$$\boldsymbol{r}_{T11} = \boldsymbol{R}_{\mathrm{fa}} \boldsymbol{r}_{T1}, \boldsymbol{r}_{T12} = \boldsymbol{R}_{\mathrm{fa}} \boldsymbol{r}_{T2} \quad (6.10)$$

因为转向系统部件刚性假设和转向轮接地印迹中心垂向坐标不变，所以得到约束条件如下。

$$\| \boldsymbol{r}_D - \boldsymbol{r}_B \| = \left\| \begin{bmatrix} L_{g2x}+L_b \\ L_{g2y} \\ -L_{g2z}+h_b-l_{g2} \\ 1 \end{bmatrix} - \begin{bmatrix} L_{bx} \\ L_{by} \\ L_{bz} \\ 1 \end{bmatrix} \right\|, \quad (6.11)$$

$$\| \boldsymbol{r}_{TL} - \boldsymbol{r}_{TR} \| = | B_f - 2L_3\cos\alpha |, \boldsymbol{r}_{T11}(3) = -r, \boldsymbol{r}_{T12}(3) = -r$$

车辆水平静止时质心坐标为 $(b, 0, h_{zb})$，车辆原地转向过程中质心坐标为

$$\boldsymbol{r}_c = \boldsymbol{R}_{\mathrm{fa}} \begin{bmatrix} b & 0 & h_{zb} & 1 \end{bmatrix}^T \quad (6.12)$$

故整车重力势能为

$$U_c = mg \begin{bmatrix} \boldsymbol{r}_c(3)-h_{zb} \end{bmatrix} \quad (6.13)$$

根据拉格朗日方程可得转向盘转向操纵力矩为

$$M_z = \frac{\mathrm{d}U_c}{\mathrm{d}\theta_s} = \frac{\mathrm{d}\begin{bmatrix} mg\boldsymbol{r}_c(3) \end{bmatrix}}{\mathrm{d}\theta_s} \quad (6.14)$$

进而可得重力回正力矩为

$$M_{zg} = -M_z = -\frac{\mathrm{d}\left[mg\boldsymbol{r}_c(3)\right]}{\mathrm{d}\theta_s} \tag{6.15}$$

# 6.2　新能源车辆转向系统模型

为了分析新能源车辆的转向特性，建立考虑转向系统的整车模型，如图6.2所示，该模型包含新能源车身纵向、横向、横摆和车轮的转动方向的动力学方程。

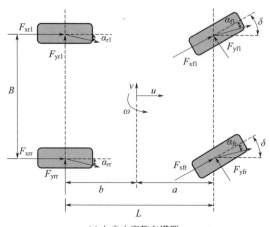

(a) 七自由度整车模型

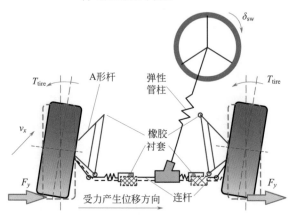

(b) 转向时前轴轮胎的侧偏模型

图6.2　新能源车辆转向模型

车身纵向

$$m(\dot{u} - v\omega) = (6 - F_{xfl} + F_{xfr})\cos\delta - (6 - F_{yfl} + F_{yfr})\sin\delta + F_{xrl} + F_{xrr} \tag{6.16}$$

车身横向

$$m(\dot{v} + u\omega) = (6 - F_{xfl} + F_{xfr})\sin\delta + (6 - F_{yfl} + F_{yfr})\cos\delta + F_{yrl} + F_{yrr} \tag{6.17}$$

横摆方向

$$I_z\dot{\omega}=a\left[(6-F_{xfl}+F_{xfr})\sin\delta+(6-F_{yfl}+F_{yfr})\cos\delta\right]-b(F_{yrl}+F_{yrr})+$$
$$\frac{B}{2}(F_{yfl}-F_{yfr})\sin\delta\frac{B}{2}\left[(F_{xfr}-F_{xfl})\cos\delta(F_{xrr}-F_{xrl})\right] \tag{6.18}$$

车轮转动方向

$$I_\omega\dot{\omega}_i=T_{ti}-T_{bi}-rF_{xi} \quad i=\text{fl,fr,rl,rr} \tag{6.19}$$

式中，$m$ 为整车质量；$\delta$ 为前轮转角；$I_z$ 为整车绕 $z$ 轴转动惯量；$I_\omega$ 为车轮转动惯量。

转向过程中，内外侧车轮会出现载荷转移，影响轮胎的力学特性。四轮载荷转移的表达式如下。

$$F_{zfl}=\frac{mgb}{2L}-\frac{ma_xh_g}{2L}-\frac{ma_ybh_g}{BL}, F_{zfr}=\frac{mgb}{2L}-\frac{ma_xh_g}{2L}+\frac{ma_ybh_g}{BL},$$
$$F_{zrl}=\frac{mga}{2L}+\frac{ma_xh_g}{2L}-\frac{ma_yah_g}{BL}, F_{zrr}=\frac{mga}{2L}+\frac{ma_xh_g}{2L}+\frac{ma_yah_g}{BL} \tag{6.20}$$

依靠轮胎侧偏的差动转向，轮胎与地面不发生侧滑。转向时，在车辆一侧施加驱动力矩，另一侧施加制动力矩，使车辆两侧产生方向不同的纵向力，得差动力矩为

$$M=\frac{B}{2}(6-F_{xfr}-F_{xfl}+F_{xrr}-F_{xrl}) \tag{6.21}$$

$$I_z\dot{\omega}=a(6-F_{yfl}+F_{yfr})-b(F_{yrl}+F_{yrr})+M \tag{6.22}$$

差动转向过程可以分为三个阶段。初始阶段，在直线行驶状态下，突然施加差动力矩 $M$，此时轮胎尚未侧偏，侧向力从 0 开始变化。横摆角加速度 $\dot{\omega}$ 突然上升，车身产生横摆。此时，前轴轮辋向内侧偏移，轮胎侧偏。同时，后轴轮辋向外侧偏移，轮胎侧偏，方向与前轴相反，进入轮胎侧偏阶段。在轮胎侧偏阶段，轮胎受到地面侧向力的作用。侧向力将产生与 $M$ 相反的力矩，抵消 $M$ 的影响，$\dot{\omega}$ 减小直至为 0。这个过程中侧偏角增大，但增大的速度变慢，直至达到稳定的值。侧向力也逐渐增大，达到稳定值。稳态转向阶段，侧向力产生的力矩与 $M$ 大小相等。车辆横摆角速度、侧偏角、侧向力均为定值。如果改变 $M$ 的大小，横摆角加速度 $\dot{\omega}$ 将随之变化，侧偏角、侧向力也将随之变化，达新平衡状态。

# 6.3　转向系统稳定性与可行性

对差动转向系统，选取系统状态变量为 $\boldsymbol{x}$，控制变量为 $\boldsymbol{u}$，得

$$\boldsymbol{x}=\begin{bmatrix}\omega & \beta\end{bmatrix}^\mathrm{T}, \boldsymbol{u}=M \tag{6.23}$$

式中，$\beta$ 为质心侧偏角，$\beta=v/u$。差动转向系统的状态方程为

$$\dot{x} = Ax + Bu \tag{6.24}$$

$$A = \begin{bmatrix} a_{11} & a_{12} \\ a_{21} & a_{22} \end{bmatrix} = \begin{bmatrix} \dfrac{2}{uI_z}(a^2 k_f + b^2 k_r) & \dfrac{2(ak_f - bk_r)}{I_z} \\ \dfrac{2(ak_f - bk_r)}{mu^2} - 1 & \dfrac{2(6 - k_f + k_r)}{mu} \end{bmatrix} \tag{6.25}$$

$$B = \begin{bmatrix} 1/I_z & 0 \end{bmatrix}^T$$

系统矩阵 $A$ 的特征值具有负实部。求解 $A$ 的特征值，由于侧偏刚度为负值，$a_{11}$、$a_{22}$ 为负值，则 $A$ 的特征具有负实部的充要条件为

$$a_{11}a_{22} - a_{12}a_{21} = \frac{4L^2 k_f k_r}{I_z mu^2} + \frac{2(ak_f - bk_r)}{I_z} > 0 \tag{6.26}$$

式中，右端第一项恒大于 0，故当 $ak_f - bk_r > 0$ 时，该系统必然是稳定的。当 $ak_f - bk_r < 0$ 时，该系统超过某个临界车速后将不稳定。因为差动转向的系统矩阵 $A$ 与基于转向角 $\delta$ 转向的系统矩阵 $A$ 是相同的，所以该系统稳定性分析结果与基于转向角 $\delta$ 转向的系统是一致的，该系统控制矩阵为

$$M = \begin{bmatrix} B & AB \end{bmatrix} = \begin{bmatrix} \dfrac{1}{I_z} & \dfrac{2}{uI_z^2}(a^2 k_f + b^2 k_r) \\ 0 & \dfrac{2(ak_f - bk_r)}{I_z mu^2} - \dfrac{1}{I_z} \end{bmatrix} \tag{6.27}$$

对于稳定可控系统，输入差动力矩 $M$，一定时间后，该系统将稳定在某个状态。以下分析 $M$ 和系统稳态输出 $\omega$ 的关系，得到控制方程为

$$-2ak_f \alpha_f + 2bk_r \alpha_r + M = 0 \tag{6.28}$$

$$2k_f \alpha_f + 2k_r \alpha_r = mu\omega \tag{6.29}$$

继续分析，得到稳态转向的横摆角速度增益为

$$\frac{\omega}{M_s} = \frac{(6 - k_f + k_r)u}{(ak_f - bk_r)mu^2 - 2k_f k_r L^2} \tag{6.30}$$

可进一步推出目标半径为 $R$ 时的差动力矩 $M$。

$$R = \frac{(ak_f - bk_r)mu^2 - 2k_f k_r L^2}{(6 - k_f + k_r)M} \tag{6.31}$$

这表明，在稳态转向下，车辆的横摆角速度、转向半径与系统输入的差动力矩 $M$ 的关系。

式中，函数式 $ak_f - bk_r$ 对于转向半径的影响，以下分类讨论。

① $ak_f - bk_r = 0$，车辆具有中性转向特性，影响转向半径的主要因素为车辆轴距 $L$ 和轮胎的侧偏刚度。$L^2$ 与转向半径 $R$ 成正比关系，轴距小的车辆，转向半径 $R$ 更小。侧偏刚度与转向半径 $R$ 成正相关，采用侧偏刚度越小的轮胎，转向半径将更小。

② $ak_f - bk_r > 0$，车辆具有不足转向特性，质量与速度越大的车辆，该效果越明显。

③ $ak_f - bk_r < 0$，车辆具有过度转向特性，质量与速度越大的车辆，效果越明显。

根据以上讨论，影响差动转向的转向半径的因素主要是轴距、轮胎侧偏刚度和差动力矩。轴距越小，轮胎侧偏刚度越小，差动力矩越大，则转向半径越小。式中，轴距一般依据车辆用途和道路条件设计确定，可变动性小。根据转向需求 $\omega_{\text{des}}$，得到稳态转向的参考力矩。

$$M = \frac{(ak_f - bk_r)mu^2 - 2k_f k_r L^2}{(6 - k_f + k_r)u} \omega_{\text{des}} \tag{6.32}$$

根据式（6.32），当上层控制器发出转向需求 $\omega_{\text{des}}$ 时，系统会根据当前车速 $u$ 和 $\omega_{\text{des}}$，由模糊控制器输出轮胎的侧偏刚度值。然后由前馈环节计算出参考差动力矩 $M_0$。将与反馈环节计算的力矩 $M_{\text{pid}}$ 相加，得到最终的差动力矩 $M$。设计前馈控制律，提高系统响应的快速性。为了提高控制系统对不同状态车辆的适应能力，在控制器中加入了模糊推理模块，根据数据对侧偏刚度做出合理估计。由于控制系统存在非线性成分，故必须加入反馈环节保证控制的准确性，并提高系统的稳定性。差动力矩作为系统控制量，变化范围应尽量大。在车辆轮距确定的情况下，选取最大纵向力大的轮胎，可以产生更大的差动力矩，增大控制量的变化范围。而轮胎的侧偏特性，则是限制最大转向能力的关键因素。侧偏刚度低，线性区间大的轮胎更适用于差动转向的车辆，如图 6.3 所示。对于确定的车辆、路面和轮胎条件，转向过程中，轮胎侧偏刚度主要的影响因素是侧向加速度与车辆的转向半径。轮胎具有侧偏特性，期望转向半径越小，轮胎侧偏角将越大，轮胎侧偏刚度会下降。另外，转向过程中，轮胎会出现载荷转移，侧向加速度越大，左右车轮垂直载荷的差别越大，构建了如图 6.4 所示的差动转向系统的控制框架。

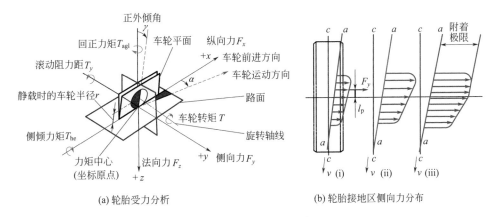

(a) 轮胎受力分析　　　　　(b) 轮胎接地区侧向力分布

图 6.3　轮胎动力学分析

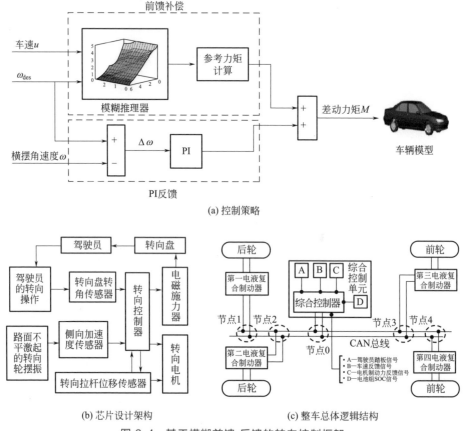

(a) 控制策略

(b) 芯片设计架构

(c) 整车总体逻辑结构

图 6.4　基于模糊前馈-反馈的转向控制框架

# 6.4　数据采集系统硬件与微控制器（MCU）设计

　　根据功能设计确定系统的模块化框架及对应的具体需求，针对每一个功能需求进行合理的芯片选择并完成对应的原理设计。完成整个硬件系统的电路原理图设计之后，对硬件的接口以及电路板的最终盒体封装进行设计，并在确定好硬件系统的接口位置以及盒体封装方式之后，根据原理图设计适合封装盒体的 PCB 电路板。本节依次按照上述设计流程对系统硬件进行设计，充分利用芯片资源，兼顾考虑整个硬件系统的可靠性、抗干扰性和稳定性等因素，数据采集系统硬件框架如图 6.5 所示。在此基础上充分利用芯片的资源，将 CAN 总线的数据采集功能集成在硬件系统的设计中。作为数据采集系统，最好可以携带一定容量的存储卡，以便于在只使用采集系统的情况下完成数据采集工作。由于数据采集系统中集成了惯导传感器，因此必须考虑传感器模块的需求。根据上述功能模块对应的芯片的供电要求，整个系统需要设计合理可靠的电源供电系统。同时在实际使用的过程中，必须考虑到给使用者提供一定的状态反馈证明系统在正常工作。通过对上述各功能的分析，从而综合得出该硬件系统设计框架。

图 6.5　数据采集系统硬件框架

在微控制单元（MCU）设计时，考虑以下几个方面：芯片能够满足系统的功能需求，如采集系统中所涉及的总线通信模块、控制器、高速 USB 控制器等模块需求；芯片运算速度；能够满足汽车级使用；芯片可靠性及芯片后续开发中的难易程度等。由于系统所要求的功能如总线通信控制器、SDRAM 控制器以及高速 USB 控制器等功能较为特殊，使得芯片的选型可以局限于几种特有的芯片型号的范围之内，在此基础上着重考虑芯片运算速度、成本以及后续开发的难易程度即可。数据采集系统旨在采集汽车总线的数据，但是在实际的使用中 CAN 总线的应用场合因为较为普遍，因此在设计中考虑到同时采集 CAN 总线数据采集的功能需求。另外为了便于电路板的供电和调试，系统同时设计了串口通信模块。总线的电路设计如图 6.6 所示。

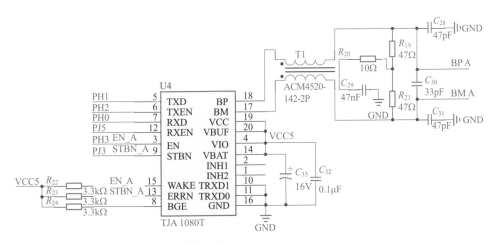

图 6.6　总线的电路设计

为了便于板子的后续调试，和计算机实现快速通信，开发了 USB 串口功能，具体设计如图 6.7 所示，选择的芯片作为 USB 到串口的接口转换芯片，该芯片还提供标准的 5V 电源用来给系统供电与调试。

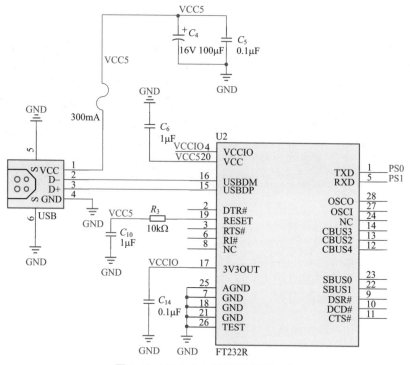

图 6.7　USB 串口模块原理图设计

在实际车辆控制的算法开发过程中，需要整车的加速度信号以及横摆角速度等信号，在系统硬件的设计过程中，融合了惯导模块，如图 6.8 所示，以获得汽车的垂向加速度、横向加速度、纵向加速度以及横摆角速度。利用传感器获得俯仰角度信号，通过与其垂直布置的传感器来获得侧倾角度信号。图 6.8 中传感器通过 SPI 接口完成数据的读取，而侧倾角度传感器则是通过 A/D 接口来实现数据的读取。

在实际系统中，主芯片供电系统电压是 5V，但是传感器芯片的供电系统是 3.3V，虽然两者的逻辑电平相同，即大于 2V 时为高电平，小于 0.8V 为低电平，但是若直接将主芯片的 SPI 接口信号传给传感器芯片，势必会导致传感器芯片的功率过高，从而导致传感器过热，影响传感器的使用寿命。因此在主芯片给传感器的 SPI 信号之间须加入电平转换芯片，实现 5V 到 3.3V 快速转换，故选择电平转换专用芯片来达到该目的，具体设计如图 6.9 所示。

在系统的硬件设计中，STM 作为本系统的另一个主芯片，主要用来负责完成缓存控制器设计、高速 USB 接口控制器设计以及 SD 卡大容量存储接口设计等功能，另

新能源车辆燃料电池-动力系统设计与控制

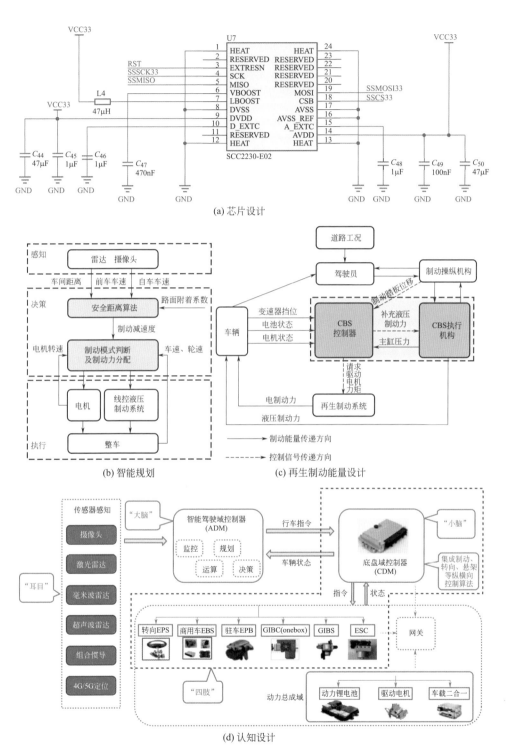

(a) 芯片设计

(b) 智能规划

(c) 再生制动能量设计

(d) 认知设计

图 6.8 惯导模块设计

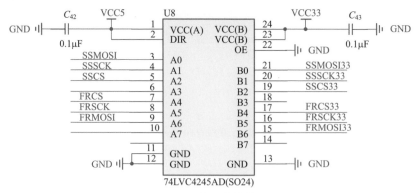

图 6.9　电平转换模块

外由于该芯片的功能丰富，在本系统中还设计了以太网接口，可以为后续的以太网的深入研究提供研究平台。由于 STM 引脚较为庞杂，每一个引脚都存在多个功能复用的现象，而接口和高速 USB 接口又需要很多的引脚接口来完成数据的传输和指令的输送，因此在进行具体的设计之前有必要根据所涉及的功能对整个主芯片的引脚进行规划，防止在设计中导致的引脚重叠或者资源的浪费等现象的出现。在进行 STM 原理图设计时，考虑具体功能进行引脚分配，如图 6.10 所示，利用工具 STM32Cube 将系统中所涉及的 SDRAM 模块引脚、高速 USB 接口引脚、CAN 模块引脚、以太网接口引脚以及 ADC 模块引脚进行了整体分配，用电子开关芯片合理安排，以充分利用芯片的外围资源。STM 只提供高速 USB 控制器，并没有集成与之对应的接口物理层芯片，因此在使用高速 USB 的过程中必须外扩高速芯片，在本系统中选择 USB3300 作为高速 USB 的芯片，其在系统中的外扩原理设计如图 6.11 所示。

图 6.10　整体引脚分配

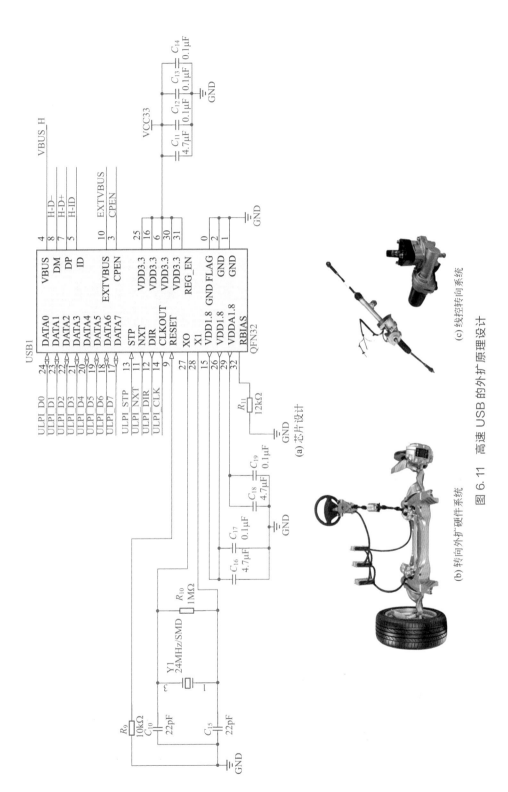

(a) 芯片设计

(b) 转向外扩硬件系统

(c) 线控转向系统

图 6.11 高速 USB 的外扩原理设计

在进行完所有模块的原理图设计之后，先对各个模块进行大体的规划。首先确定板子的大小，整个系统的接口布置，以及整个系统在最终封装盒体里面的安装方式，从而确定电路板的接口器件的位置和其他元器件的主要摆放位置，进而设计最终电路板的PCB。本硬件系统根据接口的特点，设计了如图6.12所示的封装盒体以及对应的接口位置设计。以上述的三维设计为目标，设计出对应的PCB电路板，自上而下将STM的电路板安装在底层，在其上面安装总电路板，并在电路板预留的接口上直接安装逻辑分析部分的电路板，实际的安装结果如图6.13所示。

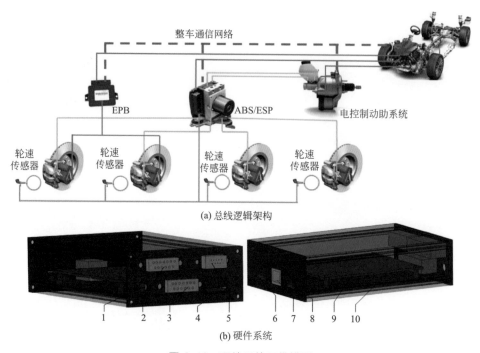

(a) 总线逻辑架构

(b) 硬件系统

图6.12  硬件系统三维模型

1—12V电源接口；2—用来提供系统开放的采集接口；3—系统的总接口，集成了总线接口、CAN接口以及
电源接口等系统必备接口；4—TF卡拔插口；5—集成一路CAN总线接口和一路总线接口，便于用现有
设备和接线端子进行通信；6—高速USB接口；7—以太网接口；8—串口接口；9—总电路板；
10—基于STM的电路板

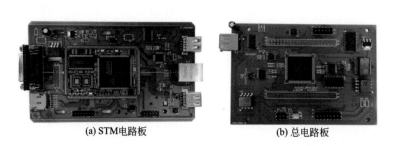

(a) STM电路板          (b) 总电路板

(c) 实际电路板安装布置

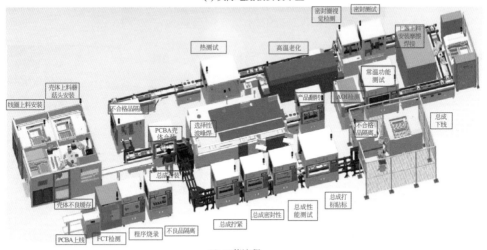

(d) 工艺流程

图 6.13　硬件系统电路板

　　根据已经安装好的硬件系统的空间大小以及控制器接口的要求,设计相应的安装盒体,其设计模型,如图 6.14 所示,并按照上述设计以及各个接口的安装方式

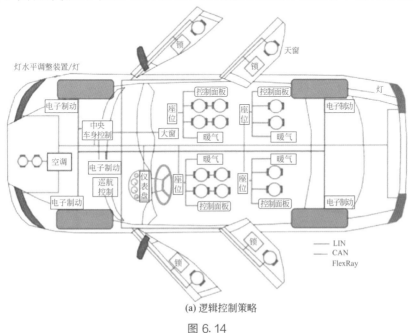

(a) 逻辑控制策略

图 6.14

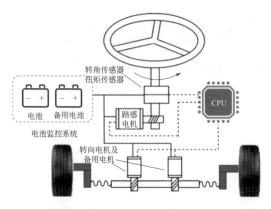

(b) 能量计算架构

(c) 模型样机

图 6.14　控制硬件系统

和电路板的安装方式，完成控制器的整体加工和组装，并根据数据采集系统硬件的
架构和布置方式，完成数据采集系统最终的封装设计。

# 6.5　转向动力学计算仿真

　　试验过程中，车辆两前轮停放在平整硬实地面上，驾驶员缓慢转动转向盘由中
间位置逆时针直至极限位置，再顺时针直至极限位置，最后回到中间位置。根据试
验数据对轮胎与地面间摩擦阻力矩模型中的参数进行辨识。按照实车试验时转向盘
转角变化规律进行仿真计算，得到车辆原地转向阻力矩仿真结果，与试验结果的对
比及误差，如图 6.15 所示。仿真结果与试验结果的曲线变化规律一致，除接近左
右转向极限位置外，试验与仿真误差较小。重力回正力矩方向始终与转向盘转角方
向相反，其绝对值在转向盘转角较小时与转向盘转角近似为线性关系，随转向盘转
角增大而增大，在接近左右转向极限时，重力回正力矩与转向盘转角呈现明显非线
性关系。

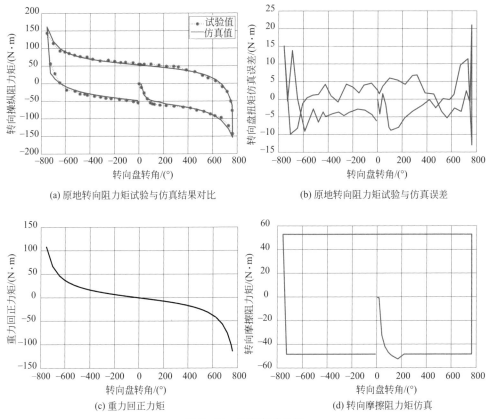

(a) 原地转向阻力矩试验与仿真结果对比

(b) 原地转向阻力矩试验与仿真误差

(c) 重力回正力矩

(d) 转向摩擦阻力矩仿真

图 6.15 仿真实验分析

转向动态响应仿真结果，如图 6.16 所示。从图 6.16 中可以看出，转向摩擦阻力矩方向始终与转向盘转动方向相反。在转向盘开始转动初期，轮胎胎面刷毛处于弹性变形范围内，转向摩擦阻力矩绝对值随转向盘转角增大而增大，超过轮胎胎面刷毛弹性变形极限后略有减小，之后基本保持不变，仅其方向随转向盘转动方向变化。用 Simulink 建立了车辆分布式驱动模型，同时还建立了基于模糊前馈的差动转向控制系统模型，将设计的基于模糊推理前馈（Fuzzy inference Feedforward Compensation，FFC）的控制方法与一种仅用 PI 反馈控制的控制方法相对比。在速度为 15km/h 时，上层控制器输入 $\omega_{des}=0.2r/s$ 的阶跃信号。图 6.16 显示了两种控制方法下车辆的横摆角速度响应。可以看出，设计的基于模糊前馈的方法响应速度更快。当输入型号为动态变化的信号时，该快速性的差异将更为明显。若车速为 15km/h，上层控制器输入正弦信号 $\omega_{des}=0.2\sin(6-\pi t)r/s$ 时的响应情况。结果显示，在正弦输入激励下，设计的控制方法对期望横摆角速度的跟随情况更好。显示了三种工况下，利用本节方法和参考方法的控制结果。可以看出，三种不同的仿真工况下，均具有较好的适应能力，快速性均优于参考方法，受车速及期望横摆角速度的影响较小。

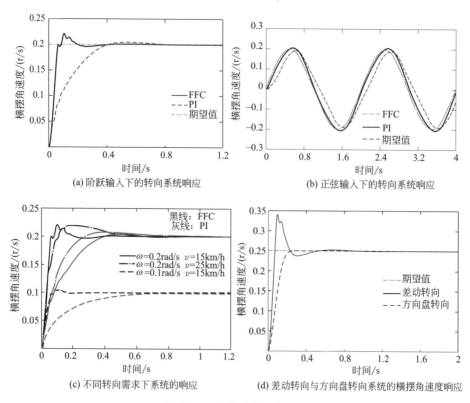

图 6.16　转向动态响应仿真结果

对比差动转向和方向盘转向下系统的响应，分析差动转向的特征。输入方向盘转角，使得车辆产生 0.25r/s 的横摆角速度，而对差动转向车辆，直接在上层控制器输入 $\omega_{des}=0.25$r/s。图 6.17 显示了转向过程中轮胎侧偏角变化曲线。可以看出，差动转向方式的转向系统有较大的超调量，方向盘转向的转向系统没有超调，稳定性更好。图 6.18 显示了车辆运动轨迹。仿真结果显示，对于方向盘转向的车辆，前后轮的侧偏角均较小。仿真条件下，稳态转向时侧偏角约为 0.8°，方向一致，前后轮的侧偏力均指向转向内侧。对于差动转向的车辆，稳态转向时轮胎侧偏状态具有两个明显的特点：①前后轮侧偏角方向不一致，前轮侧偏力指向转向外侧，后轮侧偏力指向转向内侧；②由于轮胎侧向力合力的方向需要指向转向内侧，以提供向心力，因此，后轮的侧向力需要大于前轮的侧向力。在这种情况下，后轮侧偏角的绝对值一般大于前轮。因此，差动转向系统临近失稳时，后轮一般将先于前轮侧滑。尽管系统横摆角速度的值相差不大，但车辆与期望轨迹的偏差更大。该

新能源车辆燃料电池-动力系统设计与控制

仿真结果的原因在于，在转向初始阶段，质心绝对加速度的差异较大。方向盘输入突变，使前轮侧偏角迅速变化，侧向力存在突变现象，侧向力的合力从较大值变化到稳态值。因此，差动转向车辆的质心轨迹更偏向外侧。针对分布式驱动车辆，仿真模型用于方向盘转向与差动转向的仿真实验。给出差动转向系统的状态方程，分析了系统的稳定性和鲁棒性。求解出了差动转向系统稳态转向的横摆角速度增益公式，期望半径与差动力矩的关系。分析了影响差动转向的转向能力的相关因素。线控转向系统在成本控制、设计灵活性、功能丰富性、空间布置等方面比传统系统具有明显优势，如图6.19所示。电控转向系统主要由机械系统部件、转矩转角传感器总成以及电控单元组成，如图6.20所示。转矩转角传感器总成用于检测转向扭矩和方向盘转角，电控单元是电控转向系统的核心部分，由助力电机以及驱动和电控单元组成，为转向系统提供助力。

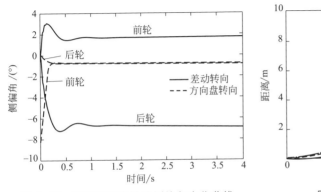

图 6.17　转向过程中轮胎侧偏角变化曲线

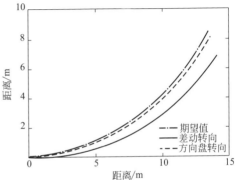

图 6.18　车辆运动轨迹

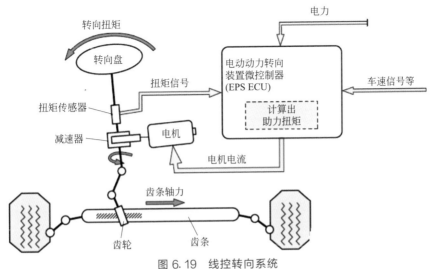

图 6.19　线控转向系统

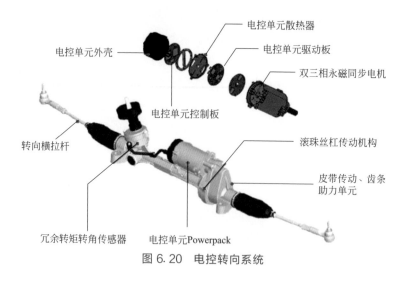

图 6.20　电控转向系统

　　对转向车辆，在设计过程中，采用线性区宽、侧偏刚度小的轮胎，可使差动转向潜在转向能力加大。根据推导得到的稳态转向参考力矩，提出基于模糊前馈补偿的差动转向控制方法，该方法结合了前馈控制和反馈控制。电控转向系统采用双 MCU 架构，确保执行指令准确可靠。因此双 MCU 架构（ECU A 和 ECU B）相匹配，实现总体控制功能。正常工作状态下，双系统均进行力矩指令计算，但是从系统响应主系统分配的扭矩指令。如果系统发生单点失效，双 MCU 根据故障诊断与处理机制判断是否进行主从切换，必要时从系统切换为主系统，如图 6.21 所示。

　　对于阶跃输入和正弦输入信号，该方法有效提高了转向系统响应的快速性。对比了转向盘转向和基于差动转向两种方式的响应情况。仿真结果显示，差动转向的稳定性要差于转向盘转向。另外，转向初期尽管横摆角速度响应相差不大，但差动转向下的侧向力变化滞后于转向盘转向，车辆的质心轨迹更偏向外侧。

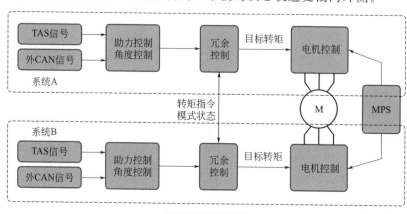

(a) 双MCU逻辑架构

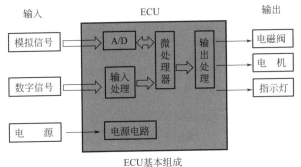

ECU基本组成

(b) ECU逻辑架构

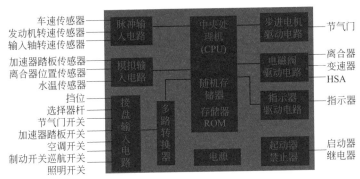

(c) 电子信号控制逻辑架构

图 6.21 转向系统智能控制的逻辑架构

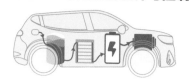
# 第 7 章
# 基于电机调节的离合器到离合器换挡控制策略

  本章所面向的变速器本体，采用了与 DCT 变速器或者 AT 变速器相类似的工作原理，均是通过切换两个摩擦元件所提供的力矩，达到切换挡位的目的，在研究中统一抽象为离合器到离合器（Clutch-to-Clutch）控制问题。尽管 Clutch-to-Clutch 控制问题和工程应用已经发展多年，但在以电机为驱动源的变速器中，原有的控制策略存在着不足之处，驱动电机的引入，为完善 Clutch-to-Clutch 控制提供了新手段。由于驱动电机工作转速范围广，在 60% 的转速区域都可输出最大扭矩的 70%，相应匹配的变速箱挡位一般只有 2~3 挡。较小挡位数以及较宽的工作转速，导致换挡前后相比于内燃机动力系统而言，输入端的转速变化范围较大。较大速度差的调速过程若采用传统 Clutch-to-Clutch 控制方法，仅使用被动器件进行摩擦耗散，将会花费较长的时间。同时，采用被动器件进行摩擦力控制，从系统角度看，是将输入能量分散到摩擦热能和输出动能两部分，降低了输出动能的比例，影响了整车纵向加速度的维持，且会保持在该状态中较长时间。因此，如何避免长时间的动力输出下降，是多挡位的电动车变速箱换挡控制的关键问题。结合电驱动系统扭矩响应快速及惯量小的特性，设计出新的基于驱动电机主动调节的 Clutch-to-Clutch 控制方法，将所提出的方法应用于正向驱动加速、紧急制动能量回收两种对动力中断要求较高的工况中，进行了仿真验证与实验验证，证明所设计的换挡方法的有效性。

## 7.1 换挡原理

  对于通过两个摩擦元件来切换动力传递路径的传动系统，其进行 Clutch-to-

Clutch 换挡的过程可分为两个阶段：扭矩相和惯性相。在扭矩相的过程中，即将结合的摩擦副逐渐结合，而即将分离的摩擦副传递力矩随之下降，直到输入力矩完全通过即将结合的摩擦副传递，该环节结束。在惯性相中，通过单一的摩擦副传递力矩控制，将系统中各个旋转部件的速度调整到目标挡位下的旋转速度，达到同步的效果。对于不同的换挡工况，换挡过程中这两个环节的先后顺序不同，关键取决于在当前的转速差下即将结合的摩擦副是否可以在未同步时提供原有力矩方向的力矩，若可以则先进行扭矩相，反之先进行惯性相。据此，Clutch-to-Clutch 换挡过程所可能出现的工况分别是：输入扭矩为正扭矩、负扭矩、零扭矩对应的升挡和降挡，相比于以发动机为动力源的 Clutch-to-Clutch 换挡控制，增加了负扭矩的两种换挡情况，而以发动机为动力源的情况，实际上较难存在真正的零扭矩升降挡，因为当发动机控制系统控制发动机不对外输出功率时，发动机存在明显的制动效果，并非真正的零扭矩换挡。针对该变速器的换挡过程的动力保持能力进行研究，因而主要考虑正扭矩升挡、正扭矩降挡、负扭矩降挡三种情况，而负扭矩升挡在后续分析中认为是较少需求的情况。六种换挡分析如图 7.1 所示。

正扭矩升挡过程中，即将要接合的摩擦元件是膜片弹簧离合器，而即将分离的是带式制动器。在一挡中，带式制动器提供如图 7.2 中 $T_{\mathrm{br}}$ 所示方向的静摩擦力

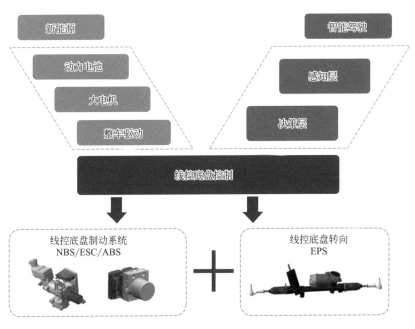

(a) 线控系统设计思路

图 7.1

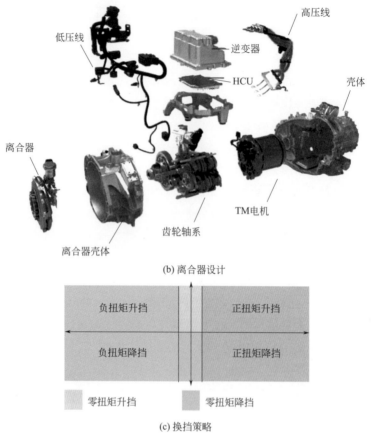

(b) 离合器设计

| 负扭矩升挡 | 正扭矩升挡 |
| 负扭矩降挡 | 正扭矩降挡 |

零扭矩升挡　　　　零扭矩降挡

(c) 换挡策略

图 7.1　六种换挡分析

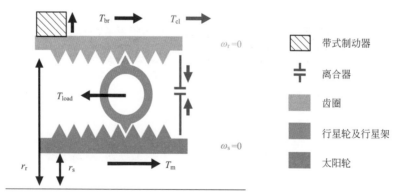

图 7.2　正扭矩升挡过程分析

矩，对于即将接合的离合器，其相对转动的从动元件和主动元件分别是太阳轮轴和齿圈，此时齿圈是静止的，而太阳轮轴是正向转动的。因而如果此时离合器进行接合，则可以对齿圈提供正向的力矩，即图 7.2 中 $T_{cl}$ 箭头方向所示，该力矩方向与制动带在一挡时所提供的静摩擦力矩方向相同，故可先进行扭矩相，对两个摩擦元件中的力矩进行交换。扭矩交换的过程中，制动带和离合器提供的力矩之和若保持恒定，则左侧第一项的代数值将相对于换挡前下降，在负载扭矩不变的假设下，则将使得等式右边的 $\dot{\omega}_c$ 代数值变小，$\dot{\omega}_c$ 代表的是变速器行星架的角加速度，也是输出轴的转速变化率。由此可以推断，如果电机驱动力矩保持不变，将会由于离合器力矩的加入，导致输出轴角加速度的下降，体现到整车上即是整车正向加速度下降。在以发动机为传统动力源的 Clutch-to-Clutch 控制中，由于换挡时间较短，而如果需要发动机在短时间内进行快速的扭矩变化，且精度要求较高，即与离合器提供的扭矩相关的话，发动机及发动机控制器本身难度较大，因而在传统的 Clutch-to-Clutch 控制中，正扭矩升挡的扭矩相阶段采用的是保持发动机扭矩不变的策略。即将接合的摩擦元件将会带来输出扭矩的损失，引起明显的输出动力中断，而动力源的主动调节，将可以有效地抵消由此带来的输出动力下降。在惯性相开始前，离合器的从动端与主动端器件转速并不一致，即太阳轮与齿圈转速并不一致，离合器存在滑动摩擦的状态中。为了避免持续的滑转给离合器的寿命带来影响，应该通过适当的控制，使两者尽快同步。需要实现齿圈转速的快速上升和太阳轮转速的快速下降，以使两者达到同步转速，完成换挡。由于太阳轮转速主要受驱动电机驱动力矩及负载力矩影响，当负载力矩在换挡过程中假设稳态不变时，则通常将通过降低驱动端力矩以辅助太阳轮进行减速，而同时由于齿圈的受力中主要是离合器力矩与之加速方向相同，通过增加离合器传递力矩将有助于齿圈加速，因而整体的控制策略是通过增加离合器力矩和降低驱动电机力矩实现的，而具体的控制量确定，将在下面采用耗散功平衡的思路求解。

正扭矩降挡过程中，即将要接合的摩擦元件是带式制动器，而即将分离的是膜片弹簧离合器。在二挡中，离合器提供如图 7.3 中 $T_{cl}$ 所示方向的静摩擦力矩，对于即将接合的带式制动器，其相对转动的从动元件和主动元件分别是壳体和齿圈，壳体是静止的，而齿圈是正向转动的。因而如果此时制动器进行接合，则带式制动器将对齿圈提供与旋转方向相反的力矩，即图 7.3 中 $T_{br}$ 箭头方向所示。由于即将接合的制动器会带来反向力矩，使得齿圈减速，满足惯性相的定义，因而此时先进行的是惯性相。从单独齿圈的受力分析看，如图 7.3 所示，在换挡前离合器所提供的力矩 $T_{cl}$ 与行星轮对其反作用的负载力矩 $T'_{load}$ 平衡，而当增加反向的制动带力矩 $T_{br}$ 之后，其所受合力方向为减速方向。在常规的 Clutch-to-Clutch 思路中，将通过松开离合器以达到与增加反向制动的制动器一致的效果，即齿圈受力方向为减速方向，但松开后的离合器从动端与主动端之间开始出现相对滑动，将会产生一定的功率损失到结构发热中，因而单纯降低 $T_{cl}$ 以实现齿圈加速的方法，将会带来输出端角加速度 $\dot{\omega}_c$ 的下降，即带来动力中断。由于驱动电机灵活、快速的扭矩响应能力，故可以通过补充驱动电机输入的方式实现。惯性相完成的标志是齿圈转速下降为0，此时变速箱中各个元件的转速关系达到目标挡位的转速关系，而此时离合器依旧在传递相应的扭矩而制动带开始接合，由于齿圈在受力不平衡的情况下有反向转动的趋势，因而逐渐接合的制动器能够为其提供正向的摩擦力矩，该力矩方向与离合器当前提供的力矩方向相同，因而进入扭矩相。在扭矩相过程中，理想的齿圈转速基本保持为0，但由于逐渐松开的离合器，齿圈所受合力方向为反向转动，具有反向转动的趋势，此时相应增加制动带制动力，则可保证齿圈不产生明显的反向转动，逐步完成扭矩切换，当离合器传递力矩下降为0时，换挡过程结束。

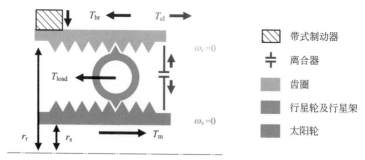

图 7.3　正扭矩降挡过程分析

　　负扭矩降挡过程中，即将要接合的摩擦元件是带式制动器，而即将分离的是膜片弹簧离合器。驱动力源输出负扭矩在本章中同时包含车辆行进方向为前进的条件，此时电驱动动力系统处于能量回收状态。在能量回收过程且处于二挡时，离合器提供如图7.4中 $T_{cl}$ 所示方向的静摩擦力矩，对于即将接合的带式制动器，其相对转动的从动元件和主动元件分别是壳体和齿圈，壳体是静止的，而齿圈是正向转动的。因而如果此时制动器进行接合，则带式制动器将对齿圈提供与旋转方向相反的力矩，即如图7.4中 $T_{br}$ 箭头方向所示。由于即将接合的制动器会带来与离合器所提供同向的力矩，满足扭矩相的定义。尽管该过程中逐渐接合的制动器所产生的滑动摩擦力矩是耗散功率的，但是由于此时系统处在减速过程中，$\dot{\omega}_c < 0$，则同理于正扭矩升挡，若保持电机回收力矩不变，则将会导致输出负力矩增加，进而导致车辆减速度上升，因而需要调节电机回收力矩，将局部电机回馈能量的任务由逐渐接合的制动带承担。随着制动带的逐渐接合，离合器所需要提供的静摩擦力矩逐渐下降，直到制动带所提供的动摩擦力矩等于换挡前离合器所提供的力矩，扭矩相结

　新能源车辆燃料电池-动力系统设计与控制

束，离合器执行机构完全松开。在惯性相中，需要完成对齿圈的快速减速和太阳轮的加速，由于逐渐接合的制动器所提供的力矩方向与齿圈减速方向相同，因而可以通过增加制动器制动力的方式以达到对齿圈减速的目的。太阳轮的加速需要驱动端电机负扭矩的降低，否则负扭矩的保持将会减缓惯性相进行。

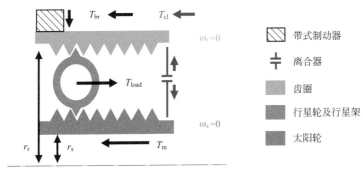

图 7.4　负扭矩降挡过程分析

# 7.2　正扭矩换挡控制策略

在面向的变速器的正扭矩升挡所进行的理论分析基础上，基于动力学分析的正扭矩升挡控制策略，相较于传统的 Clutch-to-Clutch 控制方法，纯电驱动作为动力源的此类变速器可以利用驱动电机对需求扭矩的快速响应能力，主动进行驱动力矩的补偿与调节，避免仅使用摩擦元件进行扭矩切换所带来的动力损失。在扭矩相过程中，随着干式离合器的逐渐接合，制动带所在摩擦副的相对运动趋势下降，传递的静摩擦力矩下降。理想状况下，当制动带所传递静摩擦力矩为 0 时，完全松开制动带，系统可正常维持输出，此时由干式离合器传递能量至行星排，但干式离合器的主动盘与从动盘之间仍有转速差，处于滑动摩擦状态。考虑到干式离合器一直处于滑动摩擦的状态，该过程中其传递能量一部分通过摩擦发热耗散在结构和空气中，导致了往后级传递能力的下降，因此可以借助驱动电机进行快速的能量补充，提高驱动电机对传动系统的输入功率，以补偿整体系统由于滑摩导致的总输出能量下降。如图 7.5 中红色曲线 1 段所示为驱动电机的补偿部分。当扭矩相结束后，行星排各个齿轮部件仍处于 1 挡的转速中，此时控制仍处于滑摩状态的干式离合器进行惯性相，将各个转动部件的转速同步到目标挡位上。此时，为了获取更快的同步速度，定性分析得出正输入力矩将加速太阳轮转速，不利于同步过程的进行，因此在原有补偿的电机力矩基础上进行适当的减少，太阳轮转速逐渐下降的过程中释放出的动能将转移到齿圈上，提高齿圈转速，而不影响行星架的转速，保持行星架的输出力矩，进而实现输出动力水平的维持。如图 7.5 中红色曲线 2 段所示为驱动电机的目标控制扭矩。图 7.5 中黑色曲线所代表的为传统 Clutch-to-Clutch 控制方法中对驱动动力源输出扭矩的请求，以作对比。

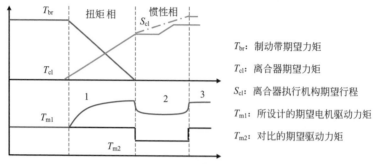

图 7.5　正扭矩升挡控制方法

正扭矩降挡过程中由于即将接合的制动带无法提供与即将分离的离合器相同传递力矩方向的力矩，因此首先进行的是惯性相，常规的 Clutch-to-Clutch 控制将降低即将分离的离合器的正压力，使得行星排各齿轮在变化的受力情况下进行调速，直到各自到达目标转速，再进行扭矩相，逐步将所传递力矩交替到即将接合的制动带上。然而在惯性相中，为了保证输出力矩维持在原有水平，即将分离的离合器的分离速度不能过快，所能传递力矩的能力不能过低，否则会产生动力中断的现象。因此引入传递负力矩的制动带进行部分接合以提高系统的转速同步速度，而为了弥补制动带所带来的滑摩损失，引入更高的输入电机力矩进行抵消，以保证总输出力矩的恒定，如图 7.6 中红色曲线 2 段所示。图 7.6 中黑色曲线为传统动力源的 Clutch-to-Clutch 方案对于发动机扭矩的请求，对比红色曲线，可以观察到本章所提出的控制方法与其差别之处。在 Matlab/Simulink 中使用 Powertrain 模块、Simscape 模块、Stateflow 模块中相关子模块建立仿真模型，其主体结构如图 7.7 所示，变速器本体仿真模型如图 7.8 所示。

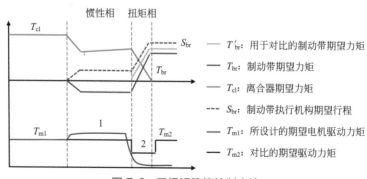

图 7.6　正扭矩降挡控制方法

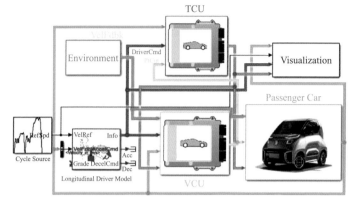

图 7.7　Matlab 环境中仿真模型框架

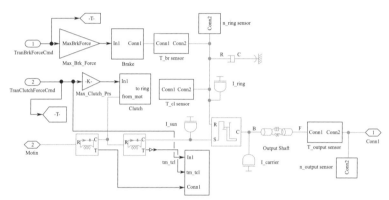

图 7.8　变速器本体仿真模型

为了研究正扭矩升挡的换挡策略,仿真工况设置为车辆起步加速工况,在约 10s 内加速到达 100km/h,期间在固定车速点进行了升挡。为了说明本章所提出的基于电机主动调节的离合器到离合器换挡策略相较于传统动力源的换挡策略的有效性,仿真对比了图 7.5 中所提到的两种驱动力矩请求方式。

图 7.9(a) 为本章所提出的基于驱动电机主动调节的换挡策略仿真结果,图 7.9(b) 为驱动力矩在换挡中保持不变,在惯性相过程中适当下降的换挡策略。对比两者的输出扭矩可以看出,采用本章所提出的策略避免输出扭矩的显著下降,而保持驱动力矩源力矩不变的策略将可能带来 62.3% 的输出扭矩下降,并将作用于整车上,给乘客带来显著的冲击度。从仿真结果可以看出,本章提出的方法在正扭矩升挡工况中具有明显的效果。对于正扭矩降挡策略研究,仿真工况设置为:车辆初始挡位为 2 挡及初始车速为 40km/h,当仿真进行到 4s 时,驾驶员踩下加速踏板请求较大扭矩,此时触发正扭矩降挡请求,执行正扭矩降挡,仿真结果见图 7.10。仿真结果中,图 7.10(a) 为用于对比的传统 Clutch-to-Clutch 换挡控制策略,其为通过松开即将分离的离合器同时保持驱动力源动力不变的控制策略,其输

出扭矩将无法保持原有数值。从图 7.10(a) 的仿真结果看，输出扭矩下降了 49.7%。然而该方法可以较好地保证惯性相的时间需求，实现齿圈的较快减速，其惯性相所需时间为 0.25s。

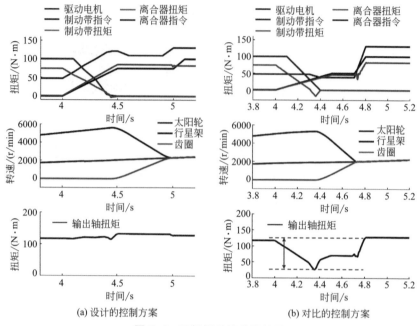

(a) 设计的控制方案　　　　　　　(b) 对比的控制方案

图 7.9　正扭矩升挡仿真结果

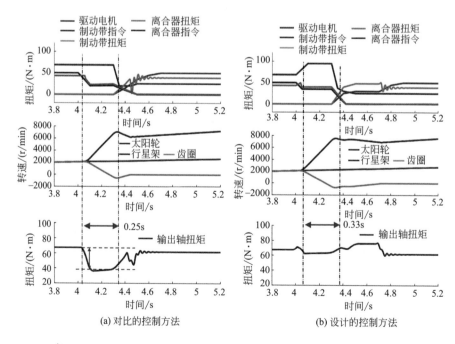

(a) 对比的控制方法　　　　　　　(b) 设计的控制方法

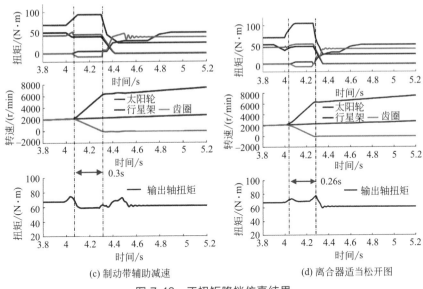

(c) 制动带辅助减速　　　　　　　　　(d) 离合器适当松开图

图 7.10　正扭矩降挡仿真结果

图 7.10(b) 与图 7.10(c) 形成对比。从控制策略看，对于图 7.10(c)，在惯性相过程中对带式制动器执行机构请求了小幅度的接合指令，从前文的分析中可知，此时带式制动器所带来的负扭矩与齿圈减速方向相同，有助于齿圈减速，该策略需要通过更多的主动电机扭矩补偿来平衡系统的动力学关系，保证输出端力矩恒定，从仿真结果看，该方法缩短了齿圈的减速时间，即完成惯性相的时间，从 0.33s 下降到 0.3s。在前人研究的结论中，在惯性相启动时，快速松开即将分离的离合器，使之快速进入滑动摩擦状态，再重新恢复起正压力，保证所提供的摩擦力矩满足输出力矩恒定的需求，因而完善了本章提出的控制策略，仿真结果如图 7.10(d) 所示，通过电机的主动补充、制动器的提前接合、离合器的快速松动及恢复，本方法在缩短惯性相完成时间的同时，实现动力不中断输出效果。

# 7.3　负扭矩换挡过程控制策略

负扭矩换挡工况是由于动力系统采用纯电驱动之后所带来的特有工况，尽管在传统动力源的 Clutch-to-Clutch 控制中，发动机怠速状态对于运行的车辆也会产生制动力矩，但其力矩量级远小于纯电动汽车制动能量回收时，电机所产生的反向驱动力矩。通过分析认为，负扭矩降挡相较于负扭矩升挡更有实际使用意义，因而本节仅对负扭矩降挡进行研究。本节对负扭矩降挡的研究进一步延伸，提出了在动力学分析的基础上，基于耗散功平衡的离合器到离合器换挡策略，从能量的角度对动力学分析的结论进行了量化计算和分析，验证了所设计方法的合理性，并通过该方法可以实现对大部分控制量的闭环控制，从而降低实际应用中工程标定的工作量。自动紧急制动工况下对负扭矩降挡的需求是显著的，当在再生制动期间执行降挡操作时，处于 1 挡的变速器可提供足够的制动力来满足硬制动要求，并同时消除主动制动助力器的动态滞后，从而提高驱动电机的能量回收效率。驱动电机本身具有快速的扭矩调节能力，并且由于简化了动力总成的结构，因此可以以较短的延迟将电机扭矩相对直接地传递至轮胎。因此，在紧急制动期间，再生制动理论上是首选的阻力来源。相比之下，在线控制动系统（BBW）被广泛应用的电动助力主缸上，由于其机电液耦合结构的复杂性而往往对于指令延迟约 150ms。尽管长期的工程经验表明，在紧急制动条件下，出于安全性和可靠性考虑，车辆应主要依靠摩擦制动系统进行制动，但是从制动效果的角度来看，摩擦制动和再生制动协作会更好。自动紧急制动方案要求快速制动力响应，而这可以通过再生制动电机来提供。然而，在多速变速器，尤其是本章所研究的两速变速器中，由于 2 挡的传动比小，导致再生扭矩不足以提供紧急制动所需轮上制动力矩。实验结果证明，两速变速器是多速电动动力总成考虑动力性、经济性、结构轻量化的平衡最佳选择。因此，在紧急制动中使用再生制动时，应考虑降挡操作，以满足制动力的要求。从图 7.11 可以看出，2 挡所产生的最大制动强度无法满足紧急制动时的需求，且在一定的车速范围（0～50km/h）内，1 挡下的电机能量回收效率更高。

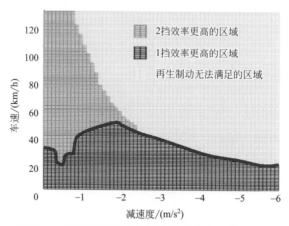

图 7.11　不同挡位下再生制动强度分布及效率对比

本节通过仿真验证了基于耗散功平衡的离合器到离合器换挡控制方法在实现负扭矩降挡时的有效性，同时应用到装有环境感知设备及线控液压制动系统的车辆模型中，证明了在自动紧急制动时采用该降挡控制，能够提高系统的制动效能。运用多个摩擦元件进行切换的变速器，在换挡过程中存在以下几个能量耗散或转移的环节：滑动摩擦状态下的摩擦副摩擦耗散，如即将接合的离合器或制动器；对于 Clutch-to-Clutch 换挡过程的研究中，其中一个关键的要点是在换挡过程中实现尽可能少的整车动力损失，也是本节对于换挡过程控制的关键目标，而对于负扭矩降挡工况而言，则更为重要，因为其将被应用在紧急制动中，以充分发挥其对整车动力系统能耗、制动效能的作用。对于变速器模型，在负扭矩降挡的过程中，首先进行的是扭矩相，即两个摩擦元件进行力矩交换。为了充分分析上述能量耗散或转移环节中的旋转惯量动能变化，将关键旋转部件等效到行星排后，其受力分析如图 7.12 所示。

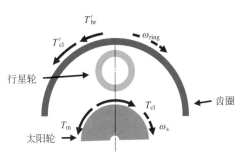

图 7.12　负扭矩降挡过程中
扭矩相受力分析

从变速箱系统的能量耗散和补给的角度来看，整车质量的动能向变速器系统提供正向能量（输入），驱动电机将变速器中的能量转为电能吸收到电池中，而逐渐接合的制动器通过产生摩擦扭矩来耗散能量。换挡前和扭矩相之间的区别是增加了带状制动器，以消耗能量，如图 7.13 所示，图中 $P_{veh}$ 表示整车质量在减速时释放的动能，此处暂不考虑摩擦主制动的环节；$P_{brk}$ 表示在扭矩相过程中，逐渐接合的带式制动器由于滑动摩擦所消耗能量的功率；$P_{mot}$ 表示在换挡前电机回馈到电池中的能量功率。

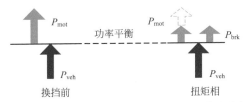

图 7.13　负扭矩降挡过程中扭矩相能量变化分析

因此，为了实现变速器功率平衡，需要对扭矩相过程中发生能量转移的环节进行计算，并以驱动电机回馈能量为调节单元，实现对系统能量的平衡。当完成扭矩相之后，控制流程进入惯性相，有多个旋转部件进行转速调整，释放或吸收能量以改变自身动能。其中太阳轮将逐渐加速，其需要馈入能量以改变自身动能，而齿圈将开始减速，释放其部分动能，该过程中，惯性相能量变化分析如图 7.14 所示。

图 7.14 中 $P_{ring}$ 表示齿圈动能减少的速率，即动能变化的功率，$P_{sum}$ 表示太阳轮动能增加的速率，即动能变化的功率。采用耗散功平衡的换挡控制策略，不仅

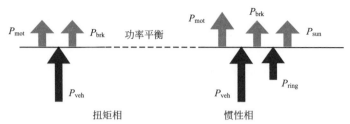

图 7.14　负扭矩降挡过程中惯性相能量变化分析

需要对摩擦副传递力矩进行准确估计，也需要对系统惯量进行准确获取，本节中变速器结构主要惯量如表 7.1 所示。

表 7.1　本节中变速器结构主要惯量

| 惯量 | 数值 |
| --- | --- |
| 输入轴及太阳轮惯量 $I_{su}/(\mathrm{kg \cdot m^2})$ | 0.01813 |
| 齿圈惯量 $I_r/(\mathrm{kg \cdot m^2})$ | 0.021 |
| 行星架惯量 $I_c/(\mathrm{kg \cdot m^2})$ | 0.0015 |
| 行星轮惯量 $I_p/(\mathrm{kg \cdot m^2})$ | 0.00003 |

在分析扭矩相和惯性相的功率平衡关系的基础上，设计无动力中断的换挡控制算法。假设在换挡过程中再生制动扭矩指令保持恒定，则将换挡开始时的驱动电机的动力存储为初始条件，并基于该初始条件来计算补偿结果。设计的算法仅需要带式制动器的参考轨迹，该线性轨迹的设计受带式制动器、离合器和电机控制器的执行器的响应性限制。利用带式制动器的压力指令，设计了基于物理模型和反馈转速信息的扭矩估算器，以估算带式制动器的扭矩。在带式制动器的引导下，确定离合器的扭矩容量，以确保在逐渐分离待分离的离合器时，由这两个摩擦元件提供的扭矩之和保持恒定。利用膜片弹簧离合器的反向物理模型，给出了离合器的压力指令。通过相位判断机制求解并选择电机的补偿功率，算法流程如图 7.15 所示。随着车辆环境感知能力的逐步提升，车载环境感知传感器已能够实现对前方道路中运动车辆、静止车辆、行人、摩托车等关键信息进行有效识别，基于该识别能力，归属于高级辅助驾驶的自动紧急制动辅助功能（Advanced Emergency Braking System，AEB）被研发出来并逐步应用于当前车辆。AEB 功能通常是基于毫米波雷达、车载摄像头总成或两者信息融合作为感知设备，通过感知设备获得前方障碍物与自车的相对速度和相对位置信息。AEB 的决策方法有多种，其中以碰撞时间（Time To Collision，TTC）为依据的控制方法是当前主流的思路，这种思路与当前对于 AEB 功能提出要求的法规是相互契合的。

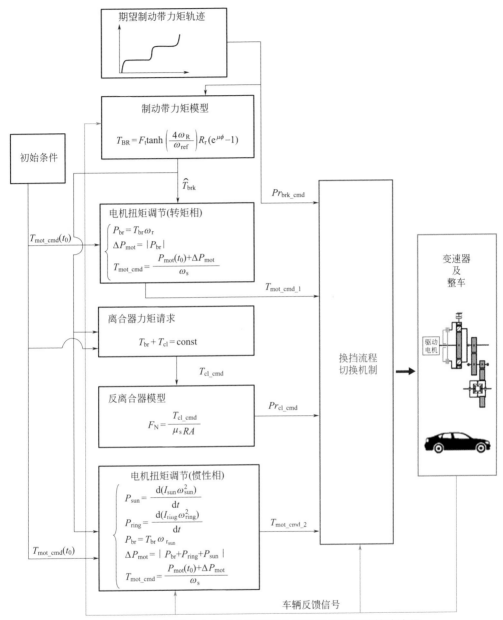

图 7.15　基于耗散功率的离合器到离合器换挡控制策略算法流程

为了提高 AEB 起作用过程中的乘坐舒适性以及为驾驶员提供人工介入的机会，通常采用基于 TTC 的三阶段式 AEB 控制过程，该过程如图 7.16 所示。其中报警阶段阈值通常设置为 2.7～3s，若驾驶员在报警阶段及时注意到紧急情况并做相应反应，则 AEB 功能不会进入第二阶段。为了提高制动的平顺性，在 TTC 为 1.8s

附近时设置了 40％制动力的制动环节，该阶段的目的是分担最后阶段制动的负荷同时提高制动的舒适性。

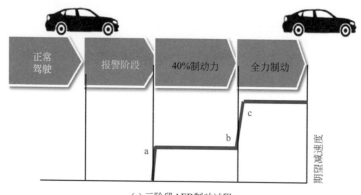

(a) 三阶段AEB制动过程

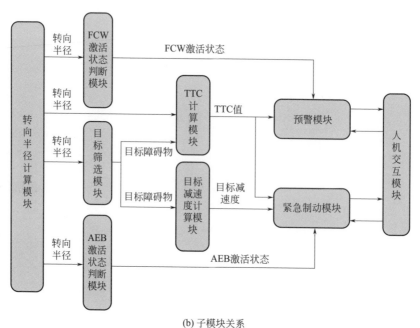

(b) 子模块关系

图 7.16　AEB 及 TTC 控制策略

　　为实现 AEB 功能，车辆必须搭载能自主主动增压且满足制动力需求的液压/气压制动系统，具备线控制动的功能，即线控制动系统（BBW）。在乘用车中，目前主流的硬件方案主要是电动助力主缸和 ESP 车身电子稳定性系统，两种方案在AEB 工况下，均通过数字信号通信的方式，通常是 CAN 通信，接收来自决策单元的制动力请求信号，驱动其自身电机旋转，推动压力泵产生高压制动液，传送到轮缸中，在轮胎上产生制动力。以电动助力主缸为研究匹配对象，其结构如图 7.17 所示。

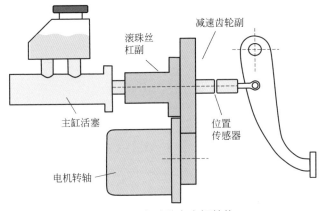

图 7.17 电动助力主缸结构

在电动助力主缸结构中，主要的运动部件包括电机转轴、减速齿轮副、滚珠丝杠副、主缸活塞。当电动助力主缸工作在线控制动模式下时，电机旋转带动丝杠平动以推动主缸活塞，对制动液施加压力，进而在轮缸处产生制动力。在该过程中，由于电机启动、驱动转动惯量、克服摩擦力、压缩液体等环节，使得电动助力主缸在响应制动压力请求时存在一定的滞后特征，约为150ms。根据不同产品，所采用的系统其阶跃响应滞后特性如图7.18所示。

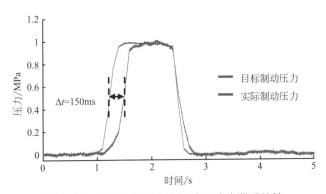

图 7.18 典型电动助力主缸阶跃响应滞后特性

在 Matlab/Simulink 仿真环境中，结合 PreScan 环境感知仿真环境，设置了如图 7.19 所示的联合仿真工况，车辆从距离障碍物足够远的地方开始加速，期间产生一次升挡操作，随后在距离静止障碍物满足触发所设计的 TTC 时间阈值时触发 AEB 紧急制动，并在制动过程中完成一次负扭矩降挡操作。整车状态量仿真结果如图 7.20 所示。从整车数据看，在第 6.3s 时触发一次正扭矩升挡，在第 27.5s 时触发了三阶段式 AEB 控制，车辆加速度变化如下：

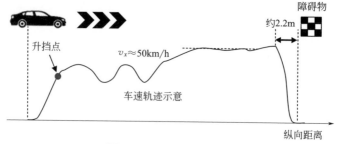

图 7.19　联合仿真工况

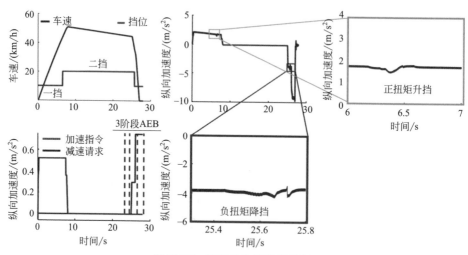

图 7.20　整车状态量仿真结果

在 AEB 制动过程中，第二阶段制动时，整车减速度约为 $a_{veh} \approx 4\mathrm{m/s^2}$，随后触发第三段紧急制动，整车减速度约为 $a_{veh} \approx 9\mathrm{m/s^2}$。在第二阶段制动过程中，触发了负扭矩降挡，在降挡过程中，整车减速度波动为 $\Delta a_{veh} \approx 0.6\mathrm{m/s^2}$，整车冲击并不显著，见图 7.20 中第五个图，该图为第二个制动阶段的局部放大。本节提出的基于耗散功平衡的离合器到离合器换挡控制策略能够较好地实现动力不中断输出，并应用于负扭矩降挡中，实现紧急制动。分析仿真结果中控制算法的过程计算值与算法输出值，从图 7.21 可以看出，在降挡过程中，根据耗散功平衡的算法，从图 7.21(a) 中第三个图中可以看出电机补偿力矩在扭矩相过程中绝对值下降，因为此时逐渐接合的制动器对系统能量进行了消耗，制动器在滑动摩擦过程中所消耗的功率如图 7.21(b) 中第一个图橘色曲线所示，为负数代表其相对于变速器系统是耗散功率的。在惯性相过程中，电机的补偿扭矩绝对值进一步下降 [图 7.21 (a) 中第三个图]，但补偿功率在稳步上升 [图 7.21(b) 中第一个图]，因为此时电机转速已经开始进行同步加速 [图 7.21(a) 中第一个图]。

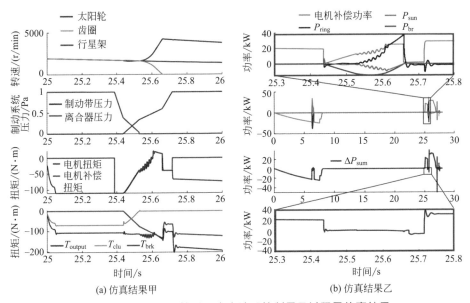

图 7.21 负扭矩降挡过程中变速器控制量及过程量仿真结果

在惯性相过程中，旋转惯量的动能释放或馈入情况是：太阳轮加速馈入能量 [图 7.21(b) 中第一个图绿色曲线]，齿圈减速释放动能 [图 7.21(b) 中第一个图紫色曲线]。将电机补偿功率、制动带滑摩功率、太阳轮轴动能变化率、齿圈动能变化率进行求和，获得图 7.21(b) 中第三个图曲线 $\Delta P_{sum}$。局部放大换挡过程得到图 7.21(b) 中第四个曲线，可注意到，此时基本维持 $\Delta P_{sum} = 0$，即实现了本方法的控制目标：变速器系统能量耗散与馈入平衡。在该仿真工况中，第 6.2s 触发了正扭矩升挡，从仿真结果可以看到，在正扭矩升挡过程中，整车加速度波动约为 $\Delta a_{veh} \approx 0.5 \text{m/s}^2$，维持了约 $a_{veh} \approx 2 \text{m/s}^2$ 的整车纵向加速度，见图 7.20 中第一行第三个图，实现了较好的动力不中断换挡。图 7.22 分析了该升挡过程中基于耗散功平衡的算法计算过程中的控制量，在首先进行的扭矩相过程中，通过电机扭矩增加输入，补偿了由逐渐接合的离合器所带来的功率损失，如图 7.22(b) 中第一个图所示。在随后的惯性相中，齿圈开始加速，需要馈入能量增加自身动能，而同时太阳轮轴开始减速释放动能，两者分别为图 7.22(b) 中第一个图中紫色和绿色曲线。将电机补充功率、离合器滑摩功率、太阳轮轴动能变化率、齿圈动能变化率相加求得整体变速器的功率变化之和 $\Delta P_{sum}$，即图 7.22(b) 中第三个图，局部放大换挡过程，观察放大时间过程 6～7s，可以看到 $\Delta P_{sum}$ 基本维持为 0，结合图 7.20 中的纵向加速度表现，证明基于耗散功平衡的离合器到离合器换挡控制策略的有效性。

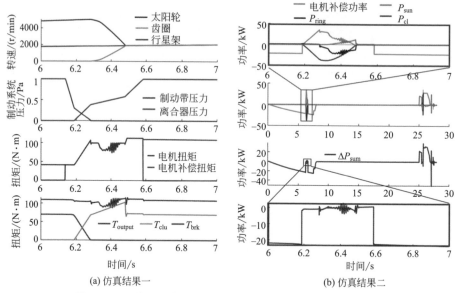

图 7.22　正扭矩升挡过程中变速器控制量及过程量仿真结果

# 7.4　实验验证

　　为通过实际实验验证上述基于电机调节的离合器到离合器换挡策略的有效性，在第 5 章中设计及制造的变速器样机、控制器硬件的基础上，搭建了控制器底层软件框架，编写了 TCU 实时控制策略，将上述控制策略部署到 TCU 中。为了实现在换挡过程中对驱动电机扭矩的灵活调节，实验中不仅使用了 TCU 硬件进行换挡过程各个控制量的计算与决策，还设计了网关硬件及软件，对实验车整车网络进行管理，实现在换挡过程中协调来自整车控制器 VCU 和变速器控制器 TCU 的扭矩需求，从而为验证本章所提出的换挡方法提供了实验基础。同时设计了车载 IMU设备对车辆纵向、横向、垂向加速度进行实时测量，将测量信息实时汇总到网关中，进而实现换挡过程控制量和状态量的实时同步采集，为实验分析与控制算法迭代提供了良好的反馈条件，如图 7.23 所示。

　　该网关硬件及软件设备主要承担将多路 CAN 网络汇集，同时将不同 CAN 网络中的信息进行必要的转发和管理，比如，当 TCU 对电机控制器进行扭矩请求时，来自 VCU 的同类请求信息需要通过网关进行筛选，保证 TCU 请求指令的响应等级。因而在本节实验车中，自主网络设计如图 7.24 所示。

　　将此网络系统搭载到实验车中，并结合变速器样机，对本节换挡控制策略进行实验验证。实验车内部各控制器布置如图 7.25 所示。将搭载有目标变速器及换挡

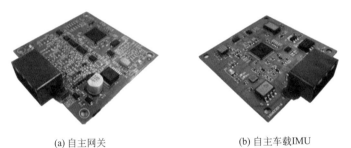

(a) 自主网关　　　　　　　　　　(b) 自主车载IMU

图 7.23　自主网关设计硬件及自主车载 IMU 设计硬件

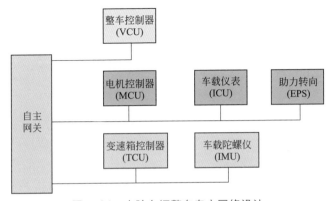

图 7.24　实验车辆整车自主网络设计

控制方法的实验车，运行在典型城市道路上，由控制器进行相应升降挡操作，获得一段行驶车速曲线，如图 7.26 所示。在该路径中，发生了多次的升挡与降挡操作，取其中两个升挡时刻的数据进行分析，分别是 3.5s 时和 87.5s 时的正扭矩升挡，277.5s 时的正扭矩降挡。观察换挡前后 5s 的数据，考察换挡过程中，电机补偿、离合器、制动带的配合控制效果，并考察基于耗散功的闭环控制方式是否实现动力不中断换挡，根据

图 7.25　实验车内部各控制器布置

所设计的车载 IMU 对车辆纵向加速度进行测量，作为衡量换挡效果评价指标。

图 7.27 展示了测试工况中第 3.5s 时产生的正扭矩升挡操作，在换挡启动时刻，驾驶员的加速踏板开度为 26%，见图 7.27(e) 中蓝色曲线，此时电机驱动力矩为 18.5N·m，见图 7.27(c) 中黄色曲线。图 7.27(a) 展示了执行机构位置和

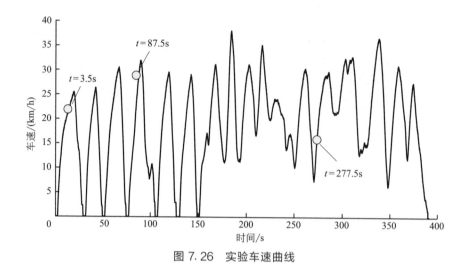

图 7.26  实验车速曲线

电机电流数据，可以看到执行机构在启动时负载较大、电流较大，根据第 6 章所设计的力矩估算方法，可以利用位置信息和电流信息估算得到两个摩擦元件的传递力矩，估算的离合器传递力矩如图 7.27(c) 中蓝色曲线所示，估算的制动带传递力矩如图 7.27(c) 中红色曲线所示。整个换挡过程持续了约 600ms，由于是正扭矩升挡，首先进行了扭矩相，扭矩相从图 7.27 的第 2s 开始，在该过程中，离合器逐渐接合以取代制动带传递力矩的任务，如执行机构位置曲线，如图 7.27(a) 所示。在扭矩相过程中，离合器的滑摩功率如图 7.27(b) 中黄色曲线所示，为负数，证明此时相对于变速器而言，离合器在耗散能量，这与前文理论分析相同。

随后当制动带传递力矩为 0 时，开始进入惯性相，从图 7.27(f) 的三个关键转动元件的转速可以看出，惯性相的启动时间为图中的第 2.4s，此时，离合器保持在滑摩状态中，太阳轮、齿圈开始调速，其动能变化率如图 7.27(b) 中红色和蓝色曲线所示，由于太阳轮为转速下降，动能往变速器其他环节释放，则其动能变化率为正，与前文的理论分析是一致的。将该过程中，变速器各项能量耗散和馈入的

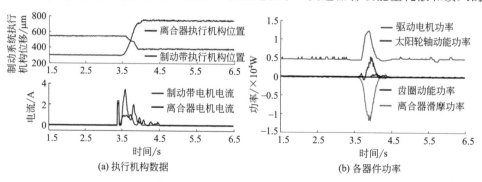

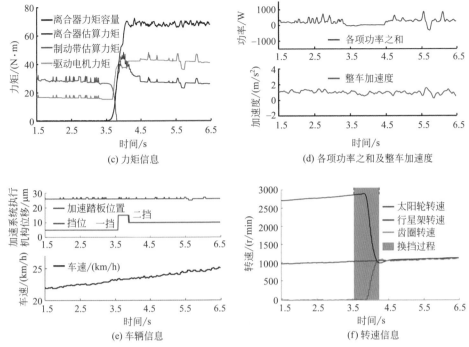

(c) 力矩信息

(d) 各项功率之和及整车加速度

(e) 车辆信息

(f) 转速信息

图 7.27　第 3.5s 时产生的正扭矩升挡（一挡驱动力矩 18.5N·m）

环节的功率进行求和，得到的数据如图 7.27(d) 中蓝色曲线所示，可见在换挡过程中，该求和值基本保持为 0，而在换挡过程中，整车并未出现动力中断或下降的情况，验证了本节所设计的基于耗散功的离合器到离合器换挡控制方法在实现动力不中断换挡的有效性，图 7.27 的电机补偿力矩曲线与本章中基于动力学分析的离合器到离合器控制策略相吻合。

图 7.28 展示了测试工况中第 87.5s 时产生的正扭矩升挡操作，在换挡启动时刻，驾驶员的加速踏板开度为 28%，见图 7.28(e) 中蓝色曲线，此时电机驱动力

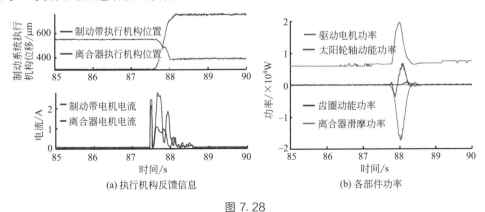

(a) 执行机构反馈信息

(b) 各部件功率

图 7.28

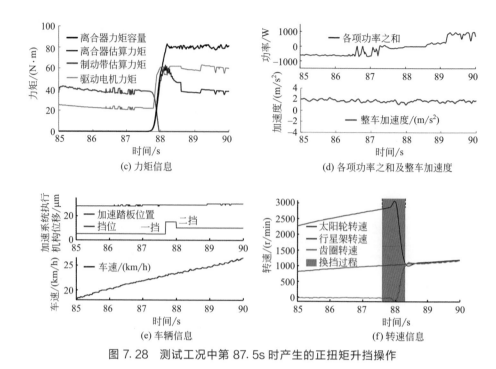

图 7.28　测试工况中第 87.5s 时产生的正扭矩升挡操作

矩为 23.5N•m，见图 7.28（c）中黄色曲线。图 7.28（c）展示了对于两个摩擦元件的力矩估算结果及电机扭矩补偿结果。从耗散功的角度分析换挡过程关键元件对功率的耗散和馈入，并将其求和，可得图 7.28（d）所示曲线，在换挡进行的第 2.6s～3.3s，过程中该求和值保持为 0，相应的整车加速度在换挡过程中基本维持在 1.8m/s²，未出现动力中断现象，证明了本章所设计的基于电机调节的离合器到离合器换挡控制方法在实现正扭矩升挡时的有效性。图 7.29 展示了测试工况中第 277.5s 时产生的正扭矩降挡操作，从图 7.29（e）中的驾驶员加速踏板位置信息可以看出，此时在换挡前的 1s，驾驶员踩下加速踏板深度超过了 50%，而同时车速较低，处于约 15km/h，同时由于之前路况原因导致车辆正处于二挡运行状态。据此工况，控制器判断为驾驶员有低速下急加速需求，因而进行了正扭矩降挡。从图 7.29（f）可以看出，换挡过程持续了 850ms，首先进行了惯性相，进行旋转惯量的转速调整，在该过程中，齿圈进行了减速释放能量，因而从图 7.29（b）中红色曲线可以看到，齿圈动能功率为正，表示其往变速器系统其他单元释放动能，而此时制动带逐渐接合，产生的耗散功如图 7.29（b）中黄色曲线所示，同时电机根据本章设计的功率平衡方程进行求解，进行动态调节，其结果如图 7.29（b）中绿色曲线所示。将图 7.29（b）中绘制的各换件的功率变化情况进行求和，可获得图 7.29（d）中的蓝色曲线，可见在换挡阶段，该求和值基本保持在 0 附近，表明了该方法的控制律是对系统整体功率和保持平衡。从图 7.29(d) 中红色曲线可以看出，在换挡过程中，整车加速度基本维持原有需求加速水平，即约 $3.2\text{m/s}^2$，未出现明显的动力中断现象，证明了本章提出的基于耗散功的离合器到离合器换挡控制策略在实现正扭矩降挡的过程中，可以进行有效的动力补偿量计算，进而实现了良好的动力不中断效果，达到了设计目的。换挡之后，控制器对驾驶员急加速需求进行了进一步响应，利用一挡时动力系统的剩余加速功率，进一步输出了动力，从图 7.29(d) 中红色曲线，即整车加速度曲线可以看出，换挡后动力系统提高输出水平，整车加速度提高到 $7.2\text{m/s}^2$，以响应驾驶员的急加速需求。

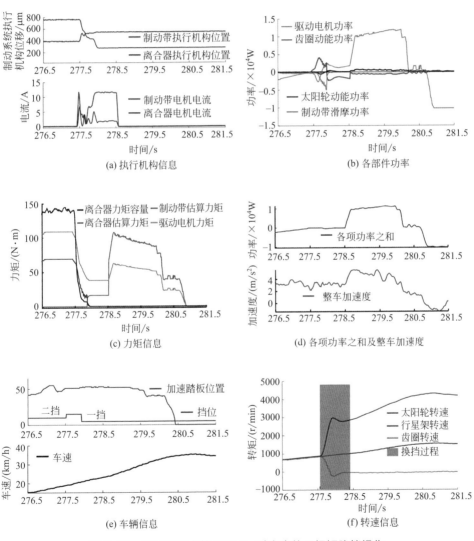

图 7.29　测试工况中第 277.5s 时产生的正扭矩降挡操作

本章分析了目标变速器换挡过程动力学特性，设计了新型离合器到离合器（Clutch-to-Clutch）换挡控制策略，在传统控制方法的基础上，创新地提出了增加驱动电机功率补偿调节的方案，可以达到更好的动力输出不中断效果，尤其运用在挡位数少而速比落差大的电动车变速箱中。在此基础上，创新地提出了基于耗散功平衡的 Clutch-to-Clutch 控制策略求解方法，将变速器能量状态视为整体，通过对旋转惯量动能变化率、滑摩元件滑摩功率进行估算，求取驱动电机调节功率。仿真结果证明了该方法所求解控制量与前述基于动力学分析所得控制规律一致，可实现正扭矩升挡时，将输出轴扭矩波动控制在 6% 以内。仿真结果同时证明了，将该控制方法运用到紧急制动工况中的负扭矩降挡过程，可以稳定地保持 $-4\mathrm{m/s^2}$ 的整车减速度，同时提高了电机的能量回收效率，弥补了电动助力主缸在增压过程中存在滞后的不足。通过实车实验，证明了采用该方法具有良好的动态性能，在正扭矩升挡、正扭矩降挡工况中均可保证车辆维持原有加速度，加速度波动保持在 10% 以内。该方法可以推广到使用电机为驱动源、两个摩擦元件为换挡部件的传动系统换挡控制中，如新能源系统下的 DCT、AT 或相似结构变速器中，具有广泛的适用性。

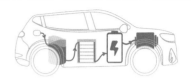

# 第 8 章
# 基于换挡品质的制动器动态建模及力矩特性

本章研究换挡过程中制动器对换挡品质的影响。为了实现对换挡过程的精确控制，需要建立制动力，制动带执行机构施加给制动带的拉力或推力，与制动带动态制动力矩之间的关系，为此建立制动带动力学模型，获得制动带绕入端、绕出端拉力与制动力矩的关系，研究基于换挡品质的制动带压力分布规律，建立制动器自增力效应解析模型，对制动带的弯矩效应进行分析，建立制动带动态模型，对换挡过程中制动带的动态力矩特性进行研究。

## 8.1 制动器影响 AMT 换挡品质

制动器接合或开始接合，对应于纯电动客车行驶在一挡或二挡降一挡的换挡过程中。动力保持型三挡 AMT 处于一挡时，制动带抱紧制动鼓，两者无相对运动，因而一挡工况是稳态；当二挡降一挡时，制动器执行机构动作，依靠制动带控制电机的推力，拉紧制动带逐渐抱紧制动鼓，制动带与制动鼓存在滑摩，因而降挡工况是动态过程，在此过程中，制动带的动态力矩特性对换挡品质的影响至关重要。

### 8.1.1 换挡品质的评价指标

换挡品质的评价指标主要有冲击度和滑摩功，两者相互影响，相互制约。在动力保持型三挡 AMT 仿真模型基础上，建立冲击度和滑摩功模型，如图 8.1 所示。由以上分析可知，动力保持型三挡 AMT 在换挡过程中，能够实现动力不中断，但主减速器输出的扭矩仍然有波动，将导致车辆加速度的变化，为评价这种变化，引入冲击度指标。换挡过程中冲击度的影响因素主要有驱动电机转矩变化率、制动器力矩变化率和二挡离合器力矩变化率。

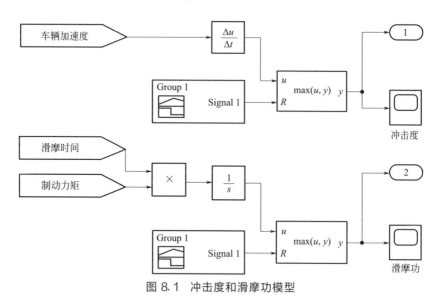

图 8.1　冲击度和滑摩功模型

　　换挡过程中，制动器的主从动部件之间存在转速差，因而主从动部件的摩擦副之间出现滑摩，从而产生滑摩功，滑摩功会转化为摩擦热，导致摩擦副温度升高，影响制动器的制动效能和寿命。滑摩功主要与以下几方面的因素有关：制动器力矩、离合器力矩、滑摩时间和摩擦副主从动部件之间的转速差等。假设 $t_0 \sim t_1$ 为惯性相，$t_1 \sim t_2$ 为力矩相。在惯性相阶段，二挡离合器单独作用并开始滑摩，由于转动惯量一定，所以滑摩时间的长短取决于二挡离合器力矩。如果离合器力矩迅速下降，滑摩时间将显著缩短，滑摩时间越短，滑摩功也就越小，但同时会引起离合器力矩的变化率增大，离合器力矩变化率的增大会引起主减速器输出力矩变化率的增大，最终导致换挡冲击度的增大。编程计算制动器滑摩功时，需要确定力矩相的开始时刻 $t_1$ 和结束时刻 $t_2$。力矩相冲击度和滑摩功随滑摩时间的变化曲线如图 8.2 所示。由图 8.2 可知，降挡时制动器开始接合的时间是 51.176s，此时刻即 $t_1$ 时刻，力矩相阶段开始，0.55s 后，齿圈转速降为 0，力矩相阶段结束。

　　由图 8.2 可见，滑摩功随着滑摩时间的增加几乎呈线性增加，因此，为了减小力矩相阶段的滑摩功，可以缩短力矩相阶段的滑摩时间，但滑摩时间减少又会导致换挡冲击度的增大，当滑摩时间为 0.5s 时，换挡冲击度为 $10\mathrm{m/s^3}$，冲击度值较满意，滑摩功为 9kJ。

## 8.1.2　制动器的力矩优化

　　动力保持型三挡 AMT 采用制动器来制动齿圈，为了提高制动可靠性，一般会

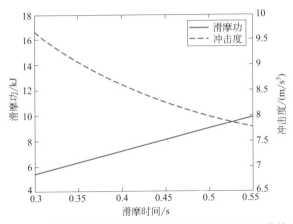

图 8.2　力矩相冲击度和滑摩功随滑摩时间的变化曲线

选择制动力矩容量过大的制动器，但这会造成制动器体积过大，不利于变速器的轻量化，因此，在减小滑摩功和冲击度的同时，应尽可能降低制动器最大力矩需求。制动器力矩优化的目标是减小滑摩功和冲击度的同时，降低换挡过程中的制动器最大力矩需求。制动器力矩、冲击度、滑摩功相互制约，无法同时达到最优，且三者的量纲和数量级不同，难以直接放在一起优化。为此本小节采用离差归一化方法对制动器力矩、冲击度、滑摩功进行归一化计算，并将各个目标进行加权处理，组成综合优化目标函数。制动器需求力矩的初始值由动力保持型三挡 AMT 模型得到，一挡时制动器力矩最大值约为 3280N·m，显然，为了提高工作可靠性，制动力矩应当大于这个数值。根据动力保持型三挡 AMT 模型，编写程序，基于制动力矩3280N·m，以 15N·m 为步长，同时根据换挡时力矩相曲线，在 Matlab/Simulink 模型中设置对应的制动器力矩、二挡离合器力矩，求解不同制动力矩下的冲击度、滑摩功及综合优化目标函数。如图 8.3 所示为二挡降一挡时的冲击度和滑摩功优化模型。换挡过程中的冲击度和滑摩功随制动力矩的变化曲线如图 8.4 所示。

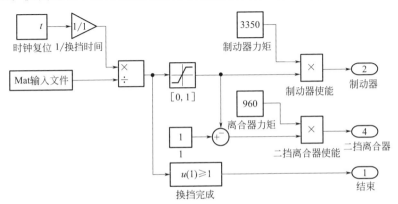

图 8.3　二挡降一挡时的冲击度和滑摩功优化模型

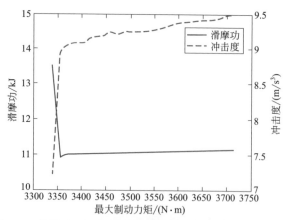

图 8.4　换挡过程中冲击度和滑摩功随制动力矩的变化曲线

从图 8.4 可以看出，冲击度随着制动力矩的变大而增大，以制动力矩 3350N·m 为分界点，在制动力矩小于 3350N·m 时，冲击度增加的速度很快，而当制动力矩大于 3350N·m 时，冲击度增大的幅度变缓。对于滑摩功，同样以制动力矩 3350N·m 为分界点，在制动力矩小于 3350N·m 时，滑摩功迅速降低，当制动力矩等于 3350N·m 时，滑摩功降低到最小值，当制动力矩大于 3350N·m 时，滑摩功又开始随制动力矩的增大而缓慢增大，这是因为制动力矩逐渐增大时，制动鼓将被迅速制动，滑摩时间显著减小，滑摩功迅速降低，但随制动力矩继续增大，滑摩时间几乎不再减小，导致滑摩功随着制动力矩的增大而增大缓慢。综合优化目标函数曲线如图 8.5 所示，当制动力矩约为 3350N·m 时，为综合优化目标函数。

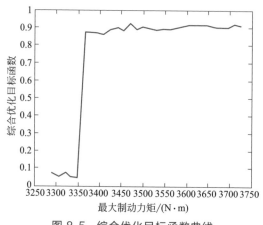

图 8.5　综合优化目标函数曲线

制动力矩不同，制动器主从动部件之间的转速差也不相同，滑摩时间也有差别，图 8.6 反映了优化前后，制动器主从动部件之间转速差与制动力矩的对应关

　新能源车辆燃料电池-动力系统设计与控制

系。由图 8.6 可见，换挡开始时，不同制动力矩下的初始转速差相等，制动力矩作用后，转速差下降至 0，制动鼓静止，变速器降为一挡，换挡完成。制动力矩为 3300N·m 时，滑摩时间显著长于其余两种工况，制动力矩为 3400N·m 时，滑摩时间最短，但与制动力矩 3350N·m 对应的曲线相比，滑摩时间相差不大，而滑摩功却有所增加，制动力矩为 3350N·m 较为适宜，与优化结果一致。

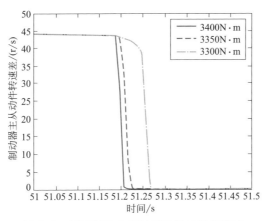

图 8.6　不同制动力矩时制动器的滑摩速度

# 8.2　制动带的选型及其执行机构的设计

## 8.2.1　制动带的选型

由动力保持型三挡 AMT 的原理可知，实现换挡的关键元件是换挡执行机构——离合器和制动器，其中制动器结构紧凑，轴向尺寸小，可以使用纯电力作为动力源，因此，本小节选用制动器作为换挡执行机构。分析动力保持型三挡 AMT，只有在一挡、二挡降一挡、三挡降一挡时，制动带才抱紧制动鼓，其余时候制动带放松制动鼓。制动带抱紧制动鼓时，依靠带、鼓之间的摩擦产生制动力矩，使制动鼓抱停，产生制动作用。动力保持型三挡 AMT 太阳轮连接驱动电机作为动力输入，行星架连接中间轴主动齿轮作为动力输出，因此制动鼓只能连接齿圈。纯电动客车工作在一挡时，动力保持型三挡 AMT 齿圈被制动，此时制动带需要提供足够的制动力矩。

## 8.2.2　制动带执行机构的设计

制动带收紧或放松，需要制动带执行机构施加作用力来完成，考虑到简化结构，节约成本，充分利用纯电动客车的电力资源，执行机构采用控制电机作为动力源，控制电机产生的动力经齿轮减速后由滚珠丝杠输出。制动时，制动带执行机构需要将控制电机的输入转矩转化为直线作用力，同时还应安装位置传感器监测直线运动的距离。执行机构由减速齿轮和滚珠丝杠构成，滚珠丝杠传动效率高，摩擦小，但由于滚珠丝杠的摩擦角小于螺旋角，因而无法自锁，所以在直线运动到位时还应锁止执行机构以使制动带保持收紧状态，并且在适当的时候可以解锁。丝杠的前端安装有推力杠杆，推力杠杆可以绕固定在制动器壳体上的支座转动，从而以杠杆力施加于制动带，使制动带抱紧制动鼓，图 8.7(a) 是制动带执行机构示意，图 8.7(b) 是推力杠杆几何模型，图 8.8 是三维制动带执行机构模型。

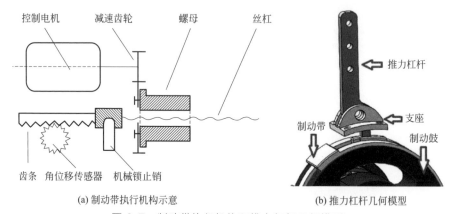

(a) 制动带执行机构示意　　　　　　　　(b) 推力杠杆几何模型

图 8.7　制动带执行机构和推力杠杆几何模型

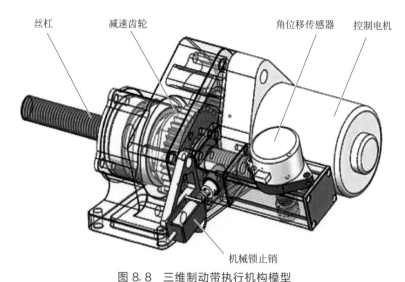

图 8.8　三维制动带执行机构模型

　　工作时，控制电机转动并通过减速齿轮使滚珠丝杠螺母转动，由于支撑轴承和

新能源车辆燃料电池-动力系统设计与控制

限位块的作用，使得丝杠只能平动而不会转动，因此电机的转动经滚珠丝杠螺母副后转化为丝杠的平动，丝杠平动的同时驱动后端齿条运动，齿条的运动带动角位移传感器转动，使角位移传感器输出变化的电压，从而得到当前位置。当丝杠前进到机械锁止销落入位置时，在预压弹簧力的作用下，机械锁止销落入锁止孔，将丝杠锁止。机械锁止销后部装有电磁铁，如控制电机需要反转，则给电磁铁通电，产生电磁力将机械锁止销拉回，解锁丝杠，电机反向转动带动丝杠后退。制动带半径 $R_0 = 69.5\text{mm}$，制动鼓半径 $R_1 = 69\text{mm}$，制动带包角 $\Phi = 346.3°$，如图 8.9 所示。$A$ 为推力杠杆作用点，也是制动带自由端，$C$ 是制动带固定端，$AOC$ 之间的钝角是包角 $\Phi$。当施加推力时，制动带自由端从 $A$ 点运动到制动鼓上的 $B$ 点，制动带贴紧制动鼓。

减速比的设计主要有两个原则：一是齿轮的每级减速比不宜过大，二是减速机构的转动惯量要小。由于减速机构的速比与后级齿轮的直径成正比，而转动惯量却与齿轮的直径成平方关系，因此在速比满足条件的情况下，选用二级齿轮减速，空间的布置更灵活，转动惯量也更小，并且方便齿数的选择，本书选取的减速比为 8.126。如图 8.10 所示是齿轮减速机构实物。根据电机拖动原理及相关理论，为确保控制电机的额定转速为 1200r/min，则峰值转速需达到 2000r/min。考虑到电机峰值转矩一般都大于额定转矩，并且应有至少一倍的过载能力，因而选取额定转矩为 0.16N·m 以上即可满足需要。由额定转速和额定转矩即可得到控制电机的额定功率至少为 20W。

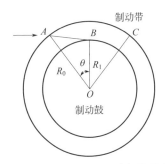

图 8.9　制动带消除间隙行程示意

$\theta$—制动偏移角

图 8.10　齿轮减速机构实物

如图 8.11 所示是制动鼓反转时制动带受力情况，制动鼓逆时针旋转，图中作用力 $F_1$ 施加于制动带自由端，$F_2$ 是制动带固定端对制动带产生的作用力。取制动带上某一微元为研究对象，如图 8.12 所示。图中 $F_p$ 是制动鼓施加给制动带的法向反力，$F_f$ 是制动带受到的切向摩擦力，d 是微元所对应的角度，$F$ 和 $F + \text{d}F$ 分别是制动带受到的拉力。制动带包角最大值为 $\Phi$，宽度为 $b$，厚度为 $h$，静摩擦

系数为 $\mu$，制动带单位面积所受的随角度变化的法向反力为 $F_P$。制动鼓旋转方向与制动带自由端作用力 $F_1$ 方向相同，称为制动鼓正转。正转与反转的区别在于 $F_f$ 的方向不同，$F_1$ 为绕出端拉力，$F_2$ 为绕入端拉力，如图 8.13 所示。

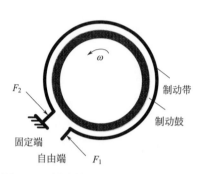

图 8.11　制动鼓反转时制动带受力情况

$\omega$—角速度，下同

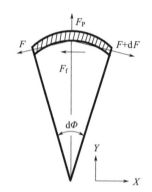

图 8.12　制动鼓反转时制动带
微元受力情况

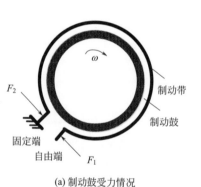

(a) 制动鼓受力情况

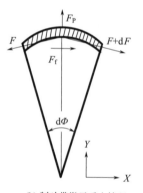

(b) 制动带微元受力情况

图 8.13　制动鼓正转时受力情况

当制动鼓旋转时，制动带与制动鼓之间开始滑摩，制动鼓受到制动带施加的动态制动力的作用，与此同时，制动带也受到制动鼓的反作用力，该力以动态摩擦力 $F_{fd}$ 的形式存在。制动鼓正转与反转，最显著的区别就是 $F_{fd}$ 的方向不同，这也是制动鼓转向不同时，制动带动态特性存在明显差异的根源，为研究 $F_{fd}$ 对制动带动态特性的影响，可将制动带等效为曲梁，对等效曲梁进行受力分析。如图 8.14 所示是制动鼓反转时等效曲梁受力情况。

图 8.14 中 $O$ 是制动鼓圆心，d 是微元的圆心角，$A$ 是微元受力端，$B$ 是微元固定端，即制动带固定端。由于制动带厚度远远小于制动鼓半径，因此忽略制动带厚度，近似认为曲梁半径与制动鼓半径相等。当制动鼓反向旋转时，曲梁受到动态

摩擦力 $F_{fd}$ 的作用，方向如图 8.14 所示，则 $F_{fd}$ 对曲梁施加一个绕 $B$ 点的弯矩，力臂为 $L$。由于弯矩的作用，曲梁在 $A$ 点产生小的转角 $\theta$，同时 $B$ 点产生反作用力矩 $M_B$，$M_B$ 和 $\theta$ 使制动带出现远离制动鼓的趋势，减小了两者之间的接触面积，造成制动鼓法向反力的下降，最终导致动态制动力矩减小。如图 8.15 所示是制动鼓正转时等效曲梁受力情况。当制动鼓正向旋转时，曲梁受到的动态摩擦力 $F_{fd}$ 方向如图 8.15 所示，$F_{fd}$ 对曲梁施加一个绕 $B$ 点的弯矩，力臂为 $L$。由于弯矩的作用，曲梁在 $A$ 点产生小的转角 $\theta$，使曲梁未接触制动鼓的部分向制动鼓靠拢，同时 $B$ 点产生反作用力矩 $M_B$，$M_B$ 和 $\theta$ 使制动带出现紧贴制动鼓的趋势，增加了两者之间的接触面积，造成制动鼓法向反力的增大，最终导致动态制动力矩变大，出现自增力现象。

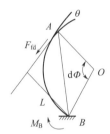 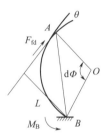

图 8.14　制动鼓反转时等效曲梁受力情况　　图 8.15　制动鼓正转时等效曲梁受力情况

# 8.3　制动器模型

换挡时存在制动带的滑摩，制动带与制动鼓之间出现转速差，静态制动力矩过渡为动态制动力，矩静态摩擦系数 $\mu$ 转变为动态摩擦系数 $\mu_d$，而动态摩擦系数的获得是研究中的难点，因此动态制动力矩难以直接由解析方式得到。通过力学理论建立制动带的动态模型，对各工况进行求解分析，进而研究动态过程中制动力矩随制动力的变化规律。将连续体离散化，即用有限离散单元来表征连续体，单元之间通过有限个节点连接。步骤为：设计生成连续体几何模型；将连续体离散成有限个单元；通过节点连接离散有限单元，用节点位移对内部各节点进行插值，形成位移函数；用节点位移表示任意点的位移；由应力-应变关系确定节点的应力；单元内部等效节点力，建立与单元内部应力状态等效节点力与节点位移关系；根据结构所受等效载荷，建立各单元平衡方程；由各单元平衡方程建立整体结构的平衡矩阵；解得节点位移和各节点、单元的应力。动力保持型三挡 AMT 结构方案设计，利用动态规划算法对各挡位速比做了优化，建立动力保持型三挡 AMT 几何、材料及结构模型，如图 8.16 所示。

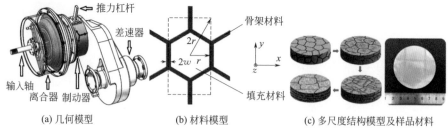

（a）几何模型　　　　（b）材料模型　　　　（c）多尺度结构模型及样品材料

图 8.16　动力保持型三挡 AMT 几何、材料及结构模型

　　制动器的制动鼓与三挡 AMT 行星齿轮系统的齿圈连接，制动带安装于制动鼓周向，制动带自由端与推力杠杆末端相连，可在推力杠杆推力作用下抱紧制动鼓，制动带固定端通过支座固定于变速器壳体，制动器计算模型如图 8.17 所示。复合材料制动器的结构分析模型如图 8.18 所示。

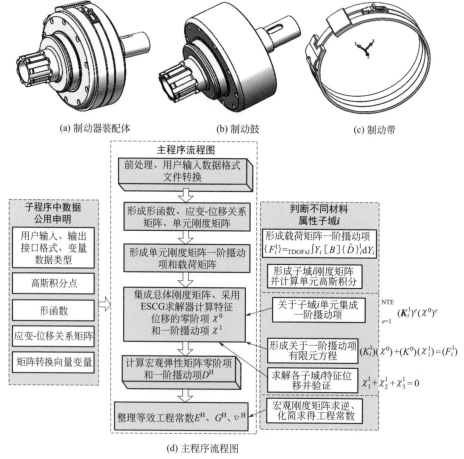

（a）制动器装配体　　　　（b）制动鼓　　　　（c）制动带

（d）主程序流程图

图 8.17　制动器计算模型

新能源车辆燃料电池-动力系统设计与控制

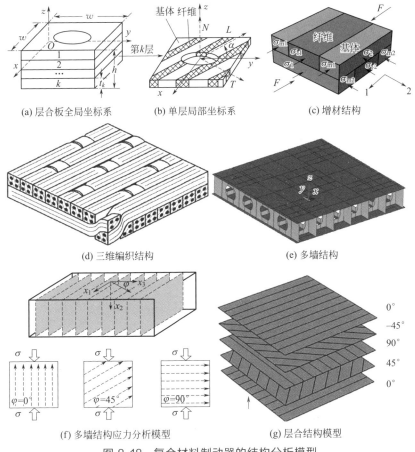

(a) 层合板全局坐标系　　　(b) 单层局部坐标系　　　(c) 增材结构

(d) 三维编织结构　　　　　　　　(e) 多墙结构

(f) 多墙结构应力分析模型　　　　　(g) 层合结构模型

图 8.18　复合材料制动器的结构分析模型

几何模型设计完成后，进行力学建模，模型导入前对轴承、螺栓、开口销、毡垫和卡环等一些非关键零件进行必要的简化，利用三维实体单元对各部件进行网格划分，得到图 8.19，即制动器力学模型。

(a) 燃料电池大型卡车

图 8.19

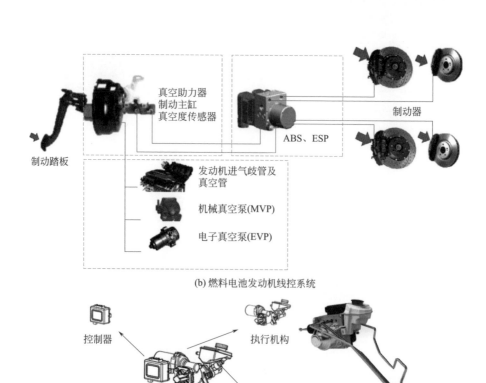

(b) 燃料电池发动机线控系统

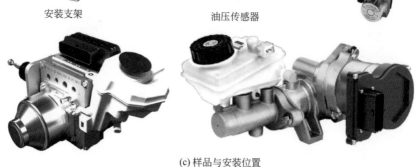

(c) 样品与安装位置

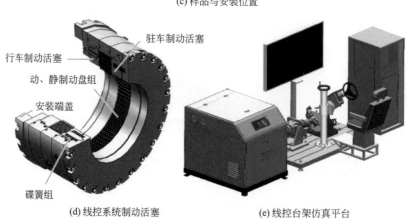

(d) 线控系统制动活塞

(e) 线控台架仿真平台

(f) 制动器装配体　　　　　(g) 制动带　　　　　(h) 摩擦片

图 8.19　制动器力学模型

　　设置摩擦片与制动带绑定约束，放开制动鼓绕轴线旋转自由度，约束其余自由度，放开制动带径向和周向平动自由度，约束其余自由度。建立摩擦片与制动鼓的接触关系，以此来模拟摩擦片与制动鼓之间的相互作用。摩擦片与制动鼓的接触需要设置从面和主面，通常接触对中材料较软的部件是从面，网格也需要划分得更细，因此设置摩擦片内圆面为从面，制动鼓的外表面为主面。

# 8.4　动力学仿真计算

　　制动工况包括两个阶段：一是消除间隙阶段，即制动带在制动力作用下由放松状态变为收紧状态，与制动鼓表面接触并发生相互挤压；二是产生摩擦阶段，即制动带摩擦片与制动鼓接触后，制动鼓绕轴向旋转，与摩擦片接触面产生摩擦。设定载荷时，首先需定义一个较小的初始载荷步，以便平稳地建立接触，之后再逐渐施加载荷，尽管这样需要更多的分析步，但可以提高求解效率，如果在第一个分析步直接施加全部载荷，则接触关系的建立将会变得突然而剧烈，导致收敛困难。根据换挡要求，结合动力保持型三挡 AMT 模型，制动鼓初始转速为正转 800r/min，制动带自由端施加的力最大值为 4620N，为了保证收敛，采用逐渐加力的方式，共分四个载荷步：第一步时间为 4s，制动鼓达到初始转速，制动力为一个较小的数值；第二步时间为 8.86s，制动力逐渐增加，制动鼓转速缓慢下降；第三步时间为 5.1s，制动力增大到一定数值，制动鼓被制动静止；第四步时间为 5.44s，制动鼓保持静止，制动力继续增大直至最大值。按照设定的工况运行后显示，在制动力加载的初始阶段，由于受力状态的突然改变，制动带出现小幅抖动，表现为制动带与制动鼓之间接触面积的连续波动，随制动力持续加载，制动带与制动鼓之间的接触面积平稳增大，到达第一个载荷步对应的时间时，接触面积开始急剧增大，在 5.1s 时达到最大值，之后保持最大值直至结束，如图 8.20 所示。

　　如图 8.21 所示是正转 800r/min 摩擦片接触应力云图，制动过程中接触应力随包角不断发生变化，在包角最大处的制动带自由端接触应力最小，而在包角最小处的制动带固定端接触应力最大，摩擦片最大接触应力值为 391MPa。

　　取摩擦片中间部分节点，设置图 8.22 所示的应力读取路径，再以此路径得到接触

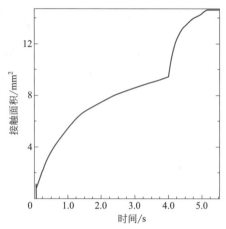

图 8.20　制动鼓正转 800r/min 时制动带与制动鼓之间接触面积的变化曲线

应力曲线。如图 8.23 所示是制动鼓正转 800r/min 时接触应力随制动带包角变化趋势，最大应力位于包角最小处，靠近制动带固定端，应力值和对应节点号与图 8.22 一致。

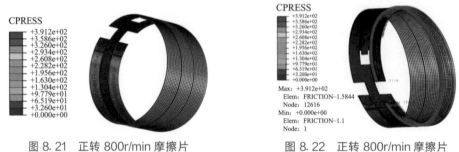

图 8.21　正转 800r/min 摩擦片
接触应力云图

图 8.22　正转 800r/min 摩擦片
接触应力分析

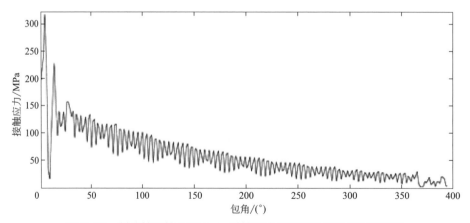

图 8.23　制动鼓正转 800r/min 时接触应力随制动带包角变化趋势

从图 8.23 可以看出，制动鼓正转时，接触应力随制动带包角的变化趋势大致呈指数形式下降，说明建立的力学模型有效。通过设置输出参数，可得到制动鼓正转800r/min 时制动过程中的制动力矩曲线。按照设定的加载方式，第一个载荷步在 4s时开始加载，之后制动力、接触面积逐渐增大，制动力矩随之逐渐增大，到达第三个载荷步即 5.1s 时制动鼓被抱停，动态过程结束，第三个载荷步开始至第四个载荷步制动力矩保持不变。根据换挡要求，结合三挡 AMT 模型，制动鼓初始转速为正转200r/min，制动带自由端施加力最大值为 4400N。为了保证收敛，采用逐渐加力方式，共分三个载荷步：第一步时间为 4s，制动鼓达到初始转速，制动力为一个较小的数值；第二步时间为 5.22s，制动力逐渐增加，制动鼓转速下降为 0；第三步时间为5.5s，制动力继续增至最大值，制动鼓保持静止。按照设定的工况运行，在制动力加载的初始阶段，制动带与制动鼓之间的接触面积缓慢增大，从第一个载荷步即 4s 开始，接触面积迅速增大，并于第二个载荷步开始时达到最大值，然后保持最大值直至第二个载荷步结束。图 8.24(a) 是摩擦片接触应力云图，最大接触应力发生在接近制动带固定端，应力值为 438.9MPa，对应的节点号是 3436。图 8.24(b) 是接触应力读取路径。

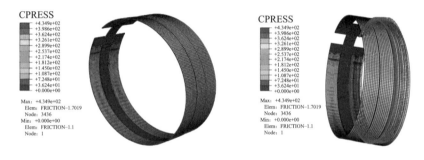

(a) 摩擦片接触应力云图　　　　　　　　(b) 接触应力读取路径

图 8.24　制动鼓正转 200r/min 时摩擦片接触应力云图和应力读取路径

按照设定的加载方式，第一个载荷步在 4s 时开始加载，制动力是一个较小的数值，之后制动力迅速增大，制动带与制动鼓之间的接触面积也迅速增大，至第二个载荷步即 5.22s 时制动力达到一个较大的数值，此时制动力矩达到最大值，制动鼓被抱停，从第二个载荷步开始，制动力继续增大直至加载结束，但制动力矩保持最大值不变。设置制动鼓初始转速为反转 200r/min，制动带自由端施加的力最大值为 8076N，为了保证收敛，采用逐渐加力的方式，共分三个载荷步：第一步时间为 4s，制动鼓达到初始转速 200r/min，制动力为一个较小的数值；第二步时间为5.48s，制动力逐渐增加直至最大值，制动鼓转速迅速下降；第三步时间为 5.68s，制动鼓被制动静止，制动力出现波动，稍稍减小。按照设定的工况运行后显示，在初始阶段，制动力按照默认方式以较小的值加载，接触面积缓慢增大，形成第一个载荷步加载前的初始状态。4s时，制动力按照设定的数值加载到制动带自由端，接触面积迅速增大，至第一个载荷步结束时，接触面积增大至最大值，制动力达到最大值，制动鼓转速大幅度下降，形成第二个载荷步加载前的状态。第二个载荷步开始后，制动力稍稍减小，但接触面积继续保持最大值，第二个载荷步结束时，制动鼓静止。图8.25(a)是摩擦片接触应力的运算结果，最大接触应力发生在制动带自由端，应力值为150.9MPa，对应的节点号是1837。图8.25(b)是接触应力读取路径。

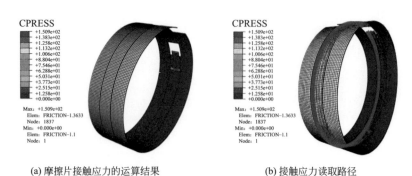

(a) 摩擦片接触应力的运算结果          (b) 接触应力读取路径

图 8.25　制动鼓反转 200r/min 时摩擦片接触应力分布及应力分析

按照设定的加载方式，制动带在4s时施加第一个载荷步，对制动鼓实施制动，随着时间历程的进行，制动力、接触面积逐渐增大，制动力矩随之逐渐增大，至第二个载荷步即5.48s时制动鼓转速大幅度下降，第二个载荷步开始，制动力矩仍保持增大，但增大幅度放缓，至第二个载荷步结束时，制动鼓转速降为零，动态过程结束。对制动鼓正转800r/min、正转200r/min、反转200r/min 三种工况进行了仿真计算。为便于分析，将三种工况对应的制动力矩曲线、接触面积变化曲线分别绘制在一起，如图8.26和图8.27所示。由图8.26可以看出，从初始时间开始，制动力矩缓慢增大，其中正转800r/min 和 200r/min 对应的制动力矩相差不大，反转工况产生的制动力矩较小，4s时到达第一个分析步。对于接触面积，开始时三个工况都出现不同程度的抖动，反转工况抖动持续时间较长，这是由于制动鼓反转，制动鼓有使制动带远离接触面的趋势，因此出现较明显的抖动，随着制动力的增大，制动带克服

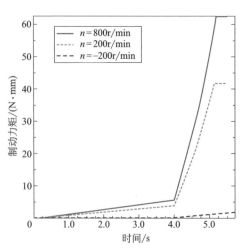

图 8.26　制动鼓不同转速制动
力矩的变化曲线

制动鼓反转所引起的阻力，平稳地贴向接触面，抖动消失。抖动消失后，三个工况的接触面积开始逐渐增大。

从第一个分析步即 4s 开始，制动鼓正转产生的制动力矩明显大于反转产生的制动力矩，且增长速度较快，这也可以从接触面积的变化得到印证，两个正转工况对应的接触面积远大于反转工况，这是由于制动鼓正转，有助于使制动带紧贴制动鼓，从而产生自增力效应。第一个分析步前期，即 4~8.1s 之间，两个正转工况制动力矩接近，之后逐渐出现差距，反映到图 8.27 上，8.1s 时，两个正转工况接触面积相近，

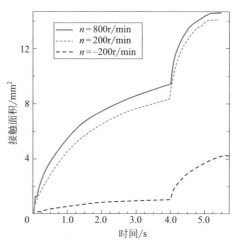

图 8.27 制动鼓不同转速接触面积的变化曲线

之后两者之间的差距越来越大。对于反转工况，第一个分析步期间，制动鼓反转所对应的制动力矩缓慢增长，由于制动力的增大，接触面积出现增长的趋势，但幅度远低于两个正转工况。800r/min 工况到达 5.1s，200r/min 工况到达 5.22s 时，正转两个工况制动鼓转速降为零，动态过程结束，此时两个工况都出现了一个尖峰，制动力矩出现了超调，又迅速下降到稳态值，之后一直保持稳态值直至全过程结束，这一阶段正转工况的制动力矩远大于反转的制动力矩，反转的制动力矩继续保持缓慢增长。反映到接触面积上，正转两个工况的接触面积达到或接近最大值，制动带利用率高，制动可靠性好，而反转对应的接触面积远低于正转，因此产生的制动力矩有限。对于 800r/min 工况，第一个分析步和第二个分析步所对应的是制动的动态过程即制动带的滑摩过程，称为动态区，对于正转 200r/min 工况，第一个分析步所对应的是制动过程的动态区，在此阶段，制动力矩随着制动力的增大而增大，直至达到最大值，制动鼓被制动逐渐减速至静止，两个正转工况的动态区曲线近似凹曲线，反映了制动带的自增力效应；之后制动力矩出现短暂抖动，称为过渡区；过渡区之后制动鼓静止，制动力矩保持一个稳定值，这一阶段称为静态区。对于反转工况，制动力矩随制动力的增大而近似线性增大，无明显过渡区和静态区。正转工况下，转速对于动态区曲线斜率的影响比较显著，转速越高，斜率越大。对比正转和反转工况，反转产生制动力矩明显小于正转，这是由于制动鼓反转时，制动带自由端的拉力需要克服制动鼓旋转施加的摩擦力，制动带自由端的拉力远大于固定端的拉力。当制动鼓转速相同而转向不同时，例如同样是 200r/min，正转施加的制动力约 2800N 即可抱停制动鼓，而反转则需要高达 8000N 的制动力才能达到制动目的。

正转简便算法的作用是为驾驶员提供助力，同时保证驾驶员具有良好的驾驶手感，其算法逻辑架构如图 8.28 所示。反转复杂算法在简便算法的基础上进一步提升驾驶的舒适性以及安全性，复杂算法逻辑架构，如图 8.29 所示。

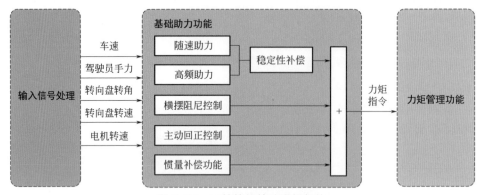

图 8.28　正转简便算法逻辑架构

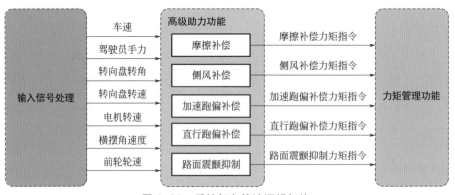

图 8.29　反转复杂算法逻辑架构

本章建立制动器的力学/仿真模型，对制动带的动态力矩特性进行研究。通过对换挡时力矩相和惯性相的分析，推导出冲击度和滑摩功的动力学方程，建立了冲击度和滑摩功求解模型，得到冲击度和滑摩功随滑摩时间变化的曲线，以探寻制动带对换挡品质的影响。建立冲击度和滑摩功的优化模型，采用离差归一化方法对制动器力矩、冲击度、滑摩功进行归一化处理，并将各个目标加权，组成一个综合优化目标函数 $f_{\text{mux}}$，在减小冲击度和滑摩功的同时，对换挡过程中的制动器最大力矩需求进行优化，并对优化前后的效果做了对比。根据目标车型和制动器力矩优化结果，对制动器做了选型，设计了制动带执行机构，计算确定了减速机构的速比和滚珠丝杠型号，计算得到控制电机的相关参数，确定控制电机型号。对制动带进行受力分析，建立制动鼓正转、反转力学模型，推导得到不同工况时制动鼓压力分布特点，以及制动带绕入端和绕出端拉力。采用等效曲梁的概念，分析动态过程中弯矩对制动带的作用，建立制动带自增力效应解析模型，推导得到不同工况制动带接触面积和制动力矩变化量。导入设计的几何模型，建立了制动器的模型。根据不同工况，设置适当的约束和边界条件，仿真得到制动器的动态力学特性，分析制动过程中制动鼓与制动带接触面积的变化曲线，得到制动鼓单位面积法向反力随制动带包角变化的趋势，以此验证与力学模型的一致性，对制动过程中动态制动力矩曲线做了分析，得到制动力矩随制动力变化的曲线，对不同工况的结果进行了对比研究。

# 参考文献

［1］ Johansson B. A broadened typology on energy and security ［J］. Energy，2013，53：199-205.

［2］ Obermaier M，Rauber M，Bauer A，et al. Local Fuel Starvation Degradation of an Automotive PEMFC Full Size Stack ［J］. Fuel Cells，2020.

［3］ Zhijie Chen，Penghao Li，Ryther Anderson，et al. Balancing volumetric and gravimetric uptake in highly porous materials for clean energy ［J］. Science，2020，368：297-303.

［4］ Mandal P，Hong B K，Oh J G，et al. Understanding the voltage reversal behavior of automotive fuel cells ［J］. Journal of Power Sources，2018，397(sep. 1)：397-404.

［5］ Ren P，Pei P，Li Y，et al. Degradation mechanism of proton exchange membrane fuel cell under typical automotive operating conditions ［J］. Progress in Energy and Combustion Science，2020，80：100859.

［6］ Bauer C，Burkhardt S，Dasgupta N P，et al. Charging sustainable batteries ［J］. Nat Sustain（2022）. https：//doi. org/10. 1038/s41893-022-00864-1.

［7］ Huang J，Boles S T，Tarascon J M. Sensing as the key to battery lifetime and sustainability ［J］. Nat Sustain（2022）. https：//doi. org/10. 1038/s41893-022-00859-y.

［8］ Nykvist B，Nilsson M. Rapidly falling costs of battery packs for electric vehicles ［J］. Nature Climate Change，2015，5：329-332.

［9］ 衣宝廉. 氢燃料电池 ［M］. 北京：化学工业出版社，2021.

［10］ 宋传增. 车用氢燃料电池 ［M］. 北京：人民交通出版社，2020.

［11］ 黄国勇. 氢能与燃料电池 ［M］. 北京：中国石化出版社，2020.

［12］ 林瑞. 车用燃料电池 ［M］. 北京：科学出版社，2021.

［13］ 陈鑫，赖南君. 燃料电池催化剂：结构设计与作用机制 ［M］. 北京：化学工业出版社，2021.

［14］ 戴海峰，裴冯来，郝冬. 燃料电池电动汽车安全指南 ［M］. 北京：机械工业出版社，2020.

［15］ 史践. 氢能与燃料电池电动汽车 ［M］. 北京：机械工业出版社，2021.

［16］ 李永，宋健. 新能源汽车电驱动-能量传输系统建模、仿真与应用 ［M］. 北京：机械工业出版社，2019.

［17］ 涂正凯，余意. 质子交换膜燃料电池水热管理技术基础及应用 ［M］. 北京：科学出版社，2017.

［18］ 李冰，马建新，乔锦丽. 基于非铂催化剂的质子交换膜燃料电池研究 ［M］. 上海：同济大学出版社，2017.

［19］ 徐腊梅. 质子交换膜燃料电池模拟与优化 ［M］. 北京：国防工业出版社，2012.

［20］ 刘建国，李佳. 质子交换膜燃料电池关键材料与技术 ［M］. 北京：化学工业出版社，2021.

［21］ 王治中，于良耀，王语风，等. 分布式电液制动系统执行机构液压控制 ［J］. 清华大学学报（自然科学版），2013，53(10)：1464-1469.

［22］ 余卓平，徐松云，熊璐，等. 集成式电子液压制动系统鲁棒性液压力控制 ［J］. 机械工程学报，2015，51(16)：22-28.

［23］ 武超. 磷酸铁锂动力电池故障机理及诊断方法研究 ［M］. 成都：电子科技大学出版社，2020.

［24］ 陈维荣，李奇. 质子交换膜燃料电池系统发电技术及其应用 ［M］. 北京：科学出版社，2016.

［25］ 程振彪. 燃料电池汽车：新能源汽车最具战略意义的突破口 ［M］. 北京：机械工业出版社，2016.

［26］ 宋珂，魏斌. 燃料电池-蓄电池混合电源系统低温启动建模 ［M］. 北京：化学工业出版社，2021.

[27] 张雷. 分布式驱动电动汽车制动系统关键技术研究 [D]. 北京：清华大学，2015.

[28] 刘旭辉. 车用自增力式磁流变液制动器研究 [D]. 北京：清华大学，2014.

[29] 牛文旭. 燃料电池汽车动力系统分布式测试数据传输研究 [M]. 北京：机械工业出版社，2020.

[30] 翟双，周苏，孙澎涛. 质子交换膜燃料电池仿真方法及若干现象研究 [M]. 上海：同济大学出版社，2018.

[31] 刘建国，李佳. 质子交换膜燃料电池关键材料与技术 [M]. 北京：化学工业出版社，2021.

[32] Reddy M V，Subba R G，Chowdari B V. Metal oxides and oxysalts as anode materials for Li ion batteries [J]. Chem Rev，2013，113：5364-5457.

[33] Noorden R V. A better battery [J]. Nature，2014，507：26-28.

[34] Sasaki T，Ukyo Y，Novák P. Memory effect in a lithium-ion battery [J]. Nat Mater，2013，16：3623-3630.

[35] 付铁军，郭传慧，沈斌. 新能源汽车关键技术 [M]. 北京：机械工业出版社，2020.

[36] 周侠. 新能源汽车设计基础 [M]. 北京：机械工业出版社，2020.

[37] 吴兴敏，金玲. 新能源汽车 [M]. 2版. 北京：机械工业出版社，2021.

[38] 钟再敏. 车用驱动电机原理与控制基础 [M]. 北京：机械工业出版社，2021.

[39] 田晋跃，郭荣. 新能源汽车整车控制技术 [M]. 北京：人民邮电出版社，2021.

[40] 李玉忠，李全民. 新能源汽车技术概论 [M]. 北京：机械工业出版社，2020.

[41] 翟丽. 新能源汽车电磁兼容性设计理论与方法 [M]. 北京：机械工业出版社，2021.

[42] 李永，宋健. 新能源车辆储能与控制技术 [M]. 北京：机械工业出版社，2014.

[43] 李永，宋健. 车辆电子电磁器件力学 [M]. 北京：人民交通出版社，2010.

[44] 王治中. 分布式电液制动系统的设计与控制 [D]. 北京：清华大学，2014.

[45] 李磊. 基于扭矩的 AMT 控制方法研究 [D]. 北京：清华大学，2011.

[46] Liu N，Lu Z，Zhao J，et al. A pomegranate-inspired nanoscale design for large-volume-change lithium battery anodes [J]. Nat Nanotechol，2014，9：187-192.

[47] Zhu S，Zheng J，Huang J，et al. Fabrication of three-dimensional bucky paper catalyst layer with Pt-nanoparticles supported on polyelectrolyte functionalized carbon nanotubes for proton exchange membrane fuel cells [J]. Journal of Power Sources，2018，393：19-31.

[48] Lee D H，Jo W，Yuk S，et al. In-plane Channel-structured Catalyst Layer for Polymer Electrolyte Membrane Fuel Cells [J]. Acs Applied Materials & Interfaces，2018，10 (5)：4682-4688.

[49] Maria Escudero-Escribano，Ifan E L Stephens，Ib Chorkendorff，et al. Tuning the activity of Pt alloy electrocatalysts by means of the lanthanide contraction [J]. Science，2016，352：73-76.

[50] Sean Hunt T，Yuriy Román-Leshkov，et al. Self-assembly of noble metal monolayers on transition metal carbide nanoparticle catalysts [J]. Science，2016，352：974-978.

[51] Lingzheng Bu，Nan Zhang，Shaojun Guo，et al. Biaxially strained PtPb/Pt core/shell nanoplate boosts oxygen reduction catalysis [J]. Science 2016，354：1410-1414.

[52] Choi J W Aurbach D. Promise and reality of postlithium-ion batteries with high energy densities [J]. Nat. Rev. Mater，2016，1：1613.

[53] Sean Hunt T，Yuriy Román-Leshkov，et al. Self-assembly of noble metal monolayerson transition metal carbide nanoparticle catalysts [J]. Science，2016，352，974-978.

[54] Wei Li，Jun Liu，Dongyuan Zhao. Mesoporous materials for energy conversion and storage devices

[J]. Nature Reviews Materials, 2016. DOI: 10.1038/natrevmats. 2016. 23.

[55] Chi Hoon Park, So Young Lee, Doo Sung Hwang, et al. Nanocrack-regulated self-humidifying membranes [J]. Nature, 2016, 532, 480-483.

[56] Hemma Mistry, Peter Strasser, Beatriz Roldan Cuenya, et al. Nanostructured electrocatalysts with tunable activity andselectivity [J]. Nature Reviews Materials, 2016, 10: 1038.

[57] Tang Y, Zhang Y, Li W, et al. Rational material design for ultrafast rechargeable lithium-ion batteries [J]. Chem. Soc. Rev., 2015, 44: 5926-5940.

[58] Schoedel A, Ji Z, Yaghi O M. The role of metal-organic frameworks in a carbon-neutral energy cycle [J]. Nature Energy, 2016, 1: 21-34.

[59] Aurbach D, McCloskey B D, Nazar L F, et al. Advances in understanding mechanisms underpinning lithium-air batteries [J]. Nature Energy, 2016, 3: 58-69.

[60] Choi J W, Doron A. Promise and reality of post-lithium-ion batteries with high energy densities [J]. Nature Rev Mater, 2016, 2: 11-27.

[61] Goodenough J B, Park K S. The Li-ion rechargeable battery: a perspective [J]. J Am Chem Soc, 2013, 135: 1167-1176.

[62] Li Y, Yang J, Song J. Microscale characterization of coupled degradation mechanism of graded materials in lithium batteries of electric vehicles [J]. Review. Renew Sustain Energy Rev2015, 50: 1445-1461.

[63] Wang C, Zhang G, Ge S, et al. Lithium-ion battery structure that self-heats at low temperatures [J]. Nature, 2016, 2: 79-83.

[64] Wang J, Tang H, Zhang L, et al. Multi-shelled metal oxides prepared via an anion-adsorption mechanism for lithium-ion batteries [J]. Nature Energy, 2016, 1: 56-62.

[65] Sun Y M, Lee H W, She Z W, et al. High-capacity battery cathode prelithiation to offset initial lithium loss [J]. Nature Energy, 2016, 1: 35-42.

[66] Schougaard S B. A nanoview of battery operation [J]. Science, 2016, 353, 543-544.

[67] Ryu H H, Park K J, Yoon C S, et al., Capacity Fading ofNi-Rich Li $[Ni_xCo_yMn_{1-x-y}]$ $O_2$ ($0.6 \leqslant x \leqslant 0.95$) Cathodes for High-Energy Density Lithium-Ion Batteries: Bulkor Surface Degradation [J]. Chem. Mater, 2018, 30: 1155-1163.

[68] Sathiya M, Abakumov A M, Foix D. Origin of voltage decay in high-capacity layered oxide electrodes [J]. Nat Mater, 2015, 14: 230-238.

[69] Lin D C, Liu Y Y, Cui Y. Reviving the lithium metal anode for high-energy batteries [J]. Nature Nano, 2017, 12: 194-206.

[70] Sun Y, Liu N, Cui Y. Promises and challenges of nanomaterials for lithium-based rechargeable batteries [J]. Nature Energy, 2016, 2: 71-83.

[71] Zhu B, Liu G, Lv G, et al. Minimized lithium trapping by isovalent isomorphism for high initial Coulombic efficiency of silicon anodes [J]. Sci. Adv. 2019, DOI: 10.1126/sciadv. aax0651.

[72] Chen J, Zhao J, Lei L, et al. Dynamic Intelligent Cu Current Collectors for Ultrastable Lithium Metal Anodes [J]. Nano Letters, 2020, DOI: 10.1021/acs. nanolett. 0c00316.

[73] Kuang Y, Chen C, Kirsch D, et al. Thick Electrode Batteries: Principles, Opportunities, and Challenges [J]. Adv. Energy Mater. 2019, 1901457, DOI: 10.1002/aenm. 201901457.

［74］ Li Y，Yang J，Song J．Structure models and nano energy system design for proton exchange membrane fuel cells in electric energy vehicles ［J］．Renew Sustain Energy Rev，2017，67：160-172.

［75］ Larcher D，Tarascon J M．Towards greener and more sustainable batteries for electrical energy storage ［J］．Nature Chem，2014，11：44-53.

［76］ Li W，Liu J，Zhao D Y．Mesoporous materials for energy conversion and storage devices ［J］．Nature Rev Mater，2016，23：31-49.

［77］ Li Y，Yang J，Song J．Nano-energy system coupling model and failure characterization of lithium ion battery electrode in electric energy vehicles ［J］．Renew Sustain Energy Rev．，2016，54：1250-1261.

［78］ Li Y，Yang J，Song J．Structural model，size effect and nano-energy system design for more sustainable energy of solid state automotive battery ［J］．Renew Sustain Energy Rev．，2016，65：685-697.

［79］ Nykvist B，Nilsson M．Rapidly falling costs of battery packs for electric vehicles ［J］．Nat Clim Change 2015，5：329-332.

［80］ Larcher D，Tarascon J M．Towards greener and more sustainable batteries for electrical energy storage ［J］．Nat Chem．，2015，7：19-29.

［81］ Wang C，Zhang G，Ge S，et al．Lithium-ion battery structure that self-heats at low temperatures ［J］．Nature，2016，2：79-85.

［82］ Li Y，Yang J，Song J．Design structure model and renewable energy technology for rechargeable battery towards greener and more sustainable electric vehicle ［J］．Renew Sustain Energy Rev．，2017，74：19-25.

［83］ Pomerantseva E，Bonaccorso F，Feng X，et al．Energy storage：The future enabled by nanomaterials ［J］．Science，2019，DOI：10.1126/science.aan8285.

［84］ Li Y，Song J，Yang J．Design principles and energy system scale analysis technologies of new lithium-ion and aluminum-ion batteries for sustainable energy electricvehicles ［J］．Renew Sustain Energy Rev．，2017，71：645-651.

［85］ Lu X K，Bertei A，Finegan D P，et al．3D microstructure design of lithium-ion battery electrodes assisted by X-ray nano-computed tomography and modelling ［J］．Nature Commun，2020，11：2079.

［86］ Ko M S，Lee H W，Cui Y，et al．Scalable synthesis of silicon-nanolayer-embedded graphite for high-energy lithium-ion batteries ［J］．Nat Energy，2016，3：11-19.

［87］ Steven Chu，Yi Cui，Nian Liu．The path towards sustainable energy ［J］．Nature Materials，2017，16：16-22.

［88］ Linda Ager，Wick Ellingsen，et al．Nanotechnology for environmentally sustainable electromobility ［J］．Nature Nanotechnology，2016，11：1039-1051.

［89］ Vojislav Stamenkovic R，Nenad Markovic M，et al．Energy and fuels from electrochemical interfaces ［J］．Nature Materials，2017，16：57-69.

［90］ Wang C W，Fu K，Kammampata S P，et al．Garnet-Type Solid-State Electrolytes：Materials，Interfaces，and Batteries ［J］．Chem.Rev．，2020，120，10：4257-4300.

［91］ Kumar C N，Subramanian S C．Cooperative control of regenerative braking and friction braking for a hybrid electric vehicle ［J］．Proceedings of the Institution of Mechanical Engineers Part D Journal of Automobile Engineering，2016，230(1)：103-116.

［92］ Li Liang，Zhang Yuanbo，Yang Chao，et al．Model predictive control-based efficient energy recovery control strategy for regenerative braking system of hybrid electric bus [J]. Energy Conversion and Management, 2016, 111: 299-314.

[93] Ko J, Ko S, Son H, et al. Development of Brake System and Regenerative Braking Cooperative Control Algorithm for Automatic-Transmission-Based Hybrid Electric Vehicles [J]. IEEE Transactions on Vehicular Technology, 2015, 64(2): 435-440.

[94] Zhao Z G, Chen H J, Yang Y Y, et al. Torque coordinating robust control of shifting process for dry dual clutch transmission equipped in a hybrid car. Vehicle System Dynamics [J]. 2015, 53(9): 1269-1295.

[95] 李永, 宋健. 工程热力学 [M]. 北京: 机械工业出版社, 2017.

[96] 解后循. 基于综合路感强度理论的电动液压助力转向技术研究 [D]. 镇江: 江苏大学, 2015.

[97] 韩艾呈. 基于电动客车的电动液压助力转向系统电机控制器的研究 [D]. 北京: 北京交通大学, 2015.

[98] 由长喜. 线控制动系统开发平台研究 [D]. 北京: 清华大学, 2013.

[99] 潘宁. 紧凑型电液制动系统的关键技术 [D]. 北京: 清华大学, 2017.

[100] 吕程盛. 商用车电液耦合转向系统控制策略研究 [D]. 长春: 吉林大学, 2017.

[101] 徐交建. 无刷直流电机双模式弱磁控制研究 [D]. 杭州: 浙江大学, 2016.

[102] 黄全安. 汽车自动变速系统控制器开发平台研究 [D]. 北京: 清华大学, 2011.

[103] 禤文伟. 大中型商用车蓄能式电动液压助力转向系统开发 [D]. 北京: 清华大学, 2015.

[104] 董景新, 吴秋平. 现代控制理论与方法概论 [M]. 北京: 清华大学出版社, 2016.

[105] Xu S M, Liang X, Wu X Y, et al. Multistaged discharge constructing heterostructure with enhanced solid-solution behavior for long-life lithium-oxygen batteries [J]. Nature Commun, 2019, 10: 5810.

[106] Li Y, Yang J, Song J. Efficient storage mechanisms and heterogeneous structures for building better next-generation lithium rechargeable batteries [J]. Renew Sustain Energy Rev., 2017, 79: 1503-1512.

[107] 李永, 宋健. 非均质材料电磁力学与功能设计 [M]. 北京: 国防工业出版社, 2010.

[108] 孔磊. 面向产业化的 ABS 控制关键技术研究与开发 [D]. 北京: 清华大学, 2006.

[109] 方圣楠. 动力保持型机械式自动变速器控制方法研究 [D]. 北京: 清华大学, 2016.

[110] 刘东. 机电式 AMT 系统开发流程与软件标定方法的研究 [D]. 北京: 清华大学, 2008.

[111] 宋健, 陈在峰. 制动器耗散功率最大为目标的 ABS 控制方法 [J]. 清华大学学报 (自然科学版), 1997, 37(12): 95-98.

[112] 宋健, 李永. 汽车防抱死制动系统控制方法的研究进展 [J]. 公路交通科技, 2002, 19(6): 140-145.

[113] 李永, 宋健. 电动车辆转换与回收技术 [M]. 2版. 北京: 机械工业出版社, 2021.

[114] 董景新, 吴秋平. 现代控制理论与方法概论 [M]. 北京: 清华大学出版社, 2016.

# 附录 A 新能源车辆动力电池系统设计

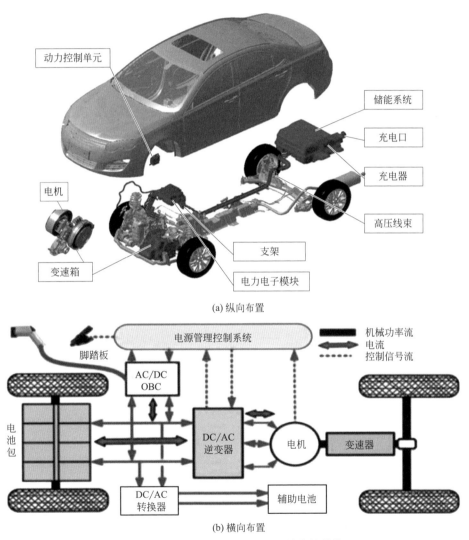

(a) 纵向布置

(b) 横向布置

附录 A 图 1 新能源车辆动力系统总体结构

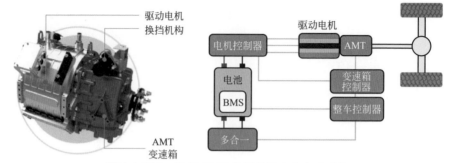

附录 A 图 2　基于 AMT 的新能源客车电动系统

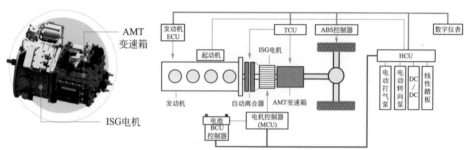

附录 A 图 3　基于 AMT 的新能源客车并联混合动力系统

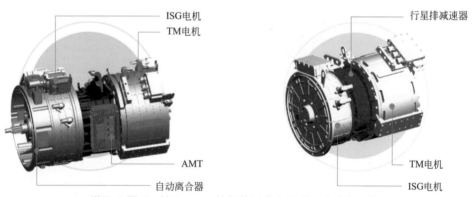

附录 A 图 4　基于 AMT 的新能源客车混联混合动力系统

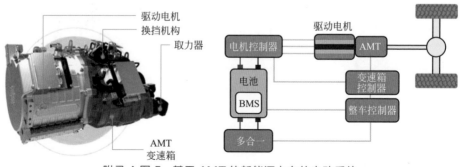

附录 A 图 5　基于 AMT 的新能源卡车的电动系统

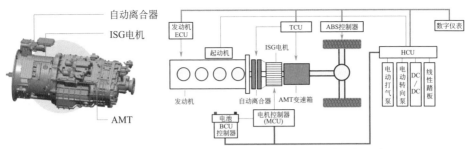

附录 A 图 6　基于 AMT 的新能源卡车的并联混合动力系统

附录 A 图 7　新能源车辆的发动机与电机耦合动力输出内部结构

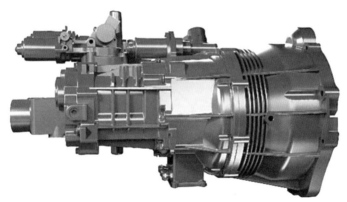

附录 A 图 8　新能源车辆的发动机与电机耦合动力输出外部结构

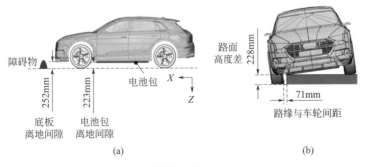

附录 A 图 9

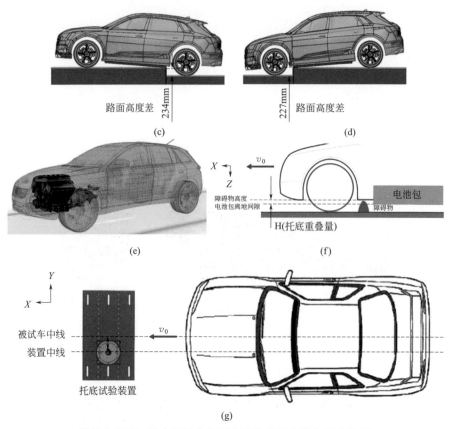

附录 A 图 9　动力系统在新能源车辆上的安装与托底位置

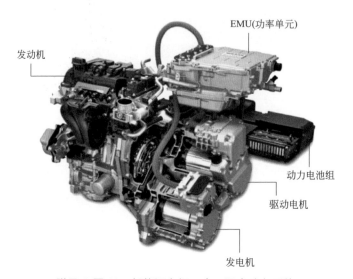

附录 A 图 10　新能源车辆三合一混合动力系统

新能源车辆燃料电池-动力系统设计与控制

附表 A1 新能源车辆变速器综合性能比较

| 参数 | 类型 | | |
|---|---|---|---|
| | MT | AMT | AT |
| 传动效率 | 高 | 与 MT 同 | 比 MT 低 |
| 燃油经济性 | 不同车参数不一 | 比 MT 高 | 比 MT 低 |
| 加速性能 | 不同车参数不一 | 与 MT 同 | 比 MT 低 |
| 换挡品质 | 随驾驶员而异 | 优于优秀驾驶员 | 好 |
| 舒适性 | 差 | 良好 | 优 |
| 驾驶难度 | 困难 | 容易 | 容易 |
| 成本 | 低 | 为 AT 的 1/4~1/3 | 高 |
| 制造难度 | 小 | 较小 | 大 |
| 技术成熟性 | 成熟 | 国外有成熟商品 | 成熟 |
| 生产继承性 | 好 | 好 | 差 |
| 维修 | 简单 | 较简单 | 复杂 |

附表 A2 新能源车辆传动系统损耗

| 系统配置 | 电机损耗 /(kW·h /100km) | 电池损耗 /(kW·h /100km) | ISG 驱动效率 /% | ISG 制动效率 /% | TM 驱动效率 /% | TM 制动效率 /% |
|---|---|---|---|---|---|---|
| 混联 (750+1700)N·m | 20.33 | 6.60 | 88.83 | 90.40 | 88.02 | 86.79 |
| 混联 (600+1500)N·m | 17.64 | 6.32 | 88.47 | 88.15 | 86.60 | 89.68 |
| AMT 并联 600N·m | 6.88 | 4.62 | 90.87 | 89.02 | — | — |

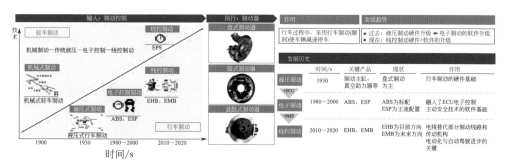

附录 A 图 11 新能源车辆制动系统沿革

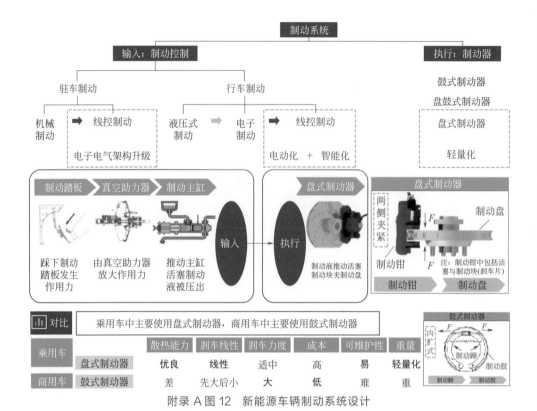

附录 A 图 12　新能源车辆制动系统设计

附录 A 图 13　新能源商用车辆离合器系统

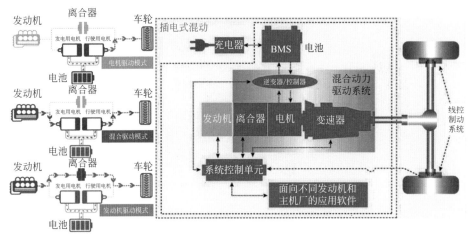

附录 A 图 14　混合动力车辆动力控制系统

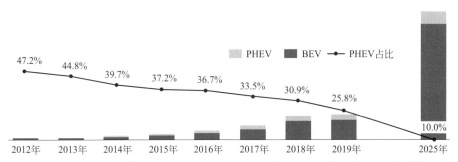

附录 A 图 15　全球插电混动车辆 PHEV（占比）和电动车辆 BEV 的市场份额

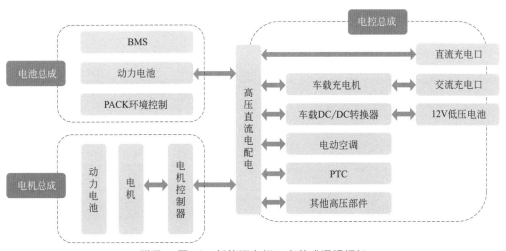

附录 A 图 16　新能源车辆三电总成逻辑框架

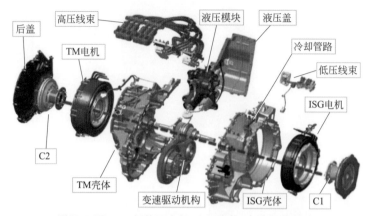

附录 A 图 17　新能源车辆 ISG 电机-变速系统总成

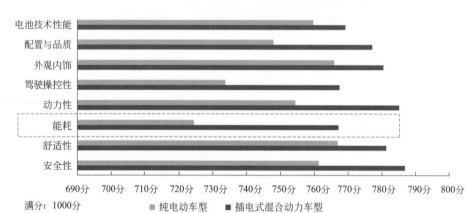

满分：1000分　　■ 纯电动车型　■ 插电式混合动力车型

附录 A 图 18　2022 年新能源车辆性能指标比较

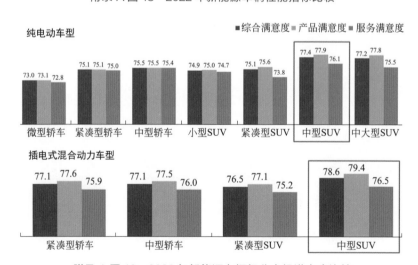

附录 A 图 19　2022 年新能源车辆细分市场满意度比较

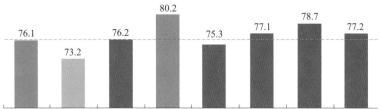

附录 A 图 20　2022 年细分市场电动车辆安全性满意度指数比较

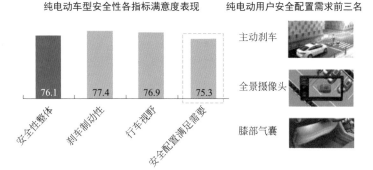

附录 A 图 21　2022 年电动车辆安全性指标满意度及用户安全配置需求比较

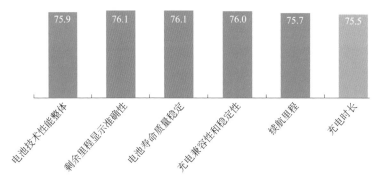

附录 A 图 22　2022 年电动车辆电池技术性能满意度指数比较

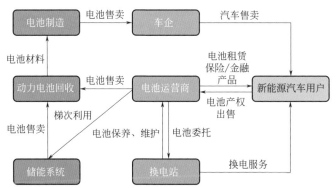

附录 A 图 23　2022 年新能源车辆能量系统全生命周期运行环节逻辑框架

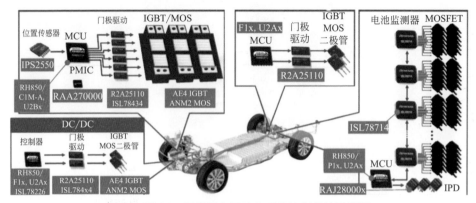

附录 A 图 24　新能源车辆动力系统控制芯片示意图

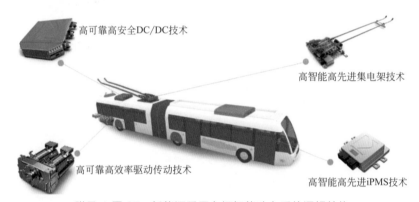

附录 A 图 25　新能源乘用车辆智能动力系统逻辑结构

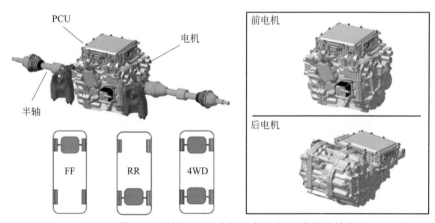

附录 A 图 26　新能源乘用车辆智能电机系统逻辑结构

附录 A 图 27　新能源车辆动力系统总体结构

新能源汽车产业价值链

| 技术与整车研发 | 生产制造 | 分销与B2B销售 | 终端零售 | 用户服务 | 二手车交易 | 电池回收 |
|---|---|---|---|---|---|---|
| • 电池材料<br>• 动力电池<br>• 电机电控<br>• 智能软硬件<br>• 整车设计研发 | • 原材料<br>• 零部件<br>• 生产制造与组装 | • 经销分销渠道<br>• B2B车队销售及服务(租赁公司、共享出行公司、企业客户等) | • 终端零售<br>• 市场营销<br>• 品牌运营 | • 销售配套服务<br>• 售后服务<br>• 衍生服务(出行服务、充电服务、车联网服务等) | • 车辆交易服务 | • 电池回收 |

智能科技　　　　　　利润池拓展　　　　　　用户服务

附录 A 图 28　新能源汽车产业价值链及利润结构调整

附录 A 图 29　基于新战略性产业的新能源汽车

# 附录 B　新能源车辆智能网联系统

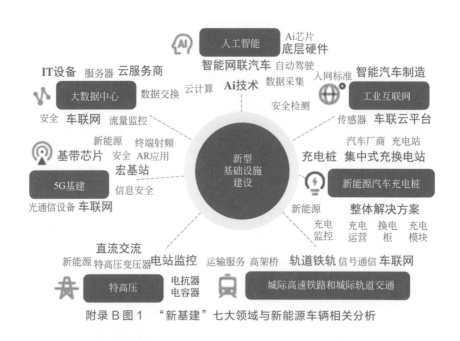

附录 B 图 1　"新基建"七大领域与新能源车辆相关分析

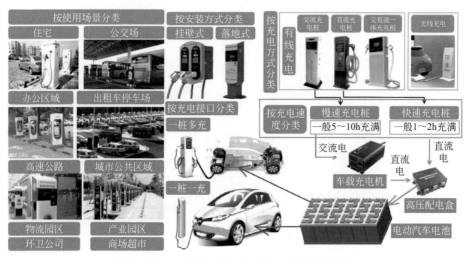

附录 B 图 2　新能源车辆充电桩及充电逻辑框架

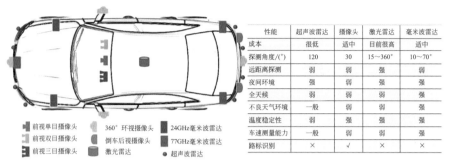

| 性能 | 超声波雷达 | 摄像头 | 激光雷达 | 毫米波雷达 |
|---|---|---|---|---|
| 成本 | 很低 | 适中 | 目前很高 | 适中 |
| 探测角度/(°) | 120 | 30 | 15～360° | 10～70° |
| 远距离探测 | 弱 | 弱 | 强 | 弱 |
| 夜间环境 | 强 | 弱 | 强 | 强 |
| 全天候 | 弱 | 弱 | 弱 | 强 |
| 不良天气环境 | 一般 | 弱 | 弱 | 强 |
| 温度稳定性 | 弱 | 强 | 强 | 强 |
| 车速测量能力 | 一般 | 弱 | 弱 | 强 |
| 路标识别 | × | √ | × | × |

附录 B 图 3　新能源智能车辆传感器特性比较

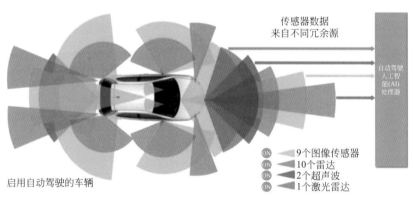

附录 B 图 4　新能源智能车辆传感器环境感知

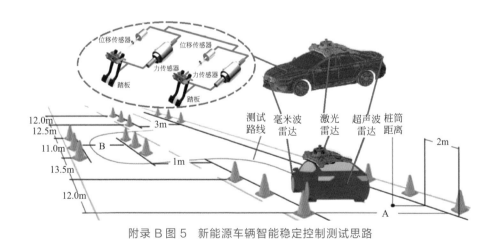

附录 B 图 5　新能源车辆智能稳定控制测试思路

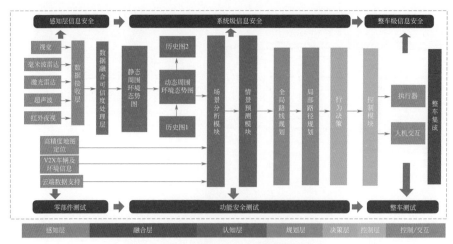

附录 B 图 6 新能源车辆智能电控框架

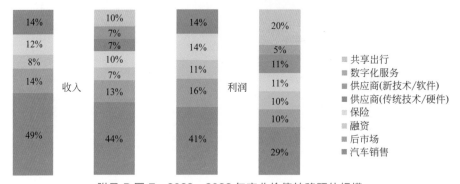

附录 B 图 7 2023～2032 年产业价值转移预估规模

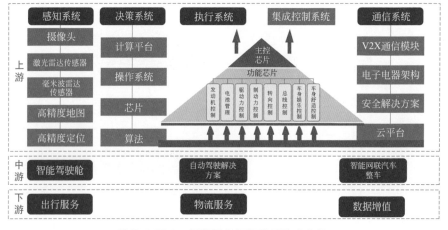

附录 B 图 8 新能源车辆智能系统产业链

新能源车辆燃料电池-动力系统设计与控制

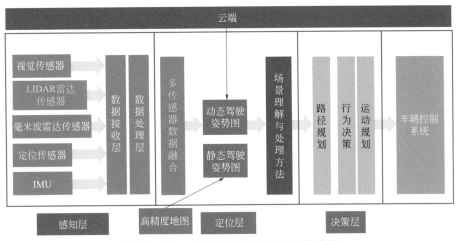

附录 B 图 9　新能源车辆智能驾驶逻辑框架

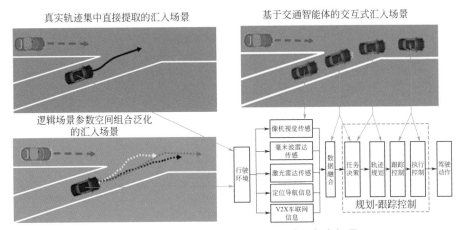

附录 B 图 10　新能源车辆智能汇入应用复杂场景

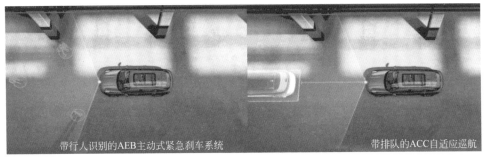

附录 B 图 11

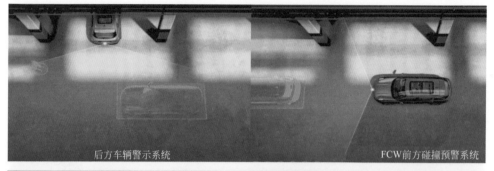

后方车辆警示系统

FCW前方碰撞预警系统

360°全景影像

盲点检测系统

附录 B 图 11　新能源车辆智能环境感知系统

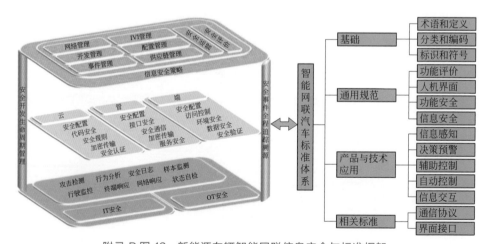

附录 B 图 12　新能源车辆智能网联信息安全与标准框架

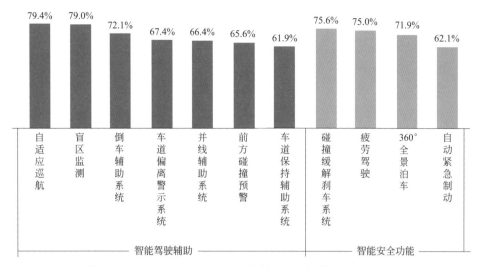

附录 B 图 13　2022 年消费者对新能源车辆智能化配置的需求

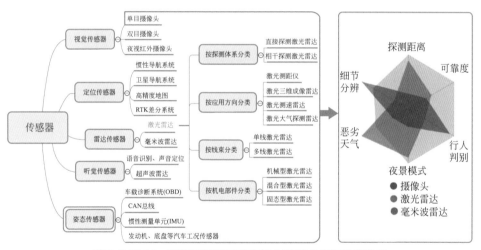

附录 B 图 14　新能源智能网联车辆传感器分类及功能比较

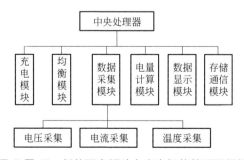

附录 B 图 15　新能源车辆动力充电智能管理逻辑框架

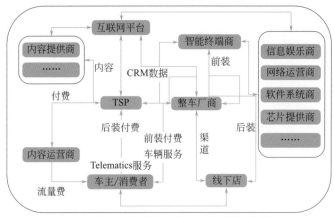

附录 B 图 16　新能源车辆智能网联运营框架

附录 B 图 17　软件定义新能源车辆解耦逻辑

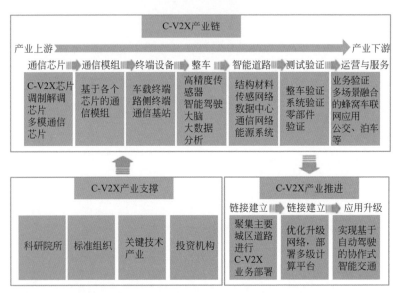

附录 B 图 18　新能源车辆智能 C-V2X 产业架构

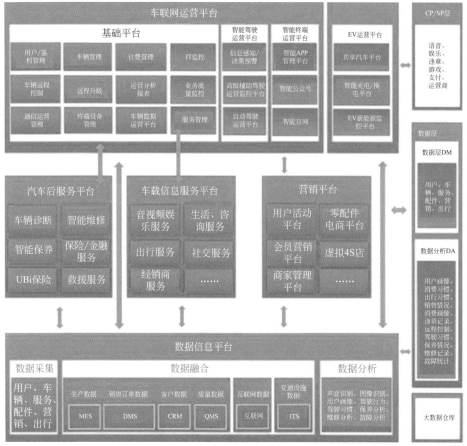

附录 B 图 19　新能源车辆智能网联运营平台

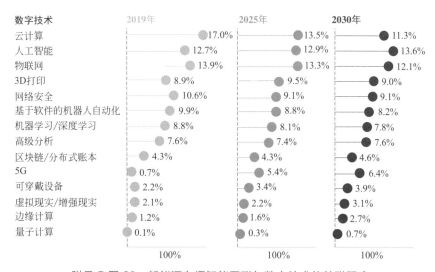

附录 B 图 20　新能源车辆智能网联与数字技术的关联程度

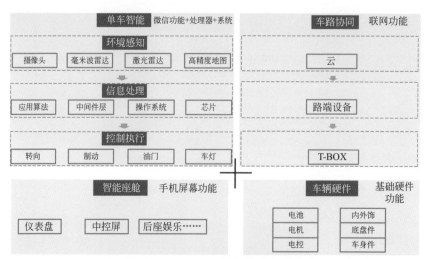

附录 B 图 21　新能源车辆智能座舱技术

附录 B 图 22　新能源车辆智能网联感应系统

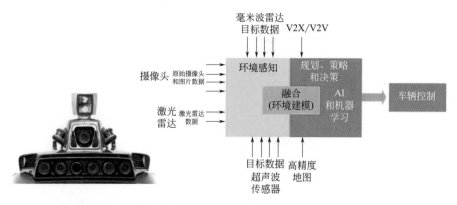

附录 B 图 23　新能源车辆激光雷达及智能网联感知系统逻辑框架

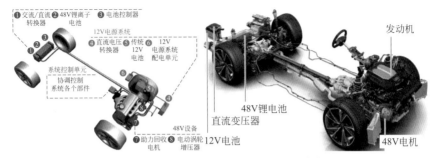

附录B 图24 新能源车辆智能动力系统布置

附表 B1  2022 年新能源车辆智能系统上-中-下游产业链

| | 环境感知 | 决策控制 | 网络/通信 | 人机交互 | 电力电气 |
|---|---|---|---|---|---|
| 上游芯片 | CMOS/CCD 感光芯片、ToF 芯片、ISP、射频芯片、MMIC、RFIC、雷达芯片、定位芯片等 | MCU、CPU、GPU、NPU、ASIC、FPGA、存储芯片、串口芯片 | 总线控制芯片、蓝牙/WiFi 模块、蜂窝芯片、C-V2X 芯片 | 车载 SoC 芯片、MCU | MOSFET、IGBT 芯片/模组 |
| 中游 | 摄像头、超声波雷达、毫米波雷达、激光雷达、IMU、GPS | ECU、域控制器 | 车载网关、OBU、T-Box、天线 | 中控主机、数字仪表 | 车载充电机、逆变器、电机控制器等 |
| 下游 | 乘用车、商用车、特殊车辆等主机厂 | | OTA、信息安全等应用服务 | | 新能源交换电 |

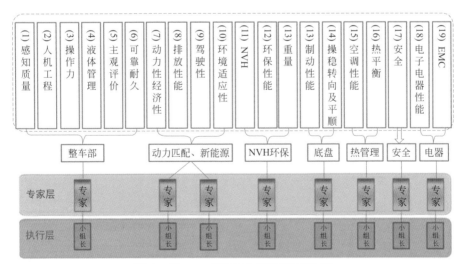

附录B 图25  新能源车辆性能开发思路

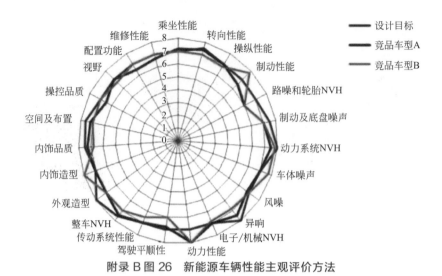

附录 B 图 26　新能源车辆性能主观评价方法

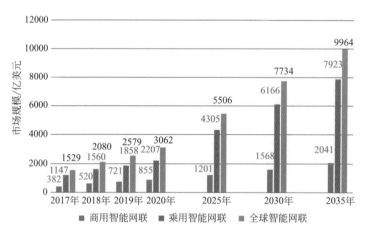

附录 B 图 27　新能源智能网联车辆全球市场规模预测

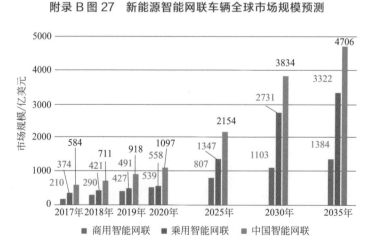

附录 B 图 28　新能源智能网联车辆中国市场规模预测

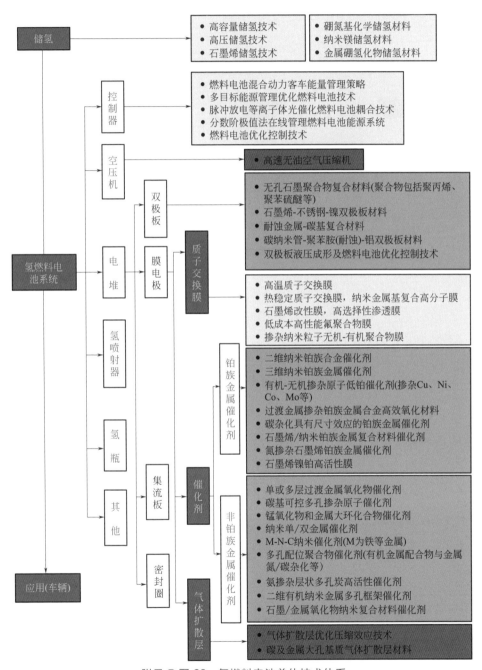

附录 B 图 29　氢燃料电池总体技术体系

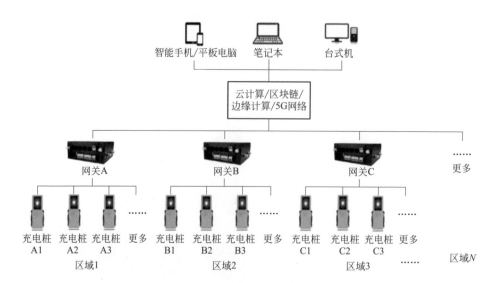

附录 B 图 30　新能源智能充电桩的逻辑结构

新能源车辆燃料电池-动力系统设计与控制

# 附录 C 燃料电池-动力系统及其在燃料电池车辆上的应用

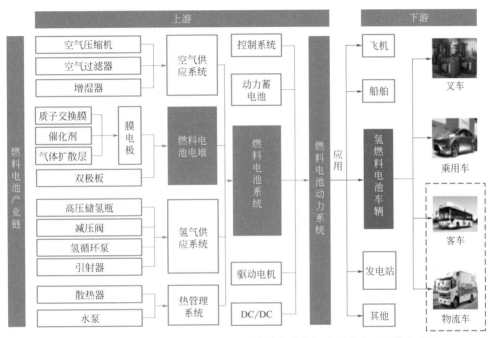

附录 C 图 1　燃料电池动力系统及其在燃料电池车辆应用的上、下游产业链

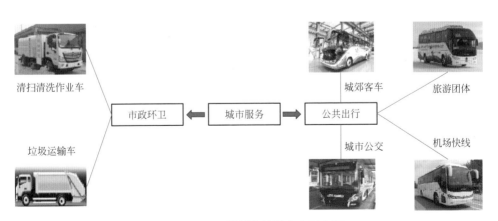

附录 C 图 2　燃料电池城市商用车辆

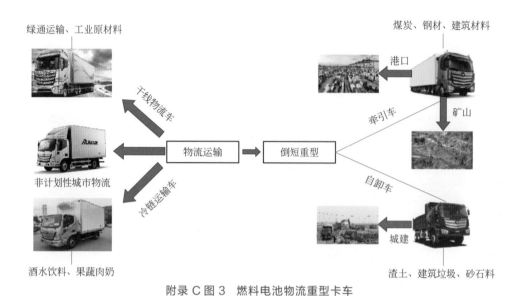

**附录 C 图 3　燃料电池物流重型卡车**

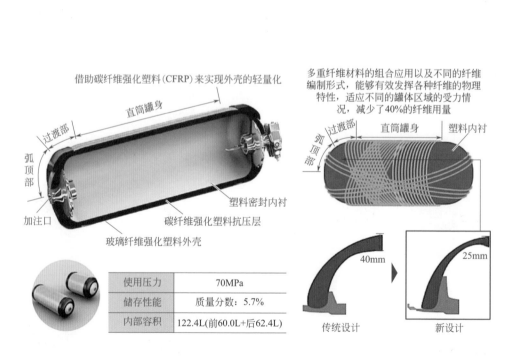

借助碳纤维强化塑料(CFRP)来实现外壳的轻量化

多重纤维材料的组合应用以及不同的纤维编制形式，能够有效发挥各种纤维的物理特性，适应不同的罐体区域的受力情况，减少了40%的纤维用量

| 使用压力 | 70MPa |
| --- | --- |
| 储存性能 | 质量分数：5.7% |
| 内部容积 | 122.4L(前60.0L+后62.4L) |

附录 C 图 4　燃料电池氢气瓶

附录 C 图 5　燃料电池电堆

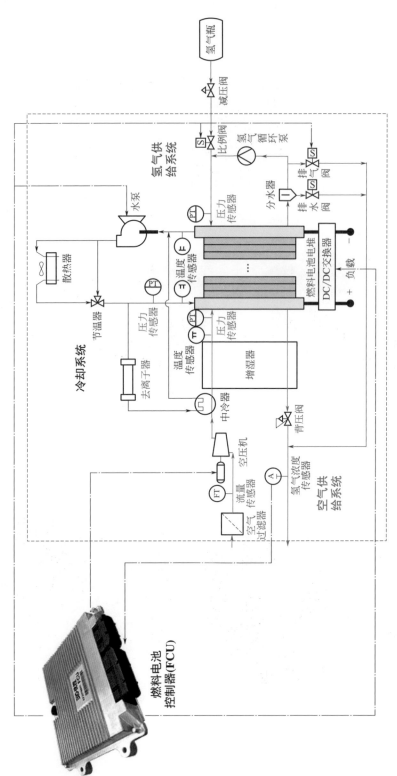

附录 C 图 6 燃料电池控制器逻辑结构

附录 C 图 7　燃料电池动力系统应用于商用大客车

附录 C 图 8　燃料电池动力系统应用于商用大卡车

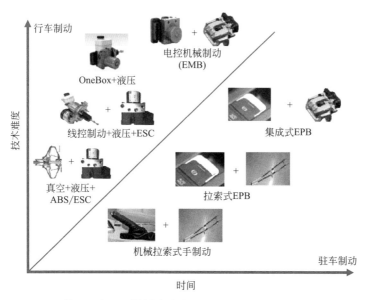

附录 C 图 9　燃料电池车辆制动系统的发展沿革

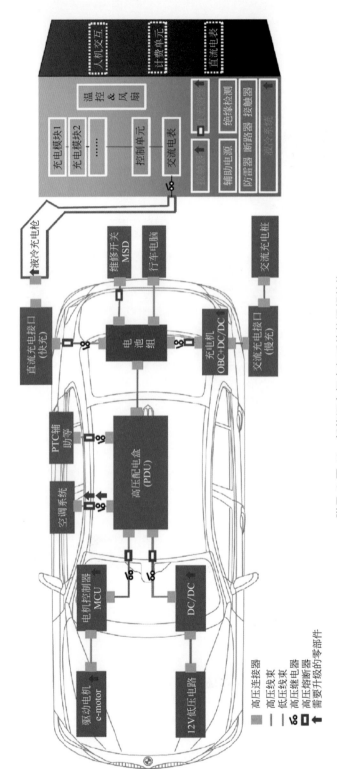

附录 C 图 10 新能源车辆电气系统的逻辑结构

■ 高压连接器
— 高压线束
— 低压线束
▣ 高压熔断器
↑ 需要升级的零部件

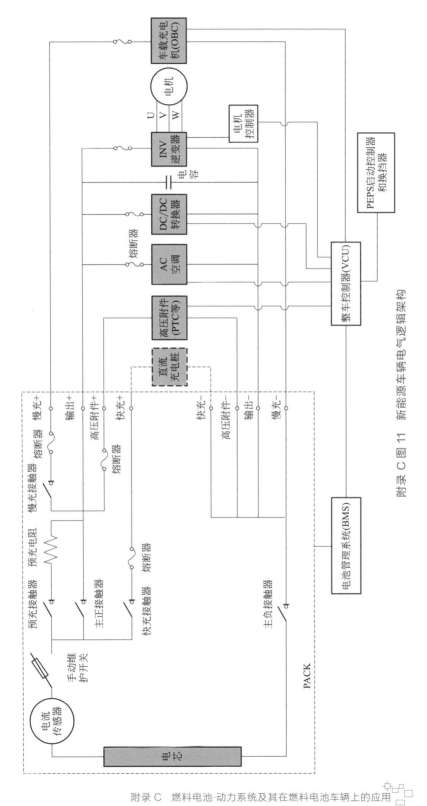

附录 C 图 11　新能源车辆电气逻辑架构

# 附录 D 燃料电池车辆线控逻辑结构

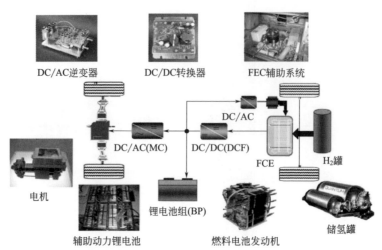

附录 D 图 1 燃料电池车辆电气结构逻辑框架

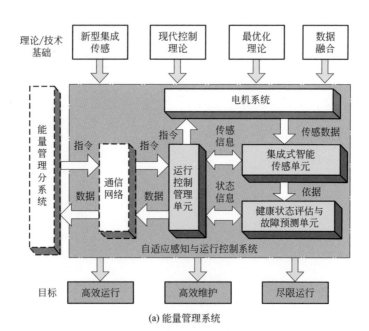

(a) 能量管理系统

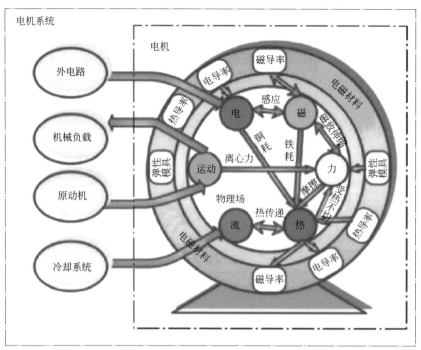

(b) 电机系统

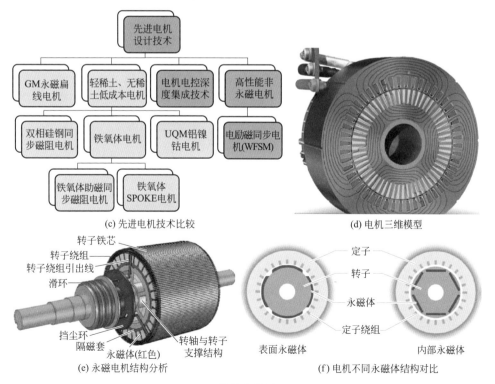

(c) 先进电机技术比较

(d) 电机三维模型

(e) 永磁电机结构分析

(f) 电机不同永磁体结构对比

附录 D 图 2

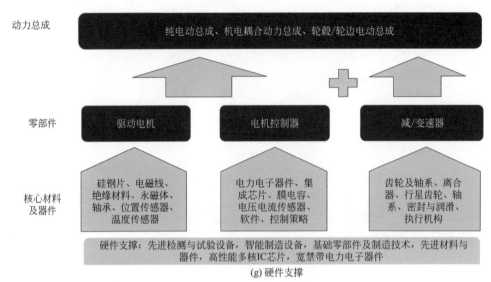

(g) 硬件支撑

附录 D 图 2　燃料电池车辆电机的逻辑结构及系统设计

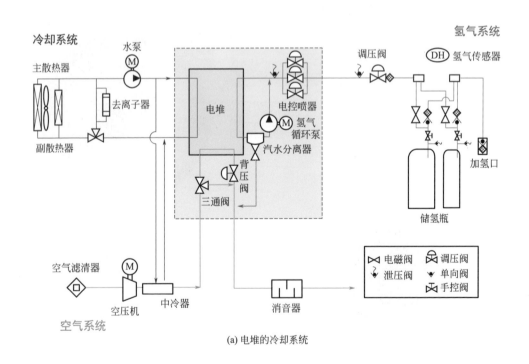

(a) 电堆的冷却系统

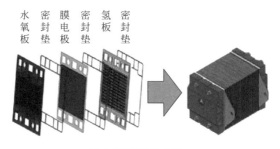

(b) 电堆薄膜结构分析

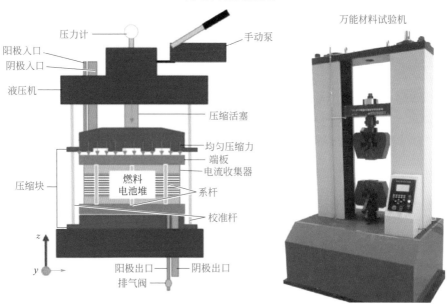

(c) 电堆压力模型

(d) 电堆压缩试验机

附录 D 图 3　燃料电池车辆电堆系统、辅助系统及试验系统

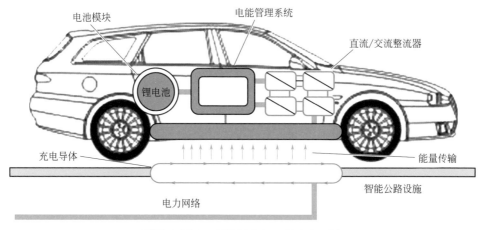

附录 D 图 4　新能源车辆无线充电系统

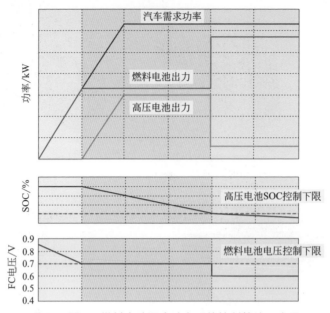

附录 D 图 5　燃料电池混合动力系统控制策略示意图

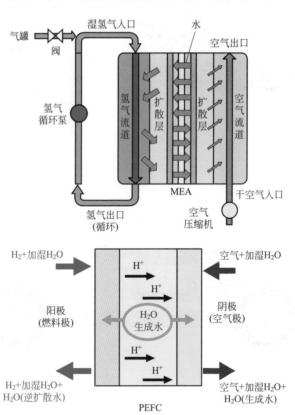

附录 D 图 6　燃料电池动力系统加湿机理及线控策略

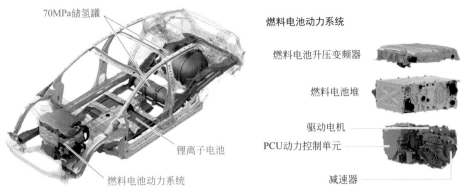

附录 D 图 7　燃料电池车辆能源线控动力结构

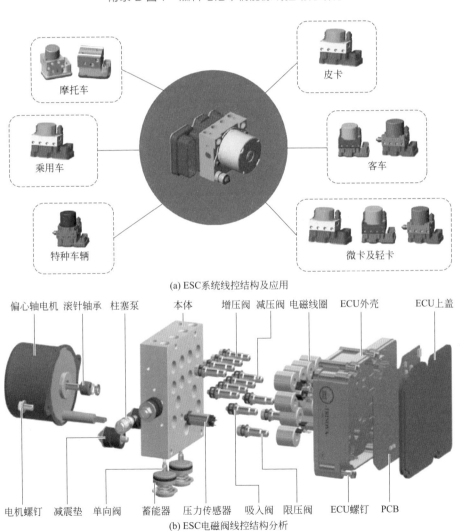

(a) ESC系统线控结构及应用

(b) ESC电磁阀线控结构分析

附录 D 图 8

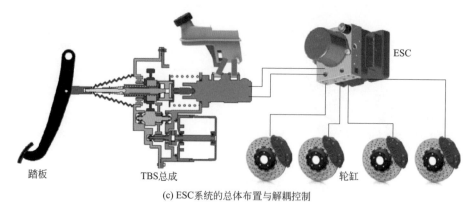

(c) ESC系统的总体布置与解耦控制

附录 D 图 8　燃料电池车辆线控制动系统逻辑结构及系统设计

附录 D 图 9　新能源车辆电机-电控线控系统耦合结构

(1) 制动迟缓：驾驶员全力制　　(2) 制动不足：一般驾驶员采取　　(3) 无制动：驾驶员未注意到危
　　动，但采取措施过晚　　　　　　制动，却制动过轻　　　　　　险，而未采取制动措施

附录 D 图 10　新能源车辆导致追尾事故的驾驶员的制动行为

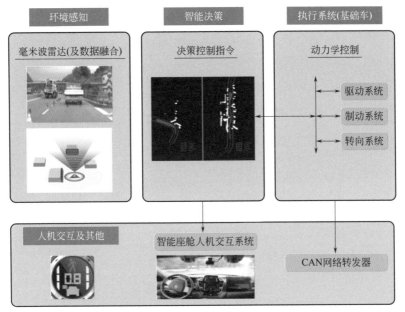

附录 D 图 11　新能源车辆智能线控系统整体架构

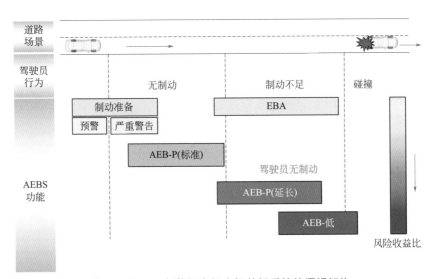

附录 D 图 12　新能源车辆人机共驾系统的逻辑架构

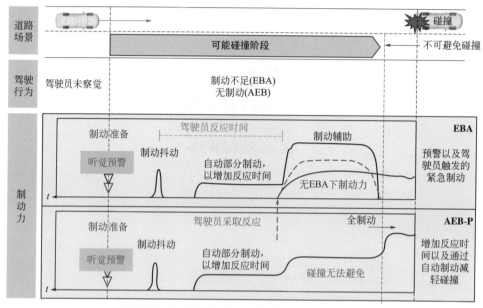

附录 D 图 13　新能源车辆智能制动系统的逻辑架构

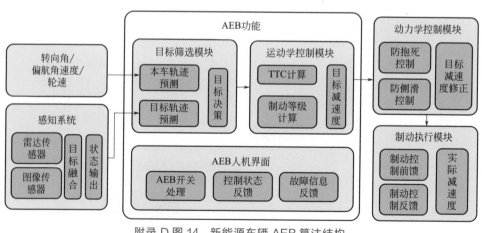

附录 D 图 14　新能源车辆 AEB 算法结构

　🔲🔲 新能源车辆燃料电池-动力系统设计与控制

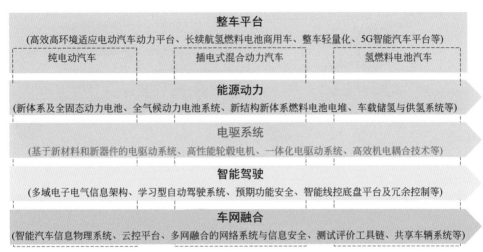

附录 D 图 15　新能源车辆动力平台分析

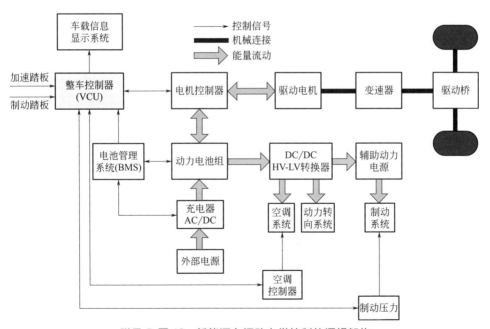

附录 D 图 16　新能源车辆动力学控制的逻辑架构

附录 D 图 17　新能源商用车动力学感知的逻辑架构

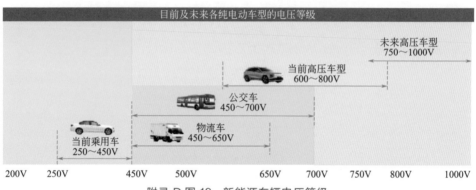

附录 D 图 18　新能源车辆电压等级

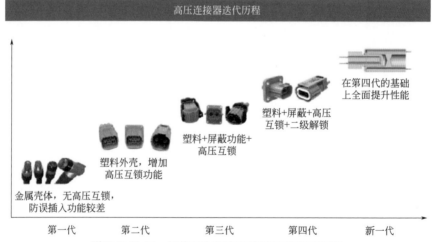

附录 D 图 19　新能源车辆高压连接器的发展沿革

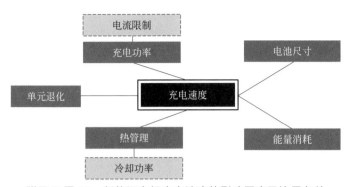

附录 D 图 20　新能源车辆充电速度的影响因素及边界条件